技术体系合作实现东西部创新能力升级

——解构约束研究

侯健敏 著

东北大学出版社

·沈 阳·

ⓒ 侯健敏　2022

图书在版编目（CIP）数据

技术体系合作实现东西部创新能力升级：解构约束研究／侯健敏著．— 沈阳：东北大学出版社，2022.6
ISBN 978-7-5517-3019-8

Ⅰ. ①技… Ⅱ. ①侯… Ⅲ. ①技术合作－研究－中国 ②技术革新－研究－中国 Ⅳ. ①F124.3

中国版本图书馆 CIP 数据核字（2022）第 116112 号

出 版 者：东北大学出版社
　　　地　　址：沈阳市和平区文化路三号巷 11 号
　　　邮编：110819
　　　电话：024-83680182（总编室）　83687331（营销部）
　　　传真：024-83680182（总编室）　83680180（营销部）
　　　网址：http://www.neupress.com
　　　E-mail：neuph@neupress.com
印 刷 者：沈阳市第二市政建设工程公司印刷厂
发 行 者：东北大学出版社
幅面尺寸：170 mm×240 mm
印　　张：16.75
字　　数：301 千字
出版时间：2022 年 6 月第 1 版
印刷时间：2022 年 6 月第 1 次印刷
责任编辑：孙德海
责任校对：高艳君
封面设计：潘正一
责任出版：唐敏志

ISBN 978-7-5517-3019-8　　　　　　　　　　　　定　价：80.00 元

摘 要

技术与知识是全球经济发展的核心要素，技术与知识进步关系到国家与地区经济社会的长期可持续发展。当前，在我国建设创新型国家战略背景下，长江三角洲地区、环渤海经济区、泛珠三角洲地区、粤港澳大湾区、东中西部等区域合作正朝着宽领域、深层次、全方位的方向迈进，东西部技术合作成为促进西部地区技术进步和经济发展的重要措施，并且正在积极推进。东西部技术合作平台使企业之间合作创新能在更大空间开展并获取更加丰富的技术和知识资源，有利于整个区域创新能力的提升。然而，东西部技术合作中来自各个方面的影响错综复杂，揭示哪些合作因素影响了创新能力及其交互作用是调控东西部技术合作、促进区域创新能力提升所面临的重要课题。

针对以上问题，从分析技术合作及区域创新能力现有研究入手，发现对技术合作影响创新能力的许多研究有一致的认识，然而大量区域合作研究与区域创新能力研究各自独立，缺乏关联性。我们认为有必要首先建立一个研究框架，将区域技术合作与区域创新能力纳入区域合作—经济持续增长—区域创新能力提高的发展逻辑。经大量文献研习与文献计量确定，东西部技术合作中显著影响创新能力的因素是技术转移和研发合作。东西部技术合作中技术转移过程的系统性动态性要求能对"动态性"进行刻画并实施调控。借助国内外研究方法和技术扩散理论，构建了动态转移模型，引入关键影响因素如技术差距、潜在技术距离和资源配置等，对模型进行修正，推导得出技术转移动态方程。依据方程实现了对技术转移以及影响创新能力动态阶段性管理。基于技术输出与接受系统差异，构建了面向西部技术接受方技术转移系统，借鉴全要素生产率研究，利用曼氏指数评估技术转移绩效，并联合动态方程，实现了"调整—反馈—调整"的完整管理闭合环路。曼氏指数进一步加深了技术转移促进创新能力提升的影响机理的理解：技术进步和技术效率分析及纯技术效率和规模效率分析，使得我们可以判读东西部某项具体技术合作中技术转移在哪个方向上促进了技术进步，提高了区域创新能力。至此，实现了对东西部技术合作中技术转移促进区域创新能力的动态全面调控。

普遍的情形是在东西部技术体系合作中技术转移与研发合作存在共同作用，因而需考虑二者共同作用对区域创新能力的影响。借鉴知识生产函数构建模型，通过回归分析，得出技术转移对区域创新能力提升的贡献大于研发合作，揭示促进创新能力提升的内在机理。选择技术成功转移动态方程的资源配置、技术差距、合作关系等关键变量做深入研究。对于资源整合研究回答了东西部技术合作中哪种资源（包括什么样的、什么类型、什么方式）对于区域创新能力的提升最有效的问题。组织资产、声誉资产等无形资源的资源组合对创新能力提升更有效。关系稳定性研究和识别容易引致合作"关系波动"的负面因素。坚持产品开发创新战略能够有效阻止合作关系的"波动性"，成本优先创新战略对关系稳定性的保障作用很弱。"声誉资产"对于关系稳定性的贡献很大。研究提示我们，东西部技术合作应和非东西部的技术合作建立某种多样化连接。与新建合作关系相比，"老关系新组合"也可以有利于减少关系波动性，有助于持续技术扩散。技术能力研究表明，积极参与到东西部技术合作中的合作联盟促进创新能力提升，有可能事与愿违。在新产品开发合作中，专业化和泛技术能力显示出对纵向上游合作、纵向下游合作和横向合作这三种合作类型不同的影响。比如专业性强的企业不易与纵向下游企业开展深化合作，而更易于与纵向上游企业合作及横向合作获取更多额外效益。技术能力强的企业参与纵向下游合作联盟更为有利。研究结果对企业组建或者参与合作获取互补能力提供了很好的依据。

东西部技术体系合作促进创新能力提升还应注意效率。选择技术合作联盟中最广泛、最普遍的引进人才和组建联盟两个不同的过程，对发展历程进行分析，提取影响外部知识获取与整合的因素与变量。与熟悉的伙伴组建技术合作联盟，引进跨界知识人才可以提高知识整合的速度。知识整合的速度不仅取决于获取知识的类型和知识来源，而且取决于过去的经验（或者知识存量）。过去的引进人才经验与一般人才引进并不能提高知识整合效率。研究结论也说明，引进跨界知识人才实际上增强了突破式创新探索，高效率地获取外部知识和资源，不仅仅取决于知识类型本身，还和企业之前的经验、经历或者知识存量有关，这也部分反映出创新能力的提升具有一定的路径依赖性。

本书在解构分析东西部技术体系合作约束机理后，提出新时代对口帮扶重要保障措施，以技术标准化和组织创新为主要基础促进精准创新能力升级，提出具有东西部内外双循环性的建议。

关键词：创新能力；东西部技术合作；研发合作；技术转移；整合

目 录

1 绪 论 ……………………………………………………………… 1

  1.1 问题提出 …………………………………………………… 1

    1.1.1 现实背景 ……………………………………………… 2

    1.1.2 理论背景 ……………………………………………… 10

  1.2 研究目标及意义 …………………………………………… 16

    1.2.1 研究目标 ……………………………………………… 16

    1.2.2 研究意义 ……………………………………………… 17

  1.3 主要内容 …………………………………………………… 18

2 相关概念及理论基础 ……………………………………………… 21

  2.1 创新能力相关研究 ………………………………………… 21

    2.1.1 创新能力内涵和概念界定 …………………………… 21

    2.1.2 区域创新能力的影响 ………………………………… 31

  2.2 区域合作与创新能力的关系 ……………………………… 34

    2.2.1 区域技术合作内涵 …………………………………… 34

    2.2.2 区域合作与创新能力的关系 ………………………… 35

    2.2.3 区域合作对创新能力的影响 ………………………… 37

  2.3 技术转移影响创新能力 …………………………………… 39

  2.4 资源与创新能力基础 ……………………………………… 41

  2.5 资源依赖互补与合作创新 ………………………………… 43

  2.6 技术合作促进创新能力的提升 …………………………… 47

    2.6.1 技术知识流动与转移提升创新能力 ………………… 47

  2.6.2 供应链技术合作提升创新 …………………………………… 50
  2.6.3 研发合作提升创新能力 ……………………………………… 51

3 东西部技术合作与创新能力的关联性分析 …………………………… 70

 3.1 东西部技术合作内涵和概念界定 ………………………………… 70
 3.2 东西部技术合作中的技术学习 …………………………………… 73
 3.3 东西部技术合作中学习与创新途径 ……………………………… 75
  3.3.1 东西部技术合作中技术路线图与伙伴关系 ………………… 75
  3.3.2 东西部开放创新市场 ………………………………………… 78
  3.3.3 东西部非研发合作学习与创新 ……………………………… 79
  3.3.4 东西部研发产业间合作 ……………………………………… 81
  3.3.5 东西部技术合作学习与创新矩阵分析 ……………………… 83
 3.4 东西部技术合作中的创新驱动路径 ……………………………… 86
  3.4.1 东西部技术合作提供创新资源渠道 ………………………… 86
  3.4.2 东西部技术合作中政府主导及财政支持 …………………… 87
  3.4.3 东西部技术合作中技术选择 ………………………………… 89
  3.4.4 东西部技术合作系统技术外溢效应 ………………………… 90

4 东西部技术体系合作升级创新能力的测度 …………………………… 92

 4.1 东西部技术合作中创新动因分析 ………………………………… 92
 4.2 东西部技术合作与创新的定性分析 ……………………………… 95
 4.3 东西部技术合作与创新的绩效测度分析 ………………………… 97
  4.3.1 技术进步、技术效率与创新生产率 ………………………… 97
  4.3.2 技术合作中创新绩效 Malmquist 指数分析 ………………… 98
 4.4 东西部技术合作和创新能力的典型相关分析 …………………… 112
  4.4.1 东西部技术合作系统结构与创新能力相关的理论判断 …… 112
  4.4.2 典型相关分析方法及变量选择 ……………………………… 113
  4.4.3 典型相关分析及结果 ………………………………………… 115

5 东西部技术合作方式对创新能力升级的约束影响 …………………… 119

 5.1 东西部技术合作对创新能力升级影响关键内容解析 …………… 119

5.2 东西部技术转移与研发合作对创新能力的影响分析 ………… 122

6 东西部技术转移合作对创新能力升级的约束影响 ………… 130
6.1 东西部技术转移途径与方式对创新能力的影响 ………… 130
    6.1.1 东西部技术转移的动态途径 ………… 131
    6.1.2 东西部技术转移的动态方式 ………… 136
6.2 东西部技术转移对创新能力提升的动态影响分析 ………… 141
6.3 东西部技术转移提升创新能力的系统特征 ………… 152
6.4 东西部技术合作中的资源内涵及假设 ………… 155
    6.4.1 概念界定与假设 ………… 155
    6.4.2 假设验证的方法 ………… 157
    6.4.3 统计结果及说明 ………… 158
    6.4.4 研究结论及分析 ………… 160

7 东西部研究开发合作对创新能力升级的约束影响 ………… 161
7.1 东西部研发合作对创新能力升级的影响分析 ………… 161
7.2 东西部研发合作过程对创新能力提升的影响研究 ………… 163
7.3 东西部研发合作提升创新能力的绩效测度 ………… 169

8 东西部技术合作主体行为对创新能力升级的约束影响 ………… 176
8.1 创新战略、多维合作关系分析及研究假设 ………… 176
8.2 研究变量选择与构建 ………… 178
    8.2.1 样本选择和描述性统计 ………… 178
    8.2.2 波动方程变量 ………… 180
    8.2.3 合作偏好方程变量 ………… 183
    8.2.4 创新绩效方程变量 ………… 183
    8.2.5 建模方法与结果 ………… 184
8.3 东西部技术合作关系稳定性研究结论 ………… 188

9 东西部非竞争性技术体系合作的知识整合 ………… 190
9.1 技术合作背景下的知识整合及影响因素 ………… 190

  9.1.1 技术合作中知识的来源 …………………………………… 191

  9.1.2 知识整合中知识熟悉程度及整合速度 ………………… 192

 9.2 研究假设的提出 ………………………………………………… 193

 9.3 研究所需的数据和研究方法 …………………………………… 194

 9.4 统计分析及结果 ………………………………………………… 197

 9.5 知识整合效率研究结论 ………………………………………… 207

10 东西部技术合作对创新能力的可循环升级措施 …………………… 211

 10.1 政府补贴和激励机制 …………………………………………… 211

 10.2 技术标准化对东西部技术合作提升创新能力的保障 ………… 212

 10.3 组织创新对东西部技术合作提升创新能力的保障 …………… 216

 10.4 东西部技术合作中大力发展技术服务机构 …………………… 221

 10.5 东西部技术合作中鼓励高校、科研院所与企业合作 ………… 223

11 总结和展望 …………………………………………………………… 226

 11.1 总结 ……………………………………………………………… 226

 11.2 展望 ……………………………………………………………… 232

参考文献 …………………………………………………………………… 234

1 绪 论

1.1 问题提出

随着科技进步和知识经济的全球兴起,知识与创新受到世界各国的关注。与农业经济、工业经济相对应的知识经济,其基础是信息化技术,其关键是创新能力。2007年,中国共产党第十七次全国代表大会将提高自主创新能力、建设创新型国家作为重要的国家战略,将科技创新与经济发展紧密结合。当前,我国科技发展正在进入一个重要的跃升期,创新能力和科技实力大幅提升,支撑引领经济社会发展的作用进一步凸显。2020年全社会研究开发经费支出总额达2.44亿元,2020年研究开发人员总量达509.2万人,自2016年开始连续5年居世界第1位;自主知识产权的数量迅速增长,2020年国内发明专利授权53.5万件,高新技术企业10.5万家,拥有有效发明专利92.2万件;企业研发投入占全社会研发投入的比例不断提高,2019年已达70%,涌现出一大批创新型企业。我国长江三角洲地区、珠江三角洲地区的区域经济和区域创新能力显著高于西部地区,伴随着经济繁荣,长江三角洲地区和珠江三角洲地区区域内的交流与合作逐渐加强,建立了省市政府参加的多层次合作机制和政策安排。自2007年国家发展和改革委员会课题组提出"十大城市群",区域合作已经进入新发展阶段。通过区域内外的资源整合及城市合作,包括劳务、交通运输、市场一体化、资源结构、产业结构、分工协作等合作方式,有效进行资源的合理配置,促进知识流动、知识创造,带动了区域创新能力的提高。近年来,海南自贸区、广西北部湾城市群、粤港澳大湾区之间的跨区域合作成为热点,受到广泛关注。但是,东西部相关统计数据及分析表明,东西部合作背景下区域创新能力差距依然较大。以区域专利受理数量为例,2005—2019年东西部差距呈现8.66~3.93的倍数波动。

经济全球化与先进技术在经济社会中的关键性作用使得技术转移、R&D、技术进步、先进制造、争取价值增值链高端优势成为世界各国与地区参与竞争与合作的主要内容。尤其是以先进信息技术为代表的通信、导航、自动控制、精密加工、生物基因等各领域新技术新科技已经彻底改变传统经济增长模式。相关研究表明，发达国家与地区的创新能力较强，全要素生产率较高，注重经济增长质量。由于发达国家与地区存在生产成本尤其是人力成本较高问题、资源约束性问题和市场规模扩张性问题，向发展中国家与地区规模化地转移技术与生产，实现跨国跨区域资源优化配置，是高绩效企业的普遍性行为。另外，欠发达地区往往以各种优惠条件，甚至以税收、土地、超优惠待遇等措施吸引技术知识转移，积极参与技术转移合作，以促进区域经济增长。行动与期望之间必然存在差异，尤其是两类存在较大区别的"系统"之间的融合，往往得到事倍功半的事实。由于知识默会性、区域文化惯习异质性、合作双方学习能力吸收能力差异、物质性资本与非物质性资本阶段性演化交替以及政策制度安排方面系列性时效性等各种因素相互作用相互依赖，区域合作过程中发生的技术与知识转移并不能完全实现欠发达地区的创新能力提升和经济社会的快速平稳发展，也不能完全实现企业间合作与区域经济合作目标。因而，需要重点关注加强区域合作的方向性和针对性，通过技术知识合作转移促进区域创新能力提升，避免追求资源消耗型经济增长，避免新型区域合作与产业升级过程中可能出现的低价值链锁定，同时实现人居社会自然环境不断优化，实现经济增长质量的改善与提高，进而让居民分享经济发展的更多福祉，这对于中国建设创新型国家战略实施以及推进和谐社会具有重要意义。

知识经济与全球合作网络化环境的形成，导致企业在大范围的市场空间、技术空间、消费空间参与竞争，同时也面临新的资源与成本快速演化问题。在宽领域竞争和科学技术日新月异发展的现实状况下，知识管理、渐进式和突破式创新以及智力资本等日益成为国家和企业获取竞争优势的重要源泉。与此同时，目前技术创新网络已经处于多方合作交互作用阶段，这使得依托于区域合作的企业技术创新成为可能。因此，在区域合作深化的背景下，充分考虑我国东西部资源特点、创新要素构成及其现状，促进东西部地区技术合作以期提高区域创新能力，具有深刻的理论意义和现实意义。

1.1.1 现实背景

虽然经过多年的发展，我国企业技术创新主体地位得到加强，国家创新体系取得长足进步，但是科技发展的总体水平同世界先进水平相比仍有较大差距。中国科技发展战略研究院于2021年6月发布《国家创新指数报告2020》研究成果。研究成果显示，中国创新指数得分为72.5分，综合排名位居世界第14位，比2020年提升1位。我国科技总体水平同世界先进水平相比，差距主要表现在：关键技术自给率低，自主创新能力不强。近代以来，科技发展导致世界经济格局的深刻调整和重大变化。以印度、巴西为代表的发展中国家和新兴国家，在其优势技术领域加强部署，争夺人才，在资源和人力资本方面对跨国集团具有较强吸引力，在我国以往优势领域形成越来越大的竞争力。因此，坚定地走创新之路已经成为我国发展的重要战略之一。

在全球经济一体化环境下，生产资源、科学技术等能够实现全球化采购与配置，技术创新合作有效地为企业创造一个便于技术知识分享、合作的环境，通过人员的交流、不同技术交叉、不同知识内化，将技术创新知识有效移植到各成员企业中，提升企业的创新能力。以欧盟为代表的区域型合作，进行了合作创新的实践，欧盟各成员国之间能力资源方面具有异质性和一定的资源互补性，通过合作创新协同各个成员的创新行为，对创新成功共享，按照奥斯陆手册统一了创新指标体系，整合了创新资源，降低了创新风险。在全球经济一体化和信息技术高速发展背景下，任何企业都不可能具备完全意义上的不依赖于合作的技术创新，因为企业本身就是开放的，快速多变的市场环境是由不同的创新主体合作而形成的，区域技术创新合作网络正成为企业创新活动的重要组织形式[1]。通过创新合作来组织实施技术创新的活动正在全球迅速增长[2]。合作技术创新行为正成为技术创新，尤其是高新技术创新的主流模式。对合作方来说，可以降低R&D的成本，分散技术创新的风险，弥补自身创新资源的有限性，将科技成果的外部效应内部化，等等。另外，据调查，中国企业的创新技术仅有30%左右来自企业内部，而70%左右来自企业外部合作伙伴。弥补企业技术创新能力的不足，寻求外部合作创新资源，整合企业创新合作网络成为企业提高创新能力的关键。美国EIU（Economics Intelligence Unit）调查结果显示，20世纪90年代美国大部分企业的技术创新成果，有50%左右来自企业外部或与外部企业合作。与美国类似，欧盟国家等从产品竞争力和技术的角度，也在积极培育企业之间的合作关系。世界各国的发展实践表明，技术进步或技术积累成为推动经济的主导力量，是经济长期增长的根本动力基础。我国已进入必须更多依靠科技进步和创新推动经济社会发展的历史阶段。提高原始创新能力、集成创新能力和引进消化吸收再创新能力，建设创新型国家是我国重要的国家战略。

在区域经济一体化的潮流中，我国区域战略正在经历由非均衡增长到互动协调发展的重大转变，区域合作已成为区域均衡发展、提高区域创新能力的重要途径之一。2007年3月，"京津冀地区、长三角洲地区、珠三角洲地区、山东半岛地区、辽中南地区、中原城市群、长江中游、海峡西岸、川渝和关中等十大城市群"的提出表明，长江三角洲地区、环渤海经济区、泛珠江三角洲地区、深港区尤其是西部关中地区等城市合作正朝着宽领域、深层次、全方位方向迈进，加强自主创新的合作是新一轮区域经济发展的主题，创新能力成为各级政府对创新工程建设和区域、城市开发进行调控与管理的重要依据。当前，我国各级政府主要坚持政府搭建平台、各方参与的原则展开区域合作。比较著名的合作平台有：在西安举办的"中国东西部合作与投资贸易洽谈会"，截至2021年已举办20届；西安"丝绸之路国际博览会"，截至2021年已举办5届；在成都举办的"中国西部国际博览会"，截至2021年底已举办18届；"泛珠三角区域经贸合作洽谈会"，包括广西、四川、贵州、云南等4个西部省份，截至2021年已举办17届；在东部沿海厦门市选址的"中国国际投资贸易洽谈会"，截至2021年已经举办21届；还有"泛珠三角区域科技合作联席会议"，截至2021年已举办19次；"中国兰州投资贸易洽谈会"，截至2021年已经举办27届；等等。我国东西部区域合作在自然资源、基础设施建设、合作开发技术、投融资、环境保护等多领域都相继展开，实现合作共赢，全面提高区域创新能力，成为进一步合作和建立可持续合作的核心要求。显而易见，合作与创新已经是我国东中西部各级政府在地区经济发展实践中达成的共识。改革开放沿海率先发展以来，我国东中西部的制度环境发生很大变化，计划体制转型和市场体系趋于完善的区域差异明显。总体来看，东中西部正式合作制度体系还存在一些缺陷和不足。比如转型制度不完备、市场机制尚未成熟，政府与市场共同作用机制、外部社会关系作为非正式制度在资本输出和资源获取方面发挥重要作用[3]。

当前，东西部区域合作可以概括分为政府主导的"对口帮扶"和市场经济下"经济技术合作"两种类型。"对口帮扶"是我国特定国情下，政府主导下的东西部区域合作模式之一。早在1996年，北京、上海、广东、深圳等9个东部先进地区由中央统一规划安排对口帮扶西部落后地区。2002年，国务院又做出了厦门和珠海市对口帮扶重庆市的决定。东部共计15个发达省市对口帮扶西部11个省（区、市），东西对口帮扶协作已涉及26个省市。"对口帮扶"典型成功案例是宁夏华西村发展模式和人才交流模式。宁夏华西村发展模式主要针对移民安置和综合开发，将东部地区的资金、技术以及发展经验等比较优势与西部地区的资源、自然条件等比较优势结合，发展旅游观光农业和新型农业示范园区。人才交流模式是将东部发达地区的领导干部派往西部任职，组织西部地区干部到东部地区挂职锻炼，选派"博士服务团"到西部服务等，主要在政府计划主导下实现西部领导干部综合素质提升、专业知识加强和思想观念更新等目标。"对口帮扶"区域合作模式在扶贫和灾后重建方面能够发挥重要作用，汶川地震的灾后重建就是很好的例证。东部343个经济较发达县（市、区）与中西部573个贫困县开展"携手奔小康"行动。2015—2020年，东部9个省份共向扶贫协作地区投入财政援助资金和社会帮扶资金1005多亿元，互派干部和技术人员13.1万人次，超过2.2万家东部企业赴扶贫协作地区累计投资1.1万亿元。

  对口帮扶本质是政府指导下的"逆要素流动"行为，既有无偿援助对口支持，也有互利互惠合作。东西部教育科研和其他非营利公共领域的差异，决定了东西部能力结构差异。开放能力、学习能力、吸收能力、消化能力、技术能力、创新能力等能力结构对经济技术合作和对口帮扶的合作效应具有决定性作用。因此，对口帮扶和经济技术合作效应实际上与是否对区域能力结构产生影响及其影响程度密切相关。以"对口帮扶"为例，在政策的主导安排下，东部向西部对口帮扶省区提供了相对先进的技术、资金、管理经验，但两者技术水平和能力结构存在差距，西部区域财政支出能力、帮扶项目配套资金、基础设施、劳动者专业技能、高技术人才、企业创新能力、研发存量等存在的缺陷与不足，导致"对口帮扶"技术输出越多，技术差距越大，技术效率越低。以"对口帮扶"的广东与广西为例，2000—2020年，广东和广西的综合发展指数绝对差值从13.23扩大到14.63；广东综合发展指数年均递增3.44%，广西年均递增4%，对口帮扶下两省的差距依然呈现不断扩大的趋势。

  如何改变"对口帮扶"的当前效用，如何通过东西部的区域合作，提高区域创新能力，建立长期快速发展通道，如何改变西部区域能力结构，提升技术输出后的效率，是解决西部区域技术追赶和经济社会发展的重要问题。

  东西部经济技术合作伴随西部大开发历经十余年，东西部合作内容遍及包括要素流动、产业转移与价值链延伸、合作研发、技术合同交易、专利转让与使用、文化交流等经济社会各个领域，具体可归纳为三个方面：一是地方名优特产的跨区域商品贸易合作。二是包括跨区域人才、资金、劳动力等生产要素的双向流动与重新配置。东部资金、人才、技术、信息以及管理知识、生产管理技术经验等显性隐性知识向西部移动，与西部土地、能源、资源、劳动力进行优化组合，生产要素从低价格向高价格移动将提高收益率，提高要素的边际生产率和区域福利水平。三是跨区域技术转移和产业转移。东西部区域产业由垂直分工现已发展为产品价值链分工。拉长产业链条，生产基地向西部转移，已经成为东西部产业合作的新趋势。东部区域产业迁移性受到产业链延伸性、原材料获得性和外贸依存度的影响，西部在原材料、水电土地等资源禀赋、劳动力成本、政策税收、市场消费需求等方面具有比较优势，但是这并不是促进产业转移的关键。产业转移主要取决于集群企业本地关联性和贸易成本两大因素。产业集群的产业链条较长，本地关联企业数量较多，前后向联系较紧密，集群本地成本优势明显，产业向西部迁移可能性就小。产业外贸依存度高，中间产品替代性小，对贸易交通成本敏感，则产业很难向西部转移，有可能向更具有成本优势的区域转移。根据亚洲鞋业协会统计，广东鞋类企业目前已经有25%左右转到东南亚、南亚如越南、印度、缅甸等国家设厂，还有25%左右的企业目前处于观望状态。这体现出两个方面的问题：一是产业转移如何推进、产业转移前后对于本地区和合作区的创新能力有何影响等问题还需要从更深层次考虑并解决。二是从区域主义角度看，长江三角洲地区在区域化进程中也出现了进程原动力不足、区域内部竞争激烈、区域内合作速度缓慢等问题，需要运用新区域主义理论替代原有区域主义，引领跨区域跨边界合作。

目前东西部合作的一个基本模式是西部资源与东部技术结合。东部发达地区由于土地、人力等当地生产要素成本上升，市场竞争激烈，要素报酬率逐渐下降，产业结构由传统生产加工贸易向技术科技型高附加值产业调整，产业升级、产业转移和产业级差互补、资源互补成为东西部基本合作模式的基础。东西部合作拥有历史的"对口帮扶"的经验，在知识经济和建设创新型国家战略指导下，东西部合作的重点在于技术合作。东部先进的技术和管理与西部地区具有比较优势的人力资源和自然资源相结合，可以促进西部地区的技术升级，东西部技术合作是区域经济和谐发展的重要举措。从参与合作企业来看，东西部技术合作既有高科技企业，也有一般生产型服务型企业，基于西部地区的实际情况，一般技术性企业数量远远大于高科技企业。与东部企业相比，西部企业整体上竞争性不强，东西部合作整体上是非竞争性的技术合作。尽管东西部技术合作也存在竞争，但是非竞争性合作是主流，非竞争性合作也能够更高效地配置和利用资源，因而本研究内容主要定位于东西部的非竞争性合作对创新能力提升的影响。

发达国家产业转移案例表明，资源丰富的欠发达地区处于分工价值链低端，往往在新的分工体系和产业结构升级中，逐渐演化为贸易产品单一供给区，陷入资源丰富供给的"增长的贫困"，越是资源丰富地区，经济越是落后。面对东西部合作，中央和各级地方政府制定了优惠政策，弥补市场调节和市场机制的不足，使得西部人力资本并不是单向流动到高报酬率的东部区域，需要对宏观调控政策和西部区域政策进行政策设计，使之与市场机制相配合。东西合作的总体趋势是通过合作影响带动西部的经济社会发展，主要的合作性质是帮扶的、共赢的，而不是竞争性的。然而，东西部合作的具体内容不仅仅是"帮扶"，还有技术方面的合作。从技术在经济增长质量中的关键性作用来看，东西部应该高度重视技术合作。具体来看，东西部区域分工与技术合作模式是怎样的？什么样的技术合作方式对创新最优？技术合作内容以及政策设计与市场机制相配合问题也是东西部合作面临的难点。

东西部区域合作中参与主体的经济决策是一个博弈过程，尤其是以企业为主体，考虑有限理性参与主体投资收益大于一般贸易收益。进化博弈研究表明，东部区域政府选择投资策略、西部区域政府选择服务质量高且不实施优惠政策的均衡明显要比东部地方政府选择贸易策略、西部区域选择服务质量低且不实施优惠政策更有帕累托优势。然而，现实观察到的纳什均衡为东西部经济合作双边贸易是主流。究其原因是东部地区政府或者企业合作主体对于西部地区政府提供高质量服务存在疑问，假如西部地区政府引资后，缺乏后续配套和服务，则可能扩大投资风险和成本，那么最佳选择策略是贸易。尽管贸易合作也会实现西部的税收收益，但是贸易合作对西部产业结构优化和能力结构升级作用显然大大低于技术转移和研发合作投资的合作模式。如何促使政府加强"协调"职能，畅通东西部技术合作要素流动"通道"，提升政府服务质量，提高西部区域学习能力、创新能力，改善西部区域能力结构，以西部区域生产要素技术资源环境为依据选择引进适宜技术，对投资型技术研发合作尽可能进行资源人力资金等的配套，最大发挥乘数效应和带动效应，这是急需着力解决的问题。

由于历史原因，西部建立了钢铁、石油、化工、煤炭、电力等能源、原材料工业基地，发展资源型和能源型的工业，而东部地区发展加工型、技术型工业，没有形成区域之间的分工与协作，这种垂直分工模式导致工业布局分散，地区产业体系小而全，地区的比较优势难以发挥。改革开放实行市场机制之后，我国采用东部地区优先发展的倾斜发展模式代替原有的平衡模式，资金、生产要素向投资收益高的东部地区聚集，人力资本一般向东部单项输出和流动（西部新疆大量需求劳动力属于特例），西部区域处于原料供应、初级加工、低技术装备制造等产业链低端，东部处于新材料、通信等高科技高附加值的产业链高端，循环累积因果效应更加强化了东西部工业发展的不均衡。2018年，全国31个省（自治区、直辖市）（不包括港澳台）中服务业增加值占地区生产总值比重超过50%的地区共有15个。其中，北京、上海服务业增加值占比分别达到81.0%和69.9%，接近发达国家水平。随着服务业的不断壮大，地域集聚和行业集聚趋势初步显现。从区域上看，服务业主要集中在东部沿海地区。进入新世纪以后，地区间竞争成为促进经济高增长的一个重要因素。但是这种竞争使经济增长高度依赖于投资，扩大重工业投资以增加税收并在短期内大幅提高地区经济产值是竞争的主要手段。各地普遍追求重工业化，会加剧自然资源争夺和生态环境面临治理的严峻考验。在碳达峰碳中和规制下，向高技术产业结构优化是必然之路，然而相对落后的创新能力又是另一"规制"。基于技术基础和人员素质等条件，西部区域重化企业单位规模以上工业增加值能耗、单位GDP电耗、单位GDP能耗都远远高于东部发达地区，生产粗放型增长比较显著，创新能力还比较弱，技术效率不高。目前东西部区域工业转型升级面临抑制并淘汰"三高"行业而可能缺乏技术创新等推动工业增长的新动力的尴尬境地，因此，提升区域创新能力，尽快形成以技术和创新为主的增长动力成为东西部技术合作的重要内容。

东西部"经济技术合作"与"对口帮扶"必要条件是经济的互补性。互补型经济体各具有独特资源优势，加上适当的制度安排（如区域合作协议等）和政策导向，不仅是"临近"地区，即使是远距离跨区域的经济要素也会发生流动，并且在一定区域空间集聚和结合，形成新的增长极。东西部区域合作的充分条件是合作主体的互利共赢和利益分配平衡与补偿。在互利互惠和利益协调机制下，区域合作参与主体追求各自利益最大化的行为本身会促使外部效应内部化，表现出合作的正外部性，使其他参与者获得更大的合作效益。

然而，区域合作的参与主体本身却不能自动实现利益共享和均衡。合作参与主体作为理性经济人，都有追求自身利益最大化的策略，"囚徒困境""智猪博弈"等典型博弈分析揭示了个人理性与团体理性之间的矛盾，本位理性博弈结果都是团体低效率与整体非理性的纳什均衡，反映在区域经济合作上就是利益冲突和利益格局失衡。

区域合作利益冲突和利益格局失衡表现在以下四方面：一是在与欠发达地区合作中，发达区域参与主体拥有资金、技术、人力等方面的优势，因而有更大的资源支配权和话语权，区域合作利益往往倾向于发达区域，区域差距有可能进一步扩大。二是在地方政府的主导性作用下，区域合作中的产业转移和经济要素跨区域流动重新组合，有可能因为 GDP 增长等关系到地方政府官员绩效考核的指标降低，区域合作模式、合作深度和合作绩效受到地方政府一定程度的指令、限制和干预，造成利益格局失衡。三是生态利益、经济利益、居民福利之间存在一定的冲突，尤其在涉及长短期利益目标的差异上存在一定的冲突。比如一些对当地短期经济利益和居民福利有正向作用的"三高"企业关停转移难以取舍，在社会生态利益和经济利益取舍方面，往往是社会生态利益让步，短期目标取代长期目标，整体利益格局失衡。四是多层次合作参与主体信息不对称和信息障碍造成合作利益冲突和合作利益格局失衡。诺斯强调合作的基础理论问题是在一个给定的环境中，一个当事人至少需要掌握多少有关其他当事人的想法以及需求的信息，才能形成对他人行为的整体概念，并能够利用这种知识与他人沟通，缺乏足够的信息会导致合作障碍。[4]信息经济学指出，信息是合作理论的核心，不完全信息、不对称信息、信息配置、信息共享等障碍导致经济合作机会主义和合作停滞。

无论是 OEM 还是 ODM 的多行为主体参与区域合作创新，对本国的经济发展与创新能力提升都起到了积极的作用。国际著名公司 3M、摩托罗拉、诺基亚、苹果等，我国三一重工、比亚迪集团、奇瑞汽车、华为通讯等具有代表性的企业，通过兼并、收购、代工、建厂等与企业、高校、研究院所、地方政府等进行人员、技术、资源等方面的合作，取得了一批重要的拥有一系列自主知识产权的科研成果与占有性技术，提高了自主创新能力，同时带动了合作区域技术创新能力的提升，实现合作与创新能力提升的正外部性。如华为技术公司在硅谷设立研发中心，积极参与多元化合作，融入当地的技术创新网络，通过合作研发学习，取得了路由器等领域的最为先进的技术创新成果，逐渐成为我国乃至世界IT业的领袖企业。因此，研究区域合作，特别是面向创新能力提升的区域合作，培育了企业与产业自主创新能力，在区域层面，以提升区域创新能力为目标的区域合作，更多方面体现在全要素生产率的改善与提高，技术进步与技术效率的提高，反映在区域经济增长质量的提高，实现居民对经济社会发展福祉的共享，推进深化和谐社会建设，具有较高理论和实际价值。

综上，我国东西部的发展现状要求东部和西部加强技术合作，并且急需与提升区域创新能力结合起来，形成"共生演化"，共同推进东西部合作与创新，实现区域经济社会可持续、高协调发展。

1.1.2 理论背景

区域一体化下，企业与企业之间的合作不再是单一主体双向行为，而可能是多维多向呈现网络化组织特征。因此，企业合作及其合作组织可以纳入区域层面的区域合作当中，区域主体一般为企业、地区、政府及其他专门性机构。环境的不确定性、创新的风险性、创新技术的融合性等，使得以企业为主体的区域合作技术创新趋于普遍化。特别是信息技术、技术进步和经济一体化的推进，使得区域合作还呈现出政府、产业、高校、科研机构、金融机构、中介组织、企业等多元复合的合作网络形态。从企业角度审视，在研发创新过程中形成关于企业和其他组织之间的各种正式与非正式合作关系，与企业的创新绩效密切相关；从区域角度审视，多主体宽领域的合作已经成为区域创新系统的基本组织框架；从经济地理角度审视，区域间达成共同的"学习型区域"，强调区域集群和网络的合作和集体学习中所扮演的角色，以促进企业和地区合作过程中形成创新和竞争力。基于实践，创新被认为基本上是一个社会和地区嵌入式的、互动的合作学习过程，知识获取和创造是区域合作最基本的资源和最重要的过程。因此，地方或区域合作中的不同行动者之间的合作水平是以组织学习和知识内部流动为基础的。

Helbing认为技术的快速变革、竞争性环境和企业战略需要以及其他压力是驱动企业寻求与其他企业建立持久性合作关系的主要原因，合作往往发生在具有不同目标追求的企业之间，因为它们之间可以产生互惠性的依赖关系[5]。企业之间的合作动机归纳为在目标市场上提供立足点、汇聚资源以增强力量和降低风险、进行资源与能力的互补、学习竞争对手关键技能以及建立联盟以对抗第三方企业等五个方面[6]。合作行为通常指企业之间通过挖掘互补性的资源、技能和能力来寻求共同利益的行为[7]。企业总是和其他企业共同从事某项活动，这使得资源分享成为解释企业间合作的主要理由[8]。企业成长的内在要求与现实资源的稀缺总是成为纠缠在一起的矛盾[9]，而为了克服资源不足的缺陷，企业间进行合作以弥补各自资源不足的矛盾便成为理性的选择。实际上，没有任何一家公司能够拥有发展所需要的全部资源[10]。资源的专用性使得企业能够通过合作行为，以比单干更小的代价来获取更多利益，因此合作可以看作共享资源的有效形式之一[11]。合作的优点体现在：① 合作为企业提供了一个以低成本吸收伙伴技能的机会；② 合作为企业树立了一个学习、赶超伙伴企业的标杆；③ 通过合作，企业能够预测伙伴企业的行为，从而为自身制定决策作参考[12]。确立共同目标对于合作企业而言，不仅非常重要，还有助于防止单个行动者的自我利益最大化或机会主义行为。在共同目标的指引下，参与合作的企业共同创造价值，并且努力维持这种合作关系，甚至不满足于较小的利润份额分配[13]。企业之间合作的必要性主要体现在成本和时间两个方面。在新产品开发和进入新市场时，企业往往难以承担由此带来的巨额成本支出，合作成为可行而又必然的选择；在时间方面，合作成为企业提升生产效率和产品质量的捷径。Porter[14]认为互补性是产业链上下游企业之间（合作）关系持续的关键。Agarwal[15]通过对世界上诸多企业或机构之间合作的研究指出，组织之间的合作往往比过于强调竞争更有效率，这种合作安排在很多情况下也优于内部组织和纯粹的市场交易。当企业之间强调利他性、信任和互惠机制时，合作优势就会产生[16]。信任从几个方面产生经济租金[17]：它通过提供认知和道德来引导互动行为，从而减少了不确定性；它作为一种社会控制和降低交易成本的制度安排，建立起了防止伙伴企业机会主义的有效管理机制。合作能够帮助企业分摊研发和制造成本，进而克服技术溢出问题。然而合作的更重要作用或许在于它能够促进更大规模的投资。由于创新者在激烈的市场竞争中难以有效阻止模仿者的低代价抄袭而谨慎投资新技术，通过合作则可以尽可能地将这种外部性内部化。

创新和知识转移是一个高度动态的过程。不同类型的创新在不同程度组合，需要有大量的隐性知识，这可能会导致形成有关的创新类型和知识差距，例如激进创新通常涉及更多的组织学习和组织能力。知识可以分为补充或替代两种类型，当旧的知识被替换为新知识，会发生突破式创新，在这种情况下，组织的知识差距与能力显著对应[18]。以合作为基础的创新已引起学术界和政策制定者的关注，与自主研发和自主创新相比，合作创新的重要性日益增加[19-20]。大多是研究集中在合作创新的决定因素,一些学者试图对合作的决定因素进行分析,其研究由于缺乏数据只能测量存在的合作,而不能测度合作的资源,无法评估其影响或公司的重要性[21-22]。同时也有研究分析合作的影响变量对企业的输出的一些指标,如推出新产品[23],新产品销售占比[24-25],创新指数[26]或人均增加值[27]等,但这样的测度也没有说明公司间合作究竟与创新有何关系;另外,与合作行为、合作类型非常相关的管理人员和政策制定者对合作的影响作用也缺乏描述。

（1）合作组织理论指出合作是创新的有效组织形式。随着技术创新在经济发展和企业竞争中地位的不断上升,人们对创新能力的理解和认识也发生了深刻的变化,技术创新合作及其相关研究受到研究者较多的关注。认为与其他企业或机构的合作被企业认为是一种机会,可以获得创新快速发展需要的技术资源的补充,促进市场进入,获得规模经济和范围经济,分担成本,分散风险[28]。在企业间跨区域合作中,合作动因及合作在企业创新过程中扮演重要的角色,创新合作行为被认为是复杂的创新研发过程的有效的产业组织形式[29]。为了确保资源的有效获取,创新企业必须积极地和其他组织建立合作关系来降低不确定性。资源依赖理论认为没有组织是自给的,所有组织都在与环境进行交换,并由此获得生存。企业开展合作技术创新可以有效地将技术溢出内部化,实现技术互补和协同效应。Gomes[30]指出,通过跨组织的技术创新合作的应用可以使企业获取新知识,并且逐步增加企业技术创新的相关知识;通过跨组织的技术创新网络的应用可以使企业获取新知识,并且逐步增强企业技术创新的能力。学者们还指出通过跨组织的技术创新网络的应用可以使企业获取新知识,并且逐步增强企业技术创新的能力。

现实中,任何企业都难以独立掌握全部相关的前沿技术及资源,因此随着技术开发分工进一步细化,形成了企业之间超越边界甚至国界的研发网络[31]。当今时代,制度安排和企业组织设计使得企业逐步在各个生产领域获取资源,而不仅仅是依靠自然资源。尤其是网络化环境下,企业之间的竞争实质是分工网络之间的资源依赖与竞争,因而,企业组织结构实际是以知识共享和动态分工合作为特征的网络组织[32]。加入地理空间变量和约束,区域之间的合作便是中观层面网络合作组织,创新往往也是区域层面网络组织之间最常见的行为。

（2）合作创新组织的影响。徐礼伯[33]从企业的角度,以企业合作组织的本质为切入点，指出维持合作组织的动态稳定是合作组织创造价值的源泉，维持伙伴间相互依赖的动态平衡是实现其动态稳定的根本条件。

周玉泉[34]较全面地综述了合作组织有效运行的主要理论观点：关系契约理论认为合作组织本质上是关系性合约，合约如果缺乏相互信任会导致合作组织的不稳定；交易成本理论认为导致成本上升、难以控制的机会主义行为是合作组织不稳定的主要因素；博弈理论认为合作是博弈的过程，合作者采取欺骗行为将使他们获得更大的回报，因此合作不能顺利进行；资源依赖理论认为一旦企业获得其所需要的资源，合作就会终止；谈判理论认为在合作中成员的谈判地位（权力）的变化导致对合约的重新协商；代理理论认为合作的决策受管理者所关注的利益影响，为规避风险，管理者在合作中倾向将合作内在化；战略管理理论认为合作组织有多元目标，对目标的不现实的预测和目标的分歧加速合作组织的分解。

（3）新区域主义下区域合作。新区域主义的渊源及其主要观点强调合作经济中的创新能力的提高，新区域主义重新审视了区域创新能力和区域学习能力。区域经济合作的主体文化惯习和行为范式决定了区域的创新能力。因而在这个意义上，学习能力和创新能力是区域经济发展的关键。区域经济的合作性行为在组织框架和技术等方面的重组形成了新的产业集群和产业聚集，从而在整体上集群竞争能力和创新能力就代表了区域的竞争力和创新能力，产业集群和企业集聚而形成创新能力和竞争力是新区域主义的核心观点。Cooke[35]提出合作经济。在合作经济框架下，区域技术创新和区域环境因素结合起来，形成了包括制度要素、环境要素、技术要素等各种要素相互作用的区域创新系统。Maskell[36]重点研究区域创新与环境之间的内在关系，将制度因素、资源、技术存量等引入关系研究中。Morgan[37]按此思路将技术创新、制度创新与外部环境因素联系在一起，表达为"学习型区域"；Stough[38]则强调了学习在个体和组织演化、区域合作等方面的作用，重新评估学习及学习型基础设施在区域经济中的作用。

经济全球化带来的竞争挑战，使得区域更加开放，区域边界已经模糊或具有弹性，跨越国界的跨边境地区不断出现，空间结构的调整刺激了区域治理的新形式的出现，如城市网络和跨境合作。Heeg[39]强调区域化是指区域集团的形成和区域一体化的高级阶段。区域化的过程可以理解为两个方面——经济一体化和政治体制的整合[40]。经济一体化意味着加强经济关系，而政治体制一体化意味着建立正式的政治体制安排，特别是在政府层面。(旧)区域主义是一种国家主导的现象，从而简化定义的宏观区域为一组连续的国家之间的合作。与此相反，新区域主义强调一个开放的、多维度的系统，其中多个国家和区域参与区域项目。同样，区域合作意味着不同主体在包括经济领域等的合作伙伴关系，是区域化的重要组成部分。区域形成被看作一个辩证的社会、市场和国家之间的相互作用的结果。波兰尼认为政治干预和扩大并深化的市场体系"双运动"对区域收缩、变化，形成新区域，日益激烈的竞争和全球化，为应对新的政治经济，区域的规模变得越来越重要，超过国家或超国家的规模，应从内生的角度和外源性的角度理解新区域主义[41]。从内源性的角度来看，新区域主义是区域化下许多不同方面——包括国家、企业、公共部门和非政府组织——在自愿基础上建立共识的过程。从外源性的角度看，强调在区域建设中区域外部经济、政治和社会因素的作用，强调区域化和全球化的空间结构调整的影响。

新区域主义的多维区域化发生在经济、政治和文化方面自发或通过正式的区域合作与密集的国家和非国家行为者之间的互动和沟通，可以看作一个"国际社会"的区域形式协作状态，可以是有组织的或自发的文化、经济、政治和军事等领域的区域社会。两种类型的区域，正式区域和非正式区域，从而出现在不同的动态区域化[42]。从这个角度来看，新区域主义是一个转型的国家和国际经济治理，应对经济全球化的资本、人才、机构和技术比以往更强烈的动机随之而来的重新调整，并通过各种合作创新活动在地理集聚和空间聚类。

区域层面研发合作，弥补创新知识的开发利用在空间和时间上的缺陷，从而加快经济增长方式转变。这一命题同时给发展中国家以启示：引进先进技术并且很大程度上存在依赖性时，可以以建立区域性的研发联盟的方式更快地实现技术能力的提高，并且有利于经济增长方式从要素投入驱动转化为创新驱动。[43]

(4) 区域合作的影响因素。王小增[44]研究了我国地方政府间合作动力机制，从动力机理的角度出发，把影响我国地方政府间合作的因素（力量）分为引力、压力、推力和阻力，并着重分析了各种力的来源和作用方式，在此基础上构建了我国地方政府间合作的动力机制 APTR 模型。汪伟全[45]研究了地方政府合作的现存问题及对策，认为本位主义、尚未建立有效的合作协调机制、财政经费分担、缺乏相关法律与制度的保障是府际合作的现存主要问题。

针对这些问题就完善府际合作的途径与措施,从政治、管理、法制三个层面进行设计与创新。梁双陆研究了我国东西部区域经济合作发展经历指令型、过渡型、市场型等三个阶段,显示出明显的制度变迁,东西部区域经济合作进展缓慢以及西部地区较弱的创新能力和非优能力结构,是西部落后的主要内在因素。因此,改善西部地区能力结构是提高东西部区域经济合作效率、建立合作新机制的基础。冷志明引入共生理论分析区域经济合作的内涵及目标,将参与合作各方作为相互关联的生态群落,继而从共生角度提出区域合作的运作机理。叶永玲[46]在对虚拟经营合作机制的基础与障碍分析的基础上,探讨了虚拟经营的合作代理与自私代理合作机制,并据此提出了虚拟经营的"哑铃型"和"联合体"两种运作模式,剖析了这两种模式对应的具体运作方式。豆建民[47]指出跨区域企业间联盟促进了区域要素跨区域的流动,在区域合作协调机制下解决内外部环境等问题。高伟生[48]强调区域合作可以约束地方政府的短期政绩行为,优化区域资源,加快区域经济的发展。卓凯[49]从区域合作制度基础角度,认为促进区域协调发展的重要形式是区域合作。行政区划与经济失衡阻碍经济可持续发展。借鉴欧盟区域合作经验,提出建立一个符合市场经济原则的跨界治理体系。罗小龙[50]研究了长江三角洲城市合作模式及其理论框架,分别探讨了科层、自发和混合型城市合作三种类型伙伴关系的制度安排。通过对伙伴关系形成过程和利益相关者互动的追踪,研究认为合作是否有效取决于合作的机制、合作的过程、合作的性质和领域、伙伴的选择和伙伴关系形成中利益相关者的作用。Steven吸取现有的合作与竞争以及社会交换理论,提出一个行为模式来简单而系统地描述合作过程,研究发现默许行为是处理不完全契约的润滑剂,行为的简化是对合作伙伴的信号工具,行为的互惠性是一种奖励和惩罚的策略。

国内外研究论述了合作是创新有效组织形式、合作组织影响因素以及适用研究区域合作的新区域主义理论。针对区域合作的运作研究,首先集中在以利益均衡、共享发展的企业、地区、政府等行为主体的竞争与合作方面,较多关注企业间的创新合作动力、形成的影响因素;其次是区域间的产业分工与产业转移问题;最后关注了区域合作产生的种种问题,强调的是发达与落后区域之间的不平等关系以及在此基础上的合作,对区域合作对区域创新能力的影响与促进研究不多,仅仅有一些学者在相关研究中提到了技术合作对创新能力的影响,而没有真正将区域技术合作与区域创新能力联系起来,面对区域合作的存在问题以及提高创新能力的实施缺乏理论研究与实证分析。因此,急需对技术合作与提高创新能力二者之间内在机理进行研究,为当前区域合作问题做出有力的指导。

1.2 研究目标及意义

本课题不仅基于理论发展的提升,更在于对现实问题解决的指导。本课题是区域合作理论、区域创新系统理论的结合并在实践中运用的题目,有关研究能对当前及以后的东西部合作给出有价值的指导。主要研究目标和意义体现在如下方面。

1.2.1 研究目标

本课题从东西部技术合作内容出发,探索出对区域创新能力内涵有显著正效应的合作内容,进一步揭示技术合作内容对创新能力结构维度的影响,分析合作内容提升区域创新能力的内在机理;通过构建数理模型以及计量研究,实现对合作内容的定量研究,部分弥补以往区域合作在特定领域只能进行定性研究和调查问卷实证类研究的不足,为深化东西部区域合作,实现合作共赢,提供制度安排和政策实施有力的理论支撑,并预期实现整个技术合作过程的动态调控。

(1) 深化区域合作理论。现有区域合作相关研究,主要关注合作参与主体的利益平衡问题。由于整体利益与局部利益,短期利益与长期利益,企业、地区、政府在区域合作博弈过程中倾向于利益格局失衡,违背合作共享利益初衷,甚至牺牲社会利益和生态利益,因而既有的区域合作研究关注的是利益失衡或者均衡下的主体行为及其区域内外经济因素的影响。区域合作与创新能力之间的研究还很少涉及。本课题基于技术创新在企业面对快变环境时实现长期竞争优势的关键性要素的事实,将区域合作—提升创新能力—区域经济增长质量置于同一逻辑框架下,明确区域合作影响创新能力的内容,从而有效解决和预防区域合作过程中遇到的部分困境,深化我国区域合作理论研究。

(2) 从创新能力提升的视角,构建东西部技术合作中关键合作的动态数理模型,实现区域技术合作动态阶段性协调与评估。区域技术合作促进创新能力提高的机理揭示了具体合作如何影响创新能力维度。对于合作内容在创新能力维度上的动态阶段性影响进行控制和协调是实现创新能力提升的有效措施。本课题借鉴技术扩散理论，构建相关模型，通过数理推导得出可测量的动态阶段性模型，实现区域技术合作的阶段性动态协调与评价。

（3）创新能力本身是一个状态比较值，如果将技术合作过程中两个时间状态截取出来，进行比较，则可以预知创新能力的提升。这也就将问题转化为那些对技术合作的影响因素在创新维度上怎样影响技术合作的过程。对上述影响进行调研分析，将得到有价值的与以往熟知的不同的结论，这样能够拓展对有关问题和影响因素的认知。

1.2.2 研究意义

本课题问题的提出是基于中国现实背景，基于区域合作的深化与创新能力在区域经济中重要作用，研究能够揭示技术合作作用于创新能力的一般规律，拓展对于合作领域的认知和对问题的解决途径。研究建立在理论研究与经验证实相互补充的基础上，将对我国深化区域合作并且同时实现创新能力提升产生积极的作用和影响。

学术界对我国东西部合作的理论基础及其必要性等各方面也进行了充分的论证。区域优势组合观认为我国东西部区域合作实际是将东西部区域的优势进行优化重组的过程，区域优势伴随区域合作与竞争过程，不断与有关要素结合、强化，或者重新形成新的合作优势，或者是有条件转化原有优势，最终实现区域间的优势互补。区域利益观认为区域技术合作中由于参与主体的多层次多关系性，其利益呈现多重化。在区域技术合作共同总体利益目标约束下，合作利益动态博弈过程，有利于形成利益补偿机制和协调机制。区域分工观认为区际贸易和区际分工不发达导致资源配置效率低下，制约产品市场规模的扩大。在经济全球化的国际环境下，开放国内地方市场，加强区域技术合作有利于在更大的市场范围进行资源整合配置，延长价值链的分工，促进产业的成长和整体区域竞争力的提高。区域发展差距观认为东西部区域差距体现在创新能力差距、产业结构差距、市场需求差距等方面，区域合作可以改善区域科技能力，加快技术转移，促进科技进步。因此有效地促进东西部形成一定层次和网络的经济合作，既可以实现我国东西部的资源互补，发挥各个区域的比较优势，又可以促进区域性生产要素和产品的交流，改善行业外区域经济环境，优化成本数量与结构，提高各行业的劳动生产率，同时还可以使经济单位之间交易实现内部化，降低运输成本，是我国经济发展过程中公平与效率结合的最佳选择。区域发展观认为，生态环境和可持续发展能力、适应和发展能力、现代化水平、城市化程度、人力和智力资源，以及社会资源和财富占有等方面东、中、西部地区存在较大差距，区域间居民收入存在扩大的趋势，区域经济存在内部性、外部性以及两者之间转化的过程，所以区域合作可以产生单要素作用下不能产生的功能和作用，区域经济合作是促进经济健康运行及应对世界经济问题的有效手段。因此，缩小区域差距，大力推进和深化区域合作是促进社会结构更为合理、社会生活更加和谐的重要机制之一。

本课题从现有的东西部技术合作内容出发，通过文献计量的方法找出影响区域创新能力的合作内容，对上述这些合作进行定量化评价，将评价的结果与区域创新能力的结果以及组成部分的评价结果进行回归分析，进一步证明前述的影响关系并尝试寻找出不同内容合作对创新能力的贡献度系数，建立东西部技术合作与区域创新能力之间内在联系，进一步探索、发现合作在创新维度上的作用偏好。结合上述研究，创新能力的状态描述本质，通过比较不同时间的技术合作影响因素来预测创新能力的提升。因此对东西部技术合作促进创新能力提升的影响研究也就转化为对具体关键合作内容在不同时间受各种影响因素的作用效果的判断，有关研究将状态变量（创新能力）和动态变量（技术合作）进行统一研究。

1.3　主要内容

本课题建立在区域技术合作—经济增长—区域创新能力提高的逻辑框架上，通过探索东西部技术合作对促进区域创新能力提高的影响，并预期发现如何管理技术合作及有关合作的重要影响因素对创新能力的提升最有效。课题项目不仅是为了丰富区域合作的相关理论研究，更重要的是从东西部经济发展情况和区域创新能力的现实出发，在充分分析我国东西部资源特点、创新要素及关联影响因素现状基础上，揭示技术合作促进区域创新能力提高的内在机理，为全面提升区域创新能力和实现东西部区域均衡协调发展提供理论支持。结合实证分析，在本研究的逻辑框架内对区域合作及其创新能力进行评价与预测，同时对以区域合作为重点的我国东西部技术合作提出有价值的建议。课题研究的主要内容将从以下5个方面展开。

（1）基于研究内容的理论综述，为研究铺垫理论基础，发现其中有价值的问题。

（2）东西部技术合作提升区域创新能力的理论框架的构建。通过分析区域创新系统理论、资源基础观理论、技术转移理论，并在大量文献研读的基础上，将区域合作与区域创新能力统一在合作促进经济持续增长、经济持续增长必然存在创新能力的增长的逻辑下，以此为新的研究视角研究东西部技术合作与区域创新能力之间的影响。

（3）东西部技术合作核心内容对区域创新能力提升的影响因素研究。有关区域合作的影响因素研究和区域创新能力的影响因素研究为我们提供了大量有价值的内容。主要用两种方法深入研究，一是数量模型，二是假设检验。基于东西部技术合作是系统的、动态的、多种要素综合作用的过程，创新能力本身是对于某个时间状态的描述与比较，因此，研究东西部技术合作的动态作用实现动态调控意义重大。借助技术扩散模型，将关键影响因素引入模型，进行修正推导，得到了技术成功转移动态方程。为配合动态方程调控功能，进而研究得出技术转移系统的动态评估方法。

（4）考虑东西部技术合作中直接作用于知识技术本身的主要因素作为"一级指标"，其他有关影响因素作为"二级指标"，并将一级指标单独提出研究。考虑到东西部技术合作的主要目的是尽快帮助西部地区提高技术能力，促进知识技术的更新换代和技术结构升级，转变西部地区整体技术落后的现状。在国家创新战略整体规划下以及各级地方政府的支持和引导下，东西部技术合作参与主体之间的关系是协作的、合作的，并且具有帮助的理念，因此东西部技术合作也是非竞争性的，虽然也存在竞争行为，但是所占比重较小。在东西部非竞争性合作背景下，主要因素是指对于合作与学习有影响的那些要素，并且在较长时间内与合作并存，伴随合作的深化，其本身也相应变化。通过文献研习及综述，将资源配置及组合、伙伴关系的稳定性、专业化与技术能力以及知识整合效率作为主要指标，进行独立研究。另外，在东西部技术合作中，由于政府的支持与引导，诸如信任与机会主义、伙伴选择、非对称性等问题比较容易解决和控制，因而在研究中以上因素没有涉及。

（5）东西部技术合作的"保健因素"。基于激励理论，东西部技术合作中促进创新能力的提升的影响因素，既有正向激励因素，如直接投资、人才交流培养训练和定向采购等，又存在负向激励因素，如搭便车、机会主义倾向和不公平待遇及利益分配等，也存在"保健因素"，如组织因素、对口帮扶因素和税收减免等优惠政策。从东西部技术合作的驱动出发,技术的标准化和组织创新是技术合作顺利推进的重要保障。技术标准是一个移动的参考框架和促进技术创新的无形力量之一,技术标准化是一个周期性的过程,因而在技术合作中,可以持续地对技术和知识发生作用。组织创新本身不但为技术合作提供了组织保障,其本身也属于创新的内容。从这个意义上说,技术标准化和组织创新是对创新能力提升的保障,因而单独进行分析。

2 相关概念及理论基础

2.1 创新能力相关研究

2.1.1 创新能力内涵和概念界定

（1）创新能力的内涵和主要内容。1921年，美籍奥地利经济学家约瑟夫·熊彼特在《经济发展理论》中首次提出创新理论，强调创新是创造性的破坏，是创新的生产要素与生产条件新组合取代旧组合的动态过程，创新实际上是建立新的生产函数。具体包括五方面内容：创造新产品；采用新的生产方法或新技术；开辟新的市场；取得原材料的新的供给来源；实现新的组织或者企业重组。随着理论的发展和实证检验，创新的概念获得广泛认可。熊彼特提出创新科学技术在发达国家的工业化、城市化、创新型转型过程中扮演了关键角色。发达国家经验表明，在稳定的市场机制下经济长期增长来自技术创新，经济发展可以看作通过学习建立技术能力并在连续不断的创新中实现"小投入多回报"，提高人均福利水平。创新是涉及整个组织、组织中各个行为体及组织内外部条件与环境交互作用与响应下的完整行为[51-52]。创新行为依赖于大量内外部因素共同作用，是相对复杂的系统工程，许多内外部因素难以进行量化评估。Teece[53]指出在实践中创新能力是企业的创新发展和创新行为的主要解释因素之一。大量有关创新的研究集中于具有一定的线性模型特征创新投入及产出的过程指标，如R&D总支出等，往往由于研究方法的局限以及数据可获得性限制，较少涉及创新行为的组织基础，缺乏创新协作单位或者非工业生产单位等组织变量视角的研究。对大量既有创新研究而言，如果从组织变量视角展开研究，则可以聚焦创新过程的需求，深入了解创新能力的变化[54]。

创新能力及其提升对企业创新、区域创新及应对快变环境、发展绿色经济、提高经济增长质量具有重要作用。文献从新产品、新工艺、新环境等方面对创新能力的概念、内涵进行了探究,如表 2-1 所示。

表 2-1 创新能力含义与主要内容

文献	创新能力的概念与定义	创新能力主要内容
Akman[55]	创新能力被定义为一个重要的因素,有利于创新组织文化,推广内部新思想行为,理解外部环境变化并做出适当反应的能力	组织文化和管理;知识;市场条件的变化(如客户期望、竞争对手产品等);员工参与;客户或者供应商需求;环境的变化
Assink[56]	生成和探索新思想、新观念,发掘潜在的机会,提供市场空白产品,发展有效的创新,充分利用内部和外部的资源和能力,检验与进行实验的能力	侧重根本上创新
Bertrand[57]	企业 R&D 支出;研发工作决定创新能力	内部和外部的 R&D 支出;内部 R&D 支出的性质(基础、应用和发展);有助于公司的研究能力和长远的吸收能力;R&D 预算(内部资金或外部合作伙伴)的融资模式
Calantone[58]	创新能力用来衡量企业创新程度	企业创新;新思路;寻找新的做事方式;在操作方法上的创造力;推出新产品
Chen[59]	创新能力反映企业的科技活动和状况	专利的数量
Elmquist[60]	创新能力包括产生新的思想和知识的优势,采取市场机会	从财力、战略眼光、能力和知识差距的角度衡量创新能力的 R&D 项目的贡献
Forsman[61]	综合运用内部资源从外部或者网络获取资源的能力	企业家能力、网络能力、知识管理能力、风险管理能力、管理变革能力等
Girma[62]	出口和创新能力之间的关系,以前的出口经验,增强企业的创新能力	研发活跃
Guan[63]	创新能力应界定在宽泛、分散的范围和水平上,以符合企业战略的要求,并适应特殊条件和竞争环境	创新能力包括学习能力、研发能力、制造能力、营销能力、组织能力、资源开发能力和战略能力

表2-1(续)

文献	创新能力的概念与定义	创新能力主要内容
Hull[64]	比较创新能力和学习能力之间的关系。学习能力主要指企业开发能力或获得新知识为基础的资源和技能,提供新的产品,企业创新能力主要体现在内外部合作创新中取得高绩效	新产品推向市场,通过各种模式:内部创新、合作创新、外部创新、学习能力、技术评价、企业规模、企业年龄、销售增长和R&D强度(控制变量)
Kroll[65]	强调合作过程中企业联接的能力,利用外部知识	创新活动;R&D经费支出;合格的工人;与客户和供应商的关系;母公司/附属公司;展会/技术市场;与其他公司合作;大学/研究所的合作
Li[66]	跨国公司对新兴经济体企业的创新能力影响。全球R&D管理的启示	本地居民专利授权;非本地居民专利授权;灵活性;动态能力;全球R&D合作
Nassimbeni[67]	创新能力是指新产品和工艺创新及其过程	产品创新:新材料、新产品的功能和新设计;工艺创新:机械适应和发展原有的加工解决方案,在创新方面的投资;人力资源管理:工作力的专业化,集团的激励和培训计划;组织间关系:供应商合作关系、客户合作关系、加入联盟和外包服务
Puranam[68]	结构整合和创新能力之间的关系、结构整合破坏公司的创新能力	收购前企业的专利数;R&D强度(收购方的R&D强度)
Quintana-García[69]	多元化的技术基础,积极影响创新能力;技术多样化,促进创新能力	被解释变量:一年专利授予数量(探索和利用的发明);解释性变量:R&D强度、研发支出、以往专利
Sher[70]	资源基础观认为:创新能力是实现战略竞争力的关键;进化理论认为:公司获取和持续性的竞争优势和提高其性能关键在动态的环境	内生的创新能力:专利、R&D强度和研发人力;创新的外部联系:技术合作、兼并和收购;创新能力体现在每个增值阶段:设计、制造、封装和测试

表2-1(续)

文献	创新能力的概念与定义	创新能力主要内容
Subramaniam[71]	渐进式创新能力的产生,完善和加强现有的产品和服务的创新能力。激进的创新能力是产生显著改变现有的产品和服务的创新能力。渐进和激进的创新能力之间的差异是基于对知识的使用类型	产品/服务;规模;R&D支出;之前绩效;复杂性;动态性;规模性;人力资本;社会资本;组织资本;激进的创新资本;增量创新资本
Wonglimpiyarat[72]	创新能力是指做出重大的改进和修改现有技术的能力,并创造新的技术;创新能力包括5个方面:组织创新能力、工艺创新能力、服务创新能力、产品创新能力、营销创新能力	新事物、新知识提供给员工;调整所有有关的生产工艺水平、库存分布、物流等;能够带来新的知识或技术,开发新的服务;能够带来新的知识或技术,开发新的产品创新;实现技术上新的或改进的产品/过程
Xu, Lin[73]	关键业务网络的结构特点和参与企业的创新能力之间的关系	创新设计和制造能力较强;具有较强的发展和获得新技术的能力;拥有更多的专利技术和产品
Zhao[74]	创新能力包括:企业在知识产权(如专利)的形式产生的知识的能力;相关知识的应用,以实现市场价值;组织内的创意的成功实施	两项措施,以捕捉企业的创新能力:有关依赖性创新能力;有关自主创新能力

开放式创新的讨论表明,吸收外部知识的能力已成为竞争的主要驱动力。Spithoven[75]基于竞争力因素进行了研究,指出创新能力是五项能力的综合集成:组织创新能力、工艺创新能力、服务创新能力、产品创新能力、营销创新能力。Wonglimpiyara分析产品和工艺创新的基本作用,研究结果显示公司创新能力受益于外部的技术知识来源。Rahmouni[76]强调创新能力的决定因素是内部研发、人才培养、创新合作和对变化的态度。国际管理发展研究所(IMD)以及世界经济论坛(WEF)认为创新能力的研究内容包括组织创新能力、生产流程创新能力、服务创新能力、产品创新能力、销售创新能力、信息能力。

区域创新能力高低也体现在区域创新效率上,包含技术引进、转移及R&D等的效率。自Freeman提出国家创新系统概念以来,对不同国家成功创新模式的考察以及绩效的测度一直是学术界探讨的一项主要内容。由于不同区域间经济发展水平差异较大,如果不考虑这种区域间的发展差异而仅仅是基于国家整体层面考察其创新能力可能失之于偏颇。基于区域层次来考察中国的创新能力可能更为合适,作为国家创新系统的重要组成内容,区域创新系统自Cooke首次提出以来,便引起学术界的高度重视。由于地方政府在科技政策制定和资金调配方面拥有较大的权力,对各个地区创新能力的形成和发展起着巨大的作用,因此在考核中国区域创新系统的创新效率时就不能不把地方政府的影响考虑在内。

(2) 区域创新能力的概念界定及其影响因素。Cook等人提出国家创新体系的概念后,支撑国家创新体系的区域创新体系成为地区发展研究的重要内容,促使人们从区域角度研究创新结构、创新能力与创新机制,深化了对创新问题的研究与认识。关于区域创新能力的研究,最早始于对企业创新能力的研究,后来北欧一些学者将"创新能力"这一研究企业的概念引入到区域中来。如代表人物马斯克尔认为知识是区域创新能力是"地方化的",即区域的创新能力很大程度上取决于地方知识的利用。Maskell认为区域的创新能力包括以下几个方面的内容:区域的基础设施和已形成的环境;区域内自然资源的可获得性;区域特殊的制度禀赋;知识和技能的可获得性;区域创新能力也是不可代替的。区域创新能力概念与"区域""创新""能力"三个概念相关联。区域指具有连续的地理分布的区域,特指有行政区划进行划分的经济地区。创新是指新产品新工艺转化为绩效的过程。能力是一种用于识别不同事物及其作用的基础,一般与经验经历有关,可以通过训练改变。由此,区域创新能力可以描述某一个经济地区的所有新产品新工艺达成绩效的综合性基础,区域创新能力也是综合性能力,包括学习能力、吸收能力、知识创造能力、信息能力、技术能力等,与制度、环境、知识转化等有关。

Murovec[77]从农业经济增长角度研究指出,不同历史和制度背景差异使政策对创新产出影响不同。Koc[78]探讨组织因素对区域创新能力的影响,研究结果表明创意、人力资源以及合作伙伴对创新能力的乐观态度对区域创新能力有影响。Dolata[79]研究区域合作组织结构、合作制度和合作关系的稳定性对新技术产生的影响,指出组织、结构、制度渐进的转变对区域创新能力有显著影响。

Lin[80]借鉴区域创新体系的文献,解释中国地区之间创新性能差距越来越大。估计结果显示,政府支持、R&D、区域创新环境对创新效率产生显著影响,区域企业创新绩效、区域创新外部合作是拉大区域创新能力差距的原因。Li[81]比较分析上海张江高科技园区和台湾地区新竹科学工业园区创新能力。Lai[82]发现创新能力之间差异的决定因素在于基础研究的基础设施、合作创新群和产业集群。Fosfuri[83]以西班牙2464家中小企业区域合作创新为样本,发现研发合作、外部知识获取、经验与知识搜索是提高创新能力的关键。

Fernando[84]指出在区域合作中各个主体不同知识积累方式决定其创新能力,尤其是参与外部技术合作组织,新的组织结构可明显改善知识积累与创造范式,从而有助于突破式创新。Fabrizio[85]建议从内部和外部两方面来发展知识,关注技术能力与创新之间的内在关系。Chen[86]调查了技术能力、知识管理能力和创新绩效关系。分析结果表明,技术能力与知识管理能力正相关,对创新绩效有积极影响。

我国学者也开始不断对区域创新能力进行深入研究,对于区域创新能力的内涵国内外尚未形成共识。有学者认为区域创新能力是对一个主体从事某种活动时所具备的内部条件和内在可能性的描述;创新能力应该是在创新过程中,在充分利用现代信息与通信技术基础上,不断将知识、技术、信息等要素纳入社会生产过程中所具有的一种能力。

柳卸林将研究聚集在区域创新能力与科技竞争力的关系上,指出区域创新能力包括知识创造能力、知识流动能力、创新的环境、创新的经济效益等,创新主体间的角色定位是提高区域创新能力的关键,观念和体制决定创新能力。朱海就[87]认为区域创新能力是由网络的创新能力、企业的创新能力和创新环境三个部分组成的,每一部分的进步都促进了区域的创新。雷春晓提出增强区域创新能力的两个方面是知识技术的创造和知识技术的流动。孙丽文[88]提出了提升区域创新能力的4个途径,包括提高技术创新能力、提高知识创新能力、提高创新配置能力和优化创新宏观环境。

国外关于区域创新的研究主要集中在区域创新战略、区域技术计划、区域技术转移、区域创新政策。国内关于区域技术创新的研究主要有技术创新能力的评估、技术综合指数、知识创新能力评价体系和技术创新能力评价体系等。《中国区域创新能力报告》自1999年构建评价指标体系后,每年均对各省进行创新能力的评估和比较,在创新能力研究领域具有一定权威性。此外,有些学者也对各省创新能力进了实证和比较研究,例如周立[89]采用因素分析与聚类分析相结合的方法对我国省域创新能力进行了评估。在我国区域技术创新能力的实证和比较研究方面，邵云飞[90]等做了大量重要的理论和实证工作。

根据文献梳理创新能力相关因素及各个维度的特征，见表2-2。

表2-2 创新能力三维因素

维度		描述	主要文献
知识	外部知识	外部组织知识来源、新伙伴和成员	Cohen[91]，Feldman[92]
	学习和获能	内部知识源的基础上不断训练，工作，学习和实验	Innovation index and the innovative capacity of nations Learning capability, technological parity, and innovation mode use
	研究与发展	内部努力实现知识创新	Learning capability, technological parity, and innovation mode use Integrating acquired capabilities: when structural integration is (un) necessary Developing new innovation models: shifts in the innovation landscapes in emerging economies and implications for global R&D management
组织	自治（权力下放的程度）	权力下放或决策组织中的权力分配等级	Learning capability, technological parity, and innovation mode use Brockman[93]
	联络/通信资源	存在联络资源环境和通信系统	Innovation index and the innovative capacity of nations Innovative capability and export performance of Chinese firms
	监督和控制	分层控制水平和业务结构的影响、绩效	Bulent[94]
	企业、机构	以市场为导向的企业和知识创造的机构	Innovation index and the innovative capacity of nations Establishing an interface between public sector applied research and the Chinese enterprise sector Innovative capability, innovation strategy and market orientation: an empirical analysis in Turkish software industry

表2-2(续)

维度		描述	主要文献
人为因素	员工培训	培训和学习的内在动机	Innovation index and the innovative capacity of nations Establishing an interface between public sector applied research and the Chinese enterprise sector Typology and performance of new ventures in Taiwan: a model based on opportunity recognition and entrepreneurial creativity
	创新行为和奖励	鼓励创新的标准，奖励个人行为	Innovation index and the innovative capacity of nations Typology and performance of new ventures in Taiwan: a model based on opportunity recognition and entrepreneurial creativity
	冒险精神	组织承担的风险水平	Learning capability, technological parity, and innovation mode use Innovation capacity and innovation development in small enterprises. A comparison between the manufacturing and service sectors
地域环境因素	高科技集聚区	产业集聚与知识集聚	Yingnan[95] Analysis of sources of innovation, technological innovation capabilities, and performance: an empirical study of Hong Kong manufacturing industries 张钢[96]
	创新空间基础设施	厂房设施、交通运输	Analysis of sources of innovation, technological innovation capabilities, and performance: an empirical study of Hong Kong manufacturing industries Spithoven[97]，韩丽[98]

中国科技发展战略研究小组编写的《中国区域创新能力报告》自1999年已经连续出版13年，在国内创新能力研究领域具有一定的权威性。报告借鉴了美国的《创新指标》和瑞士洛桑国际管理开发学院（IMD）发表的《国际竞争力报告》）（简称《洛桑报告》）以及世界经济论坛的《全球竞争力报告》的研究成果和研究思路，将区域创新能力分解为知识创造能力、知识流动

能力、企业的技术创新能力、创新环境以及创新绩效等5个方面。综合国内外学术观点，本课题借鉴《中国区域创新能力报告》中区域创新能力的界定，认为区域创新能力主要由以下5个要素能力构成：知识创造生产能力、知识流动获取能力、企业技术能力、技术创新资源投入整合能力、创新的经济效益达成能力。如图2-1所示。

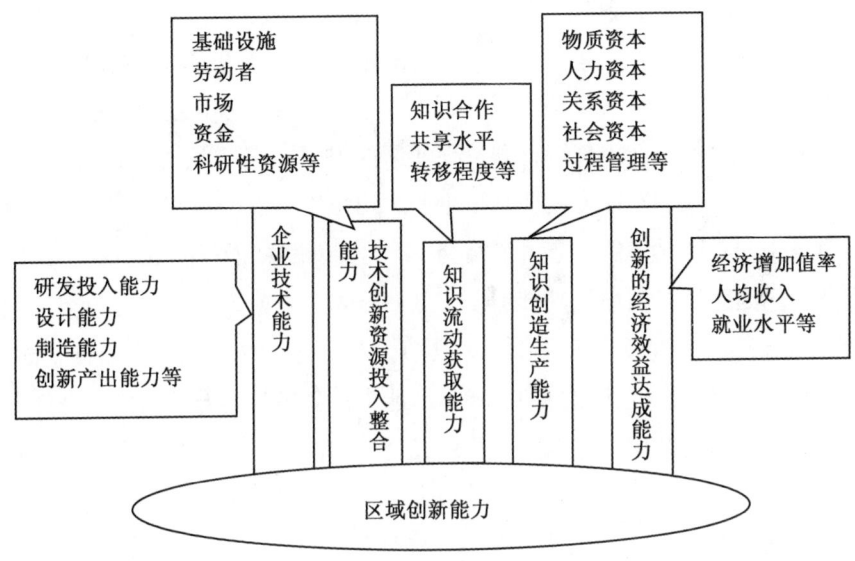

图 2-1　区域创新能力构成图

区域创新能力构成要素内涵包括以下内容。

① 知识创造生产能力。投入一定的物质资本、人力资本、关系资本、社会资本不断创造新知识的能力，它取决于研究开发的投入水平、科技产出的水平和过程管理的水平。知识创造"能力基"包括物质资本投入、人力资本投入、关系资本、过程管理水平等。

② 知识流动获取能力。引致知识在经济单元定向流动的能力。知识流动获取"能力基"包括知识合作水平、共享水平与转移程度等。

③ 企业技术能力。企业是新技术新工艺应用的基本经济单元，也是区域创新体系的主体。企业技术能力主要包括研发投入能力、设计能力、制造能力和创新产出能力。一般情况下技术能力越强，企业的产品越丰富。

④ 技术创新资源投入整合能力。在一个给定技术结构、经济结构和制度体系下，资源投入及整合是决定一个地区创新能力的关键。技术资源投入整合"能力基"一般包含基础设施、劳动者、市场、资金、设备技术、生产性资

源、科研性资源，还包括规范制度文化教育培训宣传服务等。

⑤ 创新的经济效益达成能力。创新能力最终表现在对经济增长的贡献上，良好创新产出能力保证了区域经济的持续发展，同时又为新一轮技术创新奠定了坚实的基础。较高的创新经济绩效能够增加创新的投入，同时也衡量创新产出。创新的经济效益达成能力基包括：经济增加值率、人均收入（人均福利水平）、就业水平、制度安排、规则规范等。

区域创新能力包含区域、创新、能力三个方面，其中创新是指组织内进化过程中采取任何改变有关设备、系统、流程、政策或服务等进行一系列有效行为，创造新的价值和能力资源，并且促使新的组织形成。因此，创新可以被视为一种组织能力。创新能力主要是指企业运用组织内外知识与思想，将企业资源不断转化为新产品、新工艺和新服务[99-100]。创新可能发生在每一个组织的运作方面，因此可以按组织功能分类。Becker[101]将创新能力分为三类，即服务/产品创新、产品的方法创新和市场创新；细分为四个方面：产品创新能力、工艺创新能力、定位创新能力和模式创新能力。创新能力被认为是一个涉及许多不同的资源相互作用的过程。因此，成功的创新是对如人员、设备、知识和金钱甚至是企业家精神等资源的良好整合[102-103]。

区域创新能力特征包括以下几方面。

① 区域创新能力的动态性时代性。区域创新能力和知识存量有内在关联。对于经济发展程度有差异的区域，知识存量和知识"新旧"程度是相对的。发达区域的旧知识可能反而是落后区域的新知识，在某个时刻，同一知识在不同区域可能有不同的新旧区别，知识存量既是过去的也是现在的，因而区域创新能力具有动态性和时代性特征。与创新能力相比，区域创新能力更有结构性和整体性。

区域创新能力是区域参与创新的主体，包括政府、企业、高校、科研机构、技术和金融服务中介等在一定的经济结构和技术结构下互动作用下产生获得，例如学习能力、吸收能力、动态能力、环境制度要素整合能力等，不但与创新基础设施变动关联，还与各个主体创新能力演化相关，而且受到某些制度实施不同时点与阶段影响，呈现动态复杂性。

② 区域创新能力的路径层次性。《区域创新体系：在全球化世界中治理的作用》是迄今为止最全面、详细的区域创新体系研究文献，其指出创新"系统范式"大致经历了企业创新体系、国家创新体系和区域创新体系三个阶段，

区域创新体系处于中间层次。在区域一体化进程中，研究区域层次创新能力是区域一体化的需要，区域创新能力是参与一体化进程各个主体创新能力的综合集成。

③ 区域创新能力的经济性。创新能力是将生产要素与新技术、新方法、新工艺相结合并且商业化从而获取利益的能力。在区域层面，区域创新能力能够实现区域经济社会加速发展，获取更大效益。

④ 区域创新能力与区域竞争能力的差异性。区域创新能力围绕新知识、新方法、新工艺而生成，区域竞争能力可以通过更低的成本而不单是新技术来达到，区域创新能力更能够实现经济社会持续性发展。

⑤ 区域创新效率。包含技术转移效率和输出效率、新产品研发效率、专利效率。

2.1.2 区域创新能力的影响

区域作为创新型经济的最佳地理范畴，强调在提升创新能力中特有的区域资源的重要性，而且企业的创新活动在很大程度上建立在地方资源基础之上[104-105]，创新的发生嵌入在地方社会关系背景中并且沿着文化限定的路线随时间而发展。区域背景提供了规定行为角色和形成期望的一系列规则、习俗和规范[106]，这些规则源于经济和社会文化因素，例如在传递信息和交换知识过程中促进地方组织相互作用和相互理解的惯例、价值共享、规范和信任等。区域的内部动力、社会文化和政治资产，以及区域为建立和保持其特有竞争优势的无形资产，也是建立区域创新能力和加强学习能力的关键因素[107]。在某一区域中，同一产业内或者相关产业一群企业，包括政府机构、教育机构以及支持服务机构的集聚，促进了知识溢出和鼓励各种形式的吸收、学习从而影响区域创新能力[108]。此外，区域创新研究表明，新技术知识的生产趋向于本地化，因此创新活动在区域空间分布得并不均匀。由于新知识具有不确定性、复杂性和隐性特征，新技术新知识只能通过密集的互动甚至面对面的交流才能成功获得和创造，外部空间或者环境的开放性、知识流动以及互动学习效果均影响创新。

Tylecote[109]指出转型期国家中，通常有一个双重的技术体系。一个是较高水平技术体系，主要模仿引进发达经济体的技术，专注于先进技术的发展。另一个是较低水平技术体系，一般嵌入本地的传统型行业，如农业和传统技术领域创新体系，服务于当地经济的发展。欠发达区域在追赶先进技术或技术过渡过程中，整体经济和创新的性能在很大程度上取决于如何协调两个技术系统。我国东西部技术创新发展进程中，处于工业化初期阶段的西部地区与处于工业化进程中期的东部地区提升创新能力的重点、手段、方式均有差异，是显著的双创新系统，如何从区域层面加强东西合作协调创新"双系统"均提升区域创新能力是一个现实问题。

Lundvall[110]指出，各种组织、企业、高校、科研院所、政府的机构和政策等，有系统地彼此互动，共同促进构建区域创新能力。Liu[111]发现，中国经济改革协调了创新过程中的组织机构角色和活动，影响了创新活动的分布；围绕创新活动的组织界限变化，一系列组织创新也是影响区域创新能力的重要因素。

区域创新体系的一个重要组成部分是正式的结构化组织，其主体包括企业、高校、科研院所、金融机构和政府机构。另一部分是惯例机制部分，包括规范、程序、法律和规则，协调和规范个人、团体和组织之间的关系和相互作用。因此，在区域内创新能力研究中，不但需要关注创新主体的体质差异和组织间的关系，还需要考虑制度惯例差异。下列因素被视为区域创新能力的关键影响因素。

（1）每个参与者包括企业、高校和科研院所的重大创新贡献的创新努力和本身的技术能力。

（2）跨区域企业之间、高校和科研院所之间的创新关系结构的稳定性。

（3）区域创新过程中区域知识使用者与生产者之间的知识整合效率。

（4）区域创新行为者之间的互动以及与其他区域创新行为之间的互动。

（5）区域特定工业结构和创新环境的稳定性。

（6）区域创新的经济效益。

（7）政府机构和金融机构的支持。

网络环境下，任何企业都不可能具备完全意义上的不依赖于合作的创新。企业本身的开放性和快速多变的市场环境，使不同的创新主体合作形成的技术创新网络成为企业技术创新活动的重要组织形式。合作创新对企业技术发展和社会技术进步推动作用明显。主体资源与能力的异质性、创新行为主体的协同性、网络联系的开放动态性要求合作创新除了需要快速有效的协同创新机制和环境外，重要的是获取工作中涉及的许多不同领域、不同学科的分布式知识[112]，不但包括企业已有的显性知识，而且还包括必须通过交流协商才能获取的存在于人们头脑中的隐性知识。合作创新为实现显性知识和隐性知识共享提供了新的途径,促进参与企业之间的知识交流、获取和存储,并将它们分发到需要的地方共享[113]。因此,网络环境和网络联结也是影响区域创新能力的因素。

在区域生产理论中采用生产函数描述生产技术关系,即区域特定生产技术条件下各种生产要素投入的配合可能生产的最大产出。对于给定的生产要素和产品价格,在特定的静态生产前沿面条件下,实际生产状态与生产前沿面状态存在差距,即生产资源配置效率反映生产有效性程度,同时也反映了区域创新能力大小。Amsden[114]对韩国工业化过程的研究表明,在发展中国家工业化过程的初期,技术转移、技术扩散和外国直接投资(foreign direct investment, FDI)占据重要地位,引进国外先进技术基础上消化吸收和再创新,是赶超先进国家与地区的捷径,也是提升区域创新能力的捷径。据统计,日本和韩国用于引进技术的资金和用于对引进技术消化吸收的投入比例是1∶5左右,而我国的这一比例仅为1∶0.07(根据2010年中国统计年鉴计算)。韩国作为后发的发达工业国家,通过技术引进—模仿—改进—创新模式提升了创新能力,值得后发国家和地区借鉴。

有关区域资源相同地区的区域创新能力研究发现,有些区域资源相同,但是创新能力相差很大。这说明资源因素并不是决定区域创新能力的唯一因素,参与主体能力以及相互作用也是决定区域创新能力的因素。另外,不同组织特性、专业化等也导致区域创新能力的差异。区域创新能力是创新主体与企业、区域研究机构、政府基于一定的创新环境下的创新合作与作用过程而形成的竞争能力[115],由生产一系列相关创新产品的潜力确定,最重要的因素是R&D存量,企业或者政府主导的R&D都能资助新技术、发明、设计和创新生产方式,影响创新能力的R&D边际产出[116]。此外,创新流程与创新能力是影响区域创新能力发展的两个主要方面。从区域创新过程来看,影响因素包括:①渐进社会性和累积性创新的过程和之前创新网络的经验[117]。②其他部门和地区技术知识的投入及其整合[118]。③企业之间的联网以及在当地的社会网络的活力。还包括与不同的利益相关者之间的联系及其网络渠道。④区域一级创新力度[119-120]。

另外一些研究表明,发展区域创新能力依赖于以下三个问题:研发资金、劳动力和教育制度的质量[121-122]。Schwer则首次把国家创新能力的理论框架应用到区域创新能力的研究中，经过对美国各州的实证分析发现，知识存量、研发投入、高技术人力资本和获得大学学位的人力资本数量是影响美国区域创新能力的主要因素。国内学者认为网络的创新能力、企业的技术能力和创新环境三个部分组成了区域创新能力，其中创新环境作为支撑条件。苏屹[123]从人力、财力、政策和区域创新环境角度进行分析指出区域创新能力提升过程中具有动态波动性特点。赵健[124]指出隐性知识转化对创新能力成长有重要作用。陈劲[125]指出 FDI 对提高自主创新能力、科技能力无显著影响，对提高区域创新能力的影响有限。研发投入、吸收能力、技术能力、创新环境等是提高区域创新能力的关键因素。李习保[126]研究指出，不同地区之间创新效率差异是区域创新能力差异的扩大的原因，区域创新主体的构成、政府的支持以及创新环境影响创新效率。岳鹄[127]指出各地区研发人员、研发投入费用、知识存量、知识流动能力、市场化程度、FDI 等因素创新环境的差异是中国东中西部区域创新能力差异的主要原因。党文娟[128]强调各个地区的市场化程度对提高区域创新能力具有非常明显的促进作用，区域环境对区域创新能力具有非常重要的影响作用。推进市场化并发挥各地政府的创新引导作用是提高区域创新能力的关键。高寒峰[129]从资源角度提出合理地利用科技资源、经济资源、地理自然资源和文化资源等多样性创新资源提高制造业区域创新能力。

区域创新能力的提升要从以下几个方面进行：① 提高创新主体自身的创新能力。② 改善创新环境。创新能力的提高依赖于知识创新能力的提升和知识向产品转化能力的提升，而这些能力的提升取决于知识创造和知识向产品的转化，和这两者密切相关的是高校研究机构和企业的科技创新能力以及创新所处的环境。③ 进行组织创新，产学研合作，实现资源合理化配置，增加创新项目数量，获取外部创新投资。④ 积累合作创新的经验，积极参与创新网络中的资源知识能力共享与获取。⑤ 培育创新文化，提高教育质量并引进专业人才，提高人力资本和重视隐性知识转移。⑥ 提高企业的技术能力也是提高区域创新能力的重要内容。

2.2 区域合作与创新能力的关系

2.2.1 区域技术合作内涵

区域概念来自拉美的区域选择，意思是"治理"。在区域发展领域，"治理"即管治政策，以协助经济发展的过程。区域比较抽象的定义是任何大的、不确定的和连续的表面或空间。

Cooke 在对欧洲企业的研究中也指出，虽然经济全球化和外资控股迅猛发展，但是企业关键性的商业联系仍集中于区域范围内。因此在区域竞争力理论、创新经济学理论、区域发展理论、内生增长理论、演化经济学以及国家创新系统等理论和实践的基础上逐渐形成了区域创新系统理论，它是经济地理学研究的一个新领域。在区域一体化过程中，一方面生产要素（信息、技术、资本、人才）及其组合以空前的规模和速度在全球范围内流动和扩散，另一方面，这些要素又在特定区域集聚。这导致知识和技术在区域经济增长中的地位越来越重要，现代经济比以往任何时候都更多地依赖于知识的生产、应用与扩散。在区域发展过程中，知识的生产与知识的扩散已变得同等重要，从这个角度来看，经济社会发展面临三个主要问题：一是如何以及怎样促进技术知识的创新；二是如何选择某些途径产生知识并且溢出扩散；三是如何培养、塑造将新知识迅速有效地用于生产从而转化为生产力的能力。

2.2.2 区域合作与创新能力的关系

新区域主义强调区域是"创新型学习区域""产业集群""城市群及所含周边腹地"。经济发展表明，最近数十年来，制造业和服务业都倾向聚集在人口密集的区域。联合国工业发展组织（United Nations industrial development organization，UNIDO）研究揭示集群中的企业更接近原料来源，方便获取定制服务，雇佣熟练劳动力并获取有价值信息和资金，从而提升创新能力，获得明显的竞争优势[130]。Pietrobelli[131-132]认为"新区域"集聚优势和集群的集体效率包含四个主要方面：第一是降低单位成本；第二是降低信息交流的阈值；第三是在集群内容易发生知识溢出，容易直接观察学习；第四是提高人力资本。在"新区域"内临近的生产贸易依赖关系使得社会资本和社会关系与信任、面对面交流合作等内源性非经济因素为企业技术创新能力成长发挥关键作用。新区域主义的重要含义是社会和文化关系有助于减少不确定性，提供默会性知识并且分担风险，将社会文化关系和惯习视为不可替代的关系资本，有利于合作并促进创新能力增长。新区域主义的研究侧重于两个关键的分析维度：全球化和地区主义，区域化和国家之间的联系。首先，新区域主义研究注重区域经济单元相互交流合作。其次，先进地区与发展中地区/新兴经济体应当加强对话和相互交流[133-134]。此外，新区域主义也要求政策设计干预措施，以促进网络和协作，并建立社会网络，促进更有效的企业间的合作互动。

全球一体化下区域之间越来越开放，区域边界趋于模糊，出现了跨边界的跨境地区。区域空间结构的调整与变化需要新的区域治理形式（如城市的网络和跨区域合作）优化资源重新配置。Langa[135]强调新区域主义和"旧"区域主义的区别是在由于地域的界限（物理区域）和经济、环境和文化界限（功能区之间）的分化。"旧"区域主义下大部集群是由地理接近的国家或地区形成，新区域主义下更加注重功能和其他的界限，而不是地理上的邻近的区域关系，强调要素可以在跨区域新的空间上流动。新区域主义最明显的特征之一是跨区域投资和跨区域合作，资源在跨区域空间重组。泛珠江三角洲地区包括香港、澳门和华南地区，吸引了来自美国、欧洲、日本等先进国家区域地区的大量资金和高素质人力资本，经历了前所未有的开放式区域化进程[136]，是新区域主义框架下成功发展的代表。新区域主义强调由多个主体参与区域项目的开放的和多维的系统具有比较复杂的决策[137]。从内源性的角度来看，在区域内（甚至是跨区域内），由许多不同行为主体，包括国家、企业、公共部门和非政府组织（non-govermental organizations，NGO），在自愿基础上建立共识，实现经济、文化、人才等宽领域的交流与合作，促进技术进步和创新能力的提升。从外源性的角度来看则是外部经济、政治和社会因素在地区建设中发挥作用，强调区域化和全球化的空间结构调整的影响[138]。新区域主义还面临两个现实问题：其一是动力问题。从经济学角度分析其主要动力源于在异质化成本和专有性资源下，生产要素重新配置实现跨区域流动，表现在区域产业转移和技术转移。常常是发达国家地区对后发国家和地区直接投资的形式，美国、日本基本遵循这种形式。因而发达地区与欠发达地区在产业/技术转移上表现为主动和被动，并在实现区域化的意愿与预期方面存在差异。其二是帕累托最优问题。多边协调下，区域合作是否可以实现合作参与主体的利益优化？如何保证在区域化进程中，合作主体实现合作共赢，实现可持续性合作与创新能力的提升？这是面临的现实问题。

新区域主义强调区域合作、产业集聚、建立良好的社会关系为我国缩小区域差距提供了有益的启示：通过区域合作、跨区域合作，在更大的地理空间有效配置经济社会发展资源，围绕现代社会促进经济增长关键要素技术及知识创新，考虑贸易、经济、政策、社会和文化等方面，深入研究东西部各个参与主体合作关系及影响，通过东西部跨域合作减小东西部区域差异，提高区域创新能力，实现经济社会全面发展和可持续增长。

2.2.3 区域合作对创新能力的影响

Janowicz-Panjaitan强调区域间合作尤其要关注城市与城市之间的互动与联系，寻找外部额外资源来补充自己是合作伙伴关系的动机，从本质上来说是基于投入产出的增值和创新，因此，区域合作对创新能力有直接的影响。

Porter[139]研究指出，在创新驱动经济增长阶段，需要在全球寻求技术前沿和先进的知识。区域合作的重点是跨地理空间知识的溢出，促进知识扩散的创新政策具有重要作用。Freel[140]强调区域间企业合作利用在价值链中资源和信息的交流和协调，转移生产和组织的关键知识，这可能会导致更高水平的产品创新和工艺创新，因而企业间合作网络首先应考虑创新能力的提高方面。区域间企业合作创新过程中纵向生产链和横向联系使得企业的专业知识和资源能够方便地在联系网络中搜寻，有助于高效率地提高创新能力。Lundvall[141]发现扩展传统边界和建立网络关系可以是企业的关键资源。参加多个外部组织或者协会的社会交往，增加研究、开发、采购、生产或营销的多边价值链交互活动，积累的合作交流经验有助于合作联盟开发新产品[142]。因此，区域间合作伙伴之间的交流不应基于合作契约，而应在较长时间内并且是自愿积累合作交流经验，并且主要是通过非正式协议和社会交往。Das[143]强调在联盟范围内的非正式的社会交往，可能会为企业提供合作伙伴的选择思路和建议。

区域合作联盟的参与主体的议价能力、营销能力、经费投入等的伙伴属性差异分析和评估需要在合作过程中予以足够重视和评估[144]。规模较大的公司有创新的优势，由于规模经济可以承担更多的风险，并有机会获得更广泛的市场。较大的公司还拥有更广泛的人力资本和利用能力，有能力进行风险较大的突破创新。因而，拥有知识产权的专业性中小企业可以与"大"企业合作探索高新领域的知识创新[145-146]。研究表明，小规模给予企业如何参与和学习的灵活优势。中小企业的灵活性和专业化能力，是合作创新的有利因素[147-148]。

政策制定者已经认识到区域合作在开发新的产品和服务营销的潜力，政府机构越来越多地鼓励和支持发展多方跨区域合作联盟[149]。此外，更普遍的创新政策往往有利于资金分配，实现企业间的合作，因而对于区域合作组织需要注意越来越多的公共关系[150]。一些促进合作的政策，比如丹麦规定必须有三个以上中小企业参与合作联盟，可能会造成企业难以单独或通过仅仅二元联盟进行产品开发。这使得多方联盟能够吸引那些资源能力缺乏的小公司取得积极的合作创新效益[151-152]。

内源性非经济因素,例如稳定的融洽关系,相互认同和平等信任也对区域合作有重要影响。由于区域合作交流和创新涉及资源知识共享与重组,伙伴间稳定的合作关系与信任是必要的。只有在合作规范下更稳定的相互信赖关系,才能促进合作伙伴之间的信息共享和知识转移,特别是对隐性知识转移具有重要意义[153]。Phelps[154]强调密集的网络结构,并建立密切的非正式关系,使合作伙伴能够有效地融入合作网络,使用网络资源进行开发,密集的网络结构积极影响企业创新绩效[155]。

基于资源观点,竞争优势来自拥有独特的、有价值的、不可替代的资源。因而,区域合作的主体间的资源和配置的异质性可能促使资源、技能和能力的互补,可以实现利润最大化,也可能面临不确定性的机会主义风险。对于垂直合作联盟,技术创新的发展在很大程度上取决于供应商的研发成果。区域合作联盟意味着合作伙伴的互补性资源的相互依存,然而当它涉及开发突破性的创新时,长期的相互依存关系就可能容易出现僵化,减缓了应对外部环境变化的响应速度,路径依赖所积累的资产与经验和锁定效应最终严重阻碍激进的创新[156],典型的现象已经出现在汽车行业(例如,宝马汽车就曾经存在相似的问题)。为了防止合作"僵化",与跨区域跨领域企业合作可能得到更加多样化的各行业的新知识,提供新的角度和知识解决具体问题[157],汽车原始设备制造商寻求更激进的创新需要超越其传统合作联盟边界寻找新的知识[158]。从这个意义上来说,跨区域跨产业合作联盟更可能成功地实现突破性创新,Gassman[159]强调跨区域异业结盟的成功取决于具体的行动在战略和业务水平。与不同知识领域的伙伴组建合作联盟带来完全不同的挑战,这要求合作伙伴在文化、组织和业务层面上具有一定的相容性和足够的人力资本[160]。

此外,在区域合作和区域间企业合作影响研究方面,国内学者和国外学者的研究具有明显的差异。国内学者更多倾向于合作存在的障碍和问题以及如何从机制和政策方面加以解决,国外学者更注意揭示区域合作的参与主体与经济、非经济因素内在交互的复杂影响,这些影响往往与创新能力密切关联。区域合作是一个市场交易过程,它通过发挥各自比较优势促进资源优化配置,增进区域合作参与各方的福利,区域合作中市场交易费用的大小将影响资源优化配置状况,资源配置机制的选择对区域合作十分重要[161]。汪伟全研究了地方政府合作的现存问题及对策,认为本位主义、尚未建立有效的合作协调机制、财政经费分担、缺乏相关法律与制度的保障是府际合作现存的主要问题。针对这些问题提出从政治、管理、法制三个层面设计与创新,完善府际合作的途径与措施,从而改善区域合作。高丽娜[162]指出创新要素市场一体化建设、创新供需耦合效应、优化区际创新网络及创新合作机制等方面为跨区域创新合作的有效展开创造有利条件,进而实现区域合作模式的创新、区域经济的创新发展。吴瑜燕[163]提出跨区域合作补偿机制、对口支援机制和经济合作机制是环境保护区域合作的三大机制。张华[164]指出合作信息沟通、资金、成果非实用性是科技合作面临的主要问题,区域科技合作主要障碍是民间资本与政府缺乏合作以及人才流动障碍。卓凯认为区域合作是保证区域协调发展的制度基础,打破区域行政区划,实施区域经济合作可以解决区域经济发展失衡的问题。罗小龙研究了长江三角洲城市合作模式及其理论框架,认为合作是否有效取决于合作的机制、合作的过程、合作的性质和领域、伙伴的选择和伙伴关系形成中利益相关者的作用。

2.3 技术转移影响创新能力

某一领域专业技术是企业、政府和学术界竞争优势的主要来源。为了实现这一竞争优势,至关重要的是要了解具体的技术和方法,使组织能够更好地管理技术。Gregory 提出技术有五个通用的过程管理:识别、选择、获取、开发和保护。在技术选择的阶段,决策者收集信息以及各种来源的技术替代品并进行评估。识别和选择阶段,前者关注的是收集的替代品,而后者则关注与行动决定替代。Dussauge 定义技术选择是企业寻求掌握新的或额外的技术鉴定和选择过程。这些定义中一个关键的主题,是紧密相连的组织目标和更广泛的技术和市场环境。技术选择影响一个企业或一个国家的优势,是一个多准则决策问题,由于技术丰富性及技术复杂性不断增加,选择正确技术越来越困难。决策者需要面对其他挑战,如成本上升、技术的发展、丰富的技术选择、技术的快速扩散。Bakos 指出企业用于技术的支出一般平均超过所有资本支出的三分之一。在有多个经济、科技和社会标准的复杂环境下,应选择和投资具有比较优势的各种替代技术。选择关键性新兴技术,可以帮助企业和区域在竞争激烈的环境中建立自己的优势,提高创新能力。

技术流动性诸如知识的吸收与转移关键取决于技术吸收能力。Keller[165]研究指出，技术变化往往不是来自内部研发，而是来自外部技术转移、扩散。美国技术转移的研究发现，技术转移能带给企业平均55%的收益，而通过技术创新的平均收益仅为22%。在动态环境中，可持续竞争优势源于技术进步及技术支撑系统效率、FDI、研发和技术引进与转移是取得技术进步的三种主要方式。不同区域不同行业间，技术引进与转移的影响因素存在很大的差异。Acharya[166]分析表明国际技术引进与转移对创新的影响往往超过了国内的技术变革。对德国、法国和英国来说国际贸易是非常重要的技术转移途径，而对美国、日本和加拿大等国来说非贸易渠道的合作伙伴关系对技术转移更重要，不同区域的技术引进与转移对创新能力具有不同程度的影响。

Chen[167]探讨更高层次的创业团队成员之间的信任，指出内部和外部的社会网络对创新能力有正面影响。Ritala说明了现代经济中与外部利益相关者在R&D和创新活动中的技术转移合作已得到了大幅提高。特别是在高新技术产业，与竞争对手技术转移合作已被认为是渐进和激进的创新的有效途径[168]。Rahmouni[169]指出外部技术知识的来源在产品和工艺创新发挥重要作用。

Atkinson[170]提出技术先进性并不是绝对的，技术需要与生产条件相适应（即技术非中性）。Basu[171]基于Atkinson的技术进步非中性理论，认为发展中国家虽然可以从发达国家获得作为公共知识的新技术，但由于存在着资源禀赋上的差异，因而发展中国家不可能完全引进发达国家的技术。实证研究也表明，由于劳动力熟练程度存在着明显的不同，发展中国家与发达国家的技术创新存在着很大的不同，发展中国家劳动力熟练程度低，因而更依赖于引进适宜的技术，而非最先进的技术，这样才能对创新能力的提升产生最佳效果[172-173]。

彭新敏[174]强调技术能力升级过程与技术选择之间的动态匹配关系，从技术模仿到技术资源系统整合再到技术创新是发展中国家技术能力升级的普适阶段，技术选择与获取也对应地具有购买与引进、合作研发和内部研发三种模式。

Tsai[175]介绍了低收入和中等技术公司技术创新的策略并探讨这些方法对企业的创新绩效的影响。通过与供应商、客户、竞争对手和研究机构合作获取外部技术知识研究得出：外来技术许可对企业技术创新绩效贡献不显著；内部R&D投资、R&D外包对创新绩效有一定影响；内部R&D投入和不同类型的合作伙伴对创新绩效有较大影响。与外部不同类型的伙伴合作是企业在内部的

R&D 投资收益和创新回报方面获得良好指标的原因。

Leiblein[176]指出不同规模的企业的激励机制和能力的差异会导致企业创新活动的异质性。对技术合作的有效激励措施将对创新能力产生积极影响。

在技术转移的实践系统框架内，企业、专利发明人等市场主体，在主动诉求抑或被动接受的高绩效影响下，参与建立专门的知识协同系统，共享和捕获隐性知识，并通过知识获取决策支持和专家系统，将隐性知识转化为显性知识。区域技术转移系统框架可以有效研究技术输出子系统和技术接受子系统以及技术转移支持服务系统运作效率，通过技术投入产出的时滞可以描述隐性技术转移效率，可以对技术转移从技术进步和技术效率、规模效率对技术转移绩效进行动态分析。区域技术转移框架另一个重要研究内容是适宜技术。

2.4 资源与创新能力基础

资源基础理论兴起于 20 世纪 90 年代。它的核心思想是：市场竞争不是产品的竞争而是生产系统的竞争。Hawking[177]认为这种生产系统的独特性是竞争优势的根基。Hawking 是第一个将企业定义为独特的、有组织的资源集合，并构建了企业成长理论的学者。他打破了认为企业成长的限制仅仅来自企业外部的思想局限，提出企业内部对企业成长很重要。Wernerfelt[178]总结资源基础理论的思想：从资源角度看待企业。一些资源可以带来高额利润，它们就像进入壁垒一样，可以成为资源地位壁垒，企业发展需要在现有资源和创造新资源之间保持平衡。这些观点成为资源基础理论发展的重要基础。资源基础理论使人们重新将目光对准企业内部，资源的集合使企业与众不同。没有两个企业完全拥有相同的经历、获得相同的资产和技能、具有相同的文化，或者在同一时间、同一竞争领域内拥有同样的资源组合。这种独特性使企业可以通过资源获取来保持竞争优势并提升创新能力，即如果企业拥有的资源很难被模仿或者在短期内不会被模仿，那么这个企业在这段时间里就有竞争优势。资源能在企业或组织间异质性分布，这些异质性资源不具备完全流动性，因此资源差异性具有一定的持续性，企业要想获得或开发一项特殊资源以应对竞争者的特殊资源给企业带来的压力常常非常困难。[179]

资源可以带来竞争优势，资源属性包括以下几种。

（1）价值性。当资源可以帮助企业抓住环境中存在的机会时，或者当资源可以帮助企业抵消环境中存在的威胁，或至少能够回避威胁时，这项资源就具有了价值。资源的价值性是产生企业竞争优势的必要条件，非充分条件是因为它无法确保竞争优势的持续性。

（2）稀缺性。巴尼倾向于从简单的数量含义来进行解释。如果有一百万家企业同时对某种类型的资源有控制权，那么这项资源就不可能是稀缺的（尽管可能还有另外的一亿家企业需要这项资源）。也就是说，资源有价值才能给企业带来利润，但是如果资源不是少数企业独有，那这类资源就给本行业的大部分企业都带来了利润，即造成了竞争均势，而不是竞争优势。

（3）难以模仿性。它直接关注于竞争对手能否通过购买或累计而获取与能够产生竞争优势的目标资源具有同样特征的资源。有价值性和稀缺性的资源可以给企业带来竞争优势，但是不能保证企业可以长时间拥有竞争优势。只有在其他企业很难模仿或者模仿成本高昂的情况下，企业才能长期获得超额利润。

（4）难以替代性。它取决于竞争对手能否获取到另外的资源，这些资源同样能够用于实施特定企业的相同战略。正是难以模仿和难以替代这两个特性使得资源给企业带来持续竞争优势成为可能。

资源观对合作创新的指导意义在于：研究证明东西部区域资源禀赋提升或降低直接影响东西部区域的竞争优势，资源以及能力在跨区域的企业或组织间（而且还存区域内）异质性分布，这些异质性资源与能力不具备完全流动性，而东西部的企业或者组织可以通过合作联盟的方式获取这些资源与能力。Harrison 研究表明，当企业现有的能力不足以获得预想的产出时，与企业外部组织建立合作联盟是一种提高企业资源禀赋的有效方法。东西部技术合作联盟的重要意义在于在西部和东部地区的企业与企业、企业与高校、企业与研发机构建立起技术合作联盟之后，企业的资源可以分为两部分，即内部所有的资源和其他合作伙伴拥有但可以被企业利用的资源，这些资源包括有形资源和无形资源，例如人力资源、资本、研发设备、R&D 投资、技术诀窍、研发路线、市场地位、声誉等。足够的无形资源与有形资源是组织生产能力、营销能力、创新能力等构建的东西部能力结构升级的必要基础。

2.5 资源依赖互补与合作创新

资源依赖理论萌芽于20世纪40年代,基于Thompson有影响的研究并以组织的政治经济学理论为基础,70年代以后被广泛应用到组织关系的研究中。资源依赖理论的主要观点是企业的行为可以用其周围的环境来解释。资源依赖理论强调企业的生存需要从外部环境中吸取资源,并与外部环境相互依存、相互作用从而达到维持企业生存的目的。这一理论的基本逻辑与社会心理学中的环境决定论相似。

资源依赖理论主要构建在四个基本假设之上:一是组织最重要的是生存;二是为了生存,组织需要资源,而组织自己通常不能完全拥有所需的所有资源;三是组织必须与它所依赖的环境形成互动,外部环境通常包含其他组织;四是组织生存建立在组织控制其与其他组织关系的能力基础之上。最核心的假设是组织需要通过获取外部环境中的资源来维持生存,没有组织能够自给自足,组织都要与外部环境进行资源交换。有学者提出应当把组织视为政治行为者而不仅仅是完成生产任务的组织。资源依赖理论认为,各组织之间的资源具有极大的差异性,而且不能完全自由流动,很多资源无法在市场上通过定价的方式进行交易。比如,尽管组织可能比机器设备等有形资源更能为组织在市场上带来长期的竞争优势,但是,它却不可能从市场上购买。与此同时,相对于组织不断提升的发展目标来说,任何组织都不可能完全拥有所需要的一切资源,在资源与目标之间往往存在着战略差距。因此,为了获得组织所需的资源,组织就会同它所处的外部环境中控制关键资源的其他组织进行资源的交换,而这也就形成了组织对外部资源的依赖。

资源依赖理论的基本观点包括以下4个内容。

第一,资源依赖理论提出组织是一个开放的系统,大量有关组织生存的稀缺和珍贵的资源都包含于外部环境中,任何组织不可能实现自我供给下的生存和发展,它需要从外部环境中获得资源,企业与外部环境中的各种要素的交易导致了它们之间的相互依赖。组织对外部环境中资源的依赖模式导致企业受到外部的限制和控制。所有组织在某种程度上都依赖于外部环境,从中获取以下三个方面的资源:① 原材料,包括资金支持和人力资源;② 信息;③ 社会和政治方面的支持,即合法性的支持。资源交换与互补被看作联系组织和环境关系的核心纽带。因此，该理论试图采用环境的依赖来解释企业的行为模式。组织生存的关键是获得并保住资源的能力，这在很大程度上取决于组织与外部环境（控制者）交往和谈判的能力。组织的结构、功能和命运也在很大程度上受到其环境的影响和制约。

第二，面对环境的约束，组织也在主动地对环境进行管理和控制，组织采取了各种各样的战略行动以减少其对外部环境的依赖和来自外部环境的制约，这也是资源依赖学派的最大贡献。包括：适应或者回避外部需求；通过增长、并购和多元化来改变与环境的相互依赖关系；通过交叉董事会、合资企业、行业协会和行为规范等方式建立组织与环境沟通的桥梁和谈判的渠道；通过法律、政治行动和改变对合法性的定义来创造环境。但资源依赖理论同时提出了组织的适应性对组织行为的影响。组织不断改变自身结构和行为模式，以便获取和维持来自外部环境的资源，并使依赖最小化。例如，企业内部的政策决策制定过程会影响企业对外部资源的依赖程度，企业会管理并战略性地适应外部的环境。

第三，外部限制和内部的权力结构从根本上会影响企业的行为，并激发企业为摆脱外部依赖而维持企业自治的动力。资源依赖理论认为，企业更应该被视为一种"联结"。企业是具备各种权力的个体的集合，其中心问题是谁将通过权力控制资源以及实现什么样的目的。鉴于环境的不确定性和资源的缺乏，企业可能会通过审慎的理性管理、有选择地对资源进行积累和配置来追求更多可持续的竞争优势，充分利用战略性的产业要素和要素市场的不完善来加强企业的权利。而资源的选择和积累是由企业内部决策和外部战略因素共同决定的。资源的选择和配置能否导致企业间的差异依赖于要素市场的不完善性。这种不完善性主要指关键资源的获取、模仿以及替代的障碍。这些障碍阻止了竞争者获得或复制关键资源的能力，导致了企业间赢利能力的长期差异。

第四，帮助组织获得稀缺资源的参与者往往在组织中拥有更多话语权，即资源依赖的状况决定了组织内部的权利分配问题。从这个意义上说，组织的确是一个组织和组织参与者之间进行资源和权力交易的稳定、正式的市场。资源依赖学派的另一贡献在于论述了组织外部依赖性对组织内部权力分配的影响，组织中控制外部关键资源的部门和参与者比其他部门和参与者更有权利，在环境的发展变化过程中，组织中的一些部门在管理变化中变得越来越重要，组织内的权利分配越来越向这些部门倾斜，那些对组织生存更重要的部门的权利越来越大,而其他部门会失去权利。

资源依赖理论对合作创新的指导意义在于:资源依赖模型指出企业依赖于其他企业拥有的特定资源,并试图通过组织之间的关系来控制和最小化这一依赖关系。东西部技术合作联盟使东西部区域内的企业、中介服务组织、高校、研发机构等组织能够取得其他区域内组织的资源,从而降低其对环境的依赖。资源依赖理论将企业治理结构的选择解释为一种保证资源获取的方式,即企业用于稳定外部环境和尽量减少所需企业调整的手段。东西部的企业(组织)建立技术合作联盟的目的是战略上的相互依赖。从技术合作伙伴的选择出发,不同内容的技术合作联盟将联盟的建立与产业内不同类型的能力分布相联系,如生产、营销、配送、创新能力等。在产业间的研究中,资源依赖理论的学者们通过跨产业合作的数量实证地检验了资源依赖性在合作联盟中的作用,但是,合作关系通常会增加企业对其联盟伙伴的依赖,并且权利的不平衡可能会影响技术合作的绩效和本地化创新能力。

合作中的资源互补是企业间形成合作关系的主要原因,Das 将合作联盟中的资源分为四类(见表2-3)。

表2-3 合作联盟中的资源组合形式

资源相似性	资源利用	
	可利用的资源	不可利用的资源
相似的资源	补充性资源 相似可利用	过剩资源 相似—不可利用
不同的资源	互补性资源 不同—可利用	资源浪费 不同—不可利用

(1)补充性资源。当合作联盟中的企业引入相似的并且是合作联盟中需要的资源时,合作伙伴间的资源就是相互补充的关系。例如,合作伙伴均引入金融资本来帮助合作联盟的形成。补充性的资源能够实现合作伙伴间的风险共担,提高市场力,降低市场进入阻力,R&D 活动、生产和营销活动中形成规模经济和范围经济。

(2)资源过剩。当合作伙伴引入相似的资源但这些资源难以完全被利用时,就形成了资源过剩。资源冗余定义为组织中的资源超过了组织产出所需的最小值。资源的过剩通常会对联盟绩效形成负向的作用,因为有用的资源没有得到充分的利用。

（3）互补性资源。互补性资源是合作联盟中研究得最多的资源联结方式。以前的研究发现，合作企业能够通过引入不同的资源而产生协同作用。资源互补性并不等同于资源差异，而不同的资源可能会导致合作联盟企业间的资源不相匹配。因此，互补性资源的联结需要两个条件：资源需要不同和可利用。

（4）资源浪费。当合作伙伴间的资源不相匹配或不能被完全利用时，就成为资源浪费。例如，由于战略导向和组织结构的不同，一个企业提供的管理知识很难应用于另外一个企业。

从以上四种资源的组合方式揭示资源的互补性是实现合作联盟稳定和提高合作绩效的因素之一。大多数情况下，企业或者组织获得持续竞争优势的做法是依赖于创新能力制造更好的产品和服务。创新能力不仅需要企业内外部资源，更需要异质性资源和本地资源之间良好的互补和耦合。企业通过合作联盟行为极大地丰富资源来源，重点是对内外部资源进行有价值的组合。随着核心竞争力和创新能力研究的深入，企业合作获取资源进行重组实现资源互补与提升创新能力之间有内在关联，资源互补性好，则可能对创新能力提升具有正向影响作用。

东西部技术合作是基于资源依赖和资源互补的合作。从区域发展差异、科技水平差异、科技结构差异、市场结构差异、产业结构差异和人力资本差异等方面来看，东西部区域各种资源和能力差异现实说明，异质性资源和能力至少对于西部地区是具有广度和深度的扶助和补充，这也就是我国持续进行东西部"对口帮扶"的结构性条件。资源依赖理论同时也提示我们，对西部来讲有可能在技术合作中形成较强的"资源""能力"双重依赖，区域发展也将陷入"合作机会主义"的硬性约束，幂律作用明显。如何在东西部技术合作中获得外部资源是实现资源互补，特别是对西部来讲，如何获得技术合作联盟的必要的"权力"，避免资源依赖，既是合作过程的难点，也是西部发展的必然要求。根据区域创新系统理论，区域间发展与竞争归根结底在于区域创新能力的大小及如何实现提升。因此，区域间技术合作始终应该有一条主线贯穿于整个合作过程，无论在资源（或能力）结构上还是合作形式上。有关制度理论研究表明，合作是技术、知识、能力、人力资源、资本以及各种能力的制度安排，然而包含有形资源和无形资源的物理世界在相当程度上是具有惰性的，动态过程总能找到能量消耗最少的途径，制度安排能否担当这个资源能量消耗最小途径的秩序"维护者"或者成为"引领者"，首先需要对什么才是"能量消耗最小途径"进行准确判别和加以定义。显然，能量消耗最小途径对应的是合作参与者绩效幂律分布，这是合作存在资源依赖的原因之一。实现能量消耗最小最直接的途径是能力本身。能力也被许多学者视为特殊的资源。熊彼特创新理论指出，资源是元素，而能力是资源性元素的组合方式，能力也是完成一定的任务或活动的一组资源所具有的能量，创新能力作为社会系统中典型的非序参量无疑是实现激活资源惰性的最关键能力。能量消耗最小化也可以由四条路径实现：① 合作参与主体非资源依赖性并且通过合作打破资源瓶颈与约束，搜寻选择合适的可使用的外部资源进行资源组合，形成最佳互补关系；② 在推动资源互补关系完整地持久地作用于整个合作过程中，克服合作中始终存在机会主义对持续性合作造成的冲击；③ 从合作本身出发，哪些合作方式、合作内容与创新能力关系更密切，或者说创新能力更容易被哪些合作方式和合作内容激活？分离出这样的合作方式与合作内容，从质量和数量的"双元"特征量上增加这样的合作，从而提升创新能力。④ 从相互作用的过程角度出发，在合作中实现资源整合与互补将对在机会主义下的合作方式（内容）产生正向影响。

2.6 技术合作促进创新能力的提升

2.6.1 技术知识流动与转移提升创新能力

技术获得途径包含研发合作、技术转移和引进 FDI。基本的问题是三个途径对于创新能力提升是否有影响？什么程度的影响？Cassiman[180]调查企业与供应商/客户和公共研究机构合作概率及技术外溢，分析四种不同研发合作的（竞争对手、客户、供应商、公共研究机构）异质性影响因素，发现进行正式和非正式的研发合作技术溢出对公司的能力提升具有积极作用。Tether[181]分析 R&D 合作与创新活动的不同类型的关系。当与客户合作并且客户要求较高时，对创新和外部开发的技术和服务的投资水平也较高，往往进行突破式创新合作活动，当与竞争对手研发合作时，主要是共享研发成本。因此积极的研发合作对专用技术溢出和技术创造都有帮助，对创新能力提升的影响也是积极的。

柳卸林[182]描述了对区域间技术交易起重要影响的经济发展水平、地理位置、科技创新资源等因素。区域技术市场活跃程度决定技术转移梯度,企业创新能力强、区域创新活跃程度高则对技术转移吸纳能力越强,资源需求程度也对技术转移流向有作用。

申长江、冯锋[183-184]系统地研究市场化过程中区域知识转移对我国区域创新能力的影响关系,结果发现,知识转移整体上对我国区域创新能力的培育和提升具有显著的促进作用,不同的知识转移方式对我国区域创新能力产生的影响作用,在不同创新能力组群和不同时期具有明显的差异性,市场化进程对二者之间的关系具有显著的调节作用。

和金生[185]明确在技术创新体系中高校或研究机构是技术的供应方,企业是技术的使用方,技术转移中介机构是连接技术供应与使用的桥梁;建议通过建立国家级的技术转移行政部门、设立高校研究机构技术转移中心、资金支持等途径来促进技术转移中介机构的建设。司尚奇[186]从特征距离、集聚度和共生能量等方面分析环渤海经济区、长江三角洲地区、珠江三角洲地区、东北、中部、西部等区域的技术转移服务联盟,发现区域技术转移联盟对于技术进步的积极作用,然而,目前长江三角洲地区和东北区域的技术转移联盟之间联系还不够紧密,集聚度较低。

Yang[187]实证研究成功技术转让的关键因素。技术具体性作为最具影响力的技术转让因素,其次是交流程度、知识整合、参与者之间的协作、管理支持、政府支持和技术转移激励机制。Laranja[188]提出需完善政策支持技术转移和创新相关的有效运作。需要考虑新的政策导向,以刺激技术转移,根据技术需求和社会经济环境轻重缓急,定位与大学研发合作的目标取向[189]。随着科技的快速进步,产品生命周期不断缩短,面对企业激烈的竞争和全球竞争市场,企业必须不断开发新技术,通过技术转移合作、购置新的核心技术设备,尤其需要注重与设备供应商及工程师之间的密切合作与学习,掌握设备的技术诀窍[190]。在创新过程中,技术贸易合作有助于研发外包国际化,技术贸易有助于提高创新素质。Spulber[191]、Herrera[192]调查企业创新过程中研究人员受公共研发体系的流动性影响,结果证实流动性提供了科学知识和公共研究人才两方面投入,对创新产出有积极影响。知识转移与整合可能遇到有关组织的抵制,对流动性比较研究,可以帮助改善设计和技术政策,促进科学知识的流动,提高创新能力。

Rasmussen[193]指出,在创业过程中的特定阶段建立新技术合作路径、学术和商业利益以及整合新资源非常重要。研究表明,在创业过程中的不同阶段与不同高校、公共科研机构建立技术合作关系能够实现复杂的、动态的、多层次的创新能力升级。

许多国内企业主要依靠外国技术转移,很少对国内技术感兴趣。然而对国外技术的依赖可能会损害未来技术升级潜力。国内创新体系的研究机构不应专注于国外先进技术的替代品,应在新技术和新工艺上有所创新和突破。增加应用研究机构经费,设置技术转移中介机构,提高公共研究部门的创新能力,改变公共应用研究机构的奖励制度,使研究人员获得资助从而提高他们的创新动机。Kim[194]指出,与公共研发机构、政府支持机构的合作中,关系资本在支持和促进研发合作项目、促进区域间技术转移中发挥了重要的作用。政府的支持和多研究组织合作是公共研发机构重要的关系资本。关系资本有助于在合作网络中协调和控制信息与资源的交流,能够及时获取有用信息,有助于与外部公司合作,并建立互利关系,获得具有竞争优势的外部环境,提升创新能力。因此,企业应做出有关合作关系类型的战略选择,强调合作安排,有效地管理外部环境。

张江雪[195]研究指出,技术转移对促进区域经济增长起到了积极作用。区域从国内吸纳技术对经济增长的作用高于FDI,FDI对经济增长的作用高于国外引进技术,技术转移对经济增长的作用低于劳动和资本对经济增长的作用。我国区域经济增长的重点不仅是技术的转移,更重要的是技术与商品之间的有效转化。技术的跨区域流动成为弥补区域科技资源差距、优化科技资源配置和推动区域协调发展的必然选择。

柳卸林[196]建立了技术能力提升及影响因素的分析框架,以汽车零部件制造业为例,在企业创新模式较封闭的状况下,内部的研究开发和正式的研发合作是提高创新能力的重要来源;企业规模也是影响企业创新能力的重要因素。叶宝忠[197]研究技术转移的模式有高校推动型、企业推动型、政府推动型、契约合作模式和一体化模式等。强调从利于转化和利于整体社会利益两方面技术转移模式的选择。廖述梅[198]指出发挥我国地方政府在经济社会中的重要作用,建立跨区域技术转移联盟,推动企业经济活动转型,从而增强区域创新能力。

2.6.2 供应链技术合作提升创新

企业的关键资源可能会超出其传统界限，需要利用他人的资源和专业知识。通常通过访问供应链网络，获取供应商、客户和销售商的知识资源。外部资源还存在于与竞争对手的合作中，这种资源也可以提高企业的创新能力[199]。与合作伙伴公司建立强大而紧密的合作关系降低了企业间的监督成本，可以有效避免合作机会主义行为。此外，对良好行为的奖励提高了网络中合作伙伴的声誉，巩固密切的合作关系，公司更有可能在技术发展上共享资源并合作，共同提高供应链上的创新水平。

网络环境下企业之间的协作也是重要的创新活动之一。在开放式创新系统范式下，基于供应链的网络联系是创新活动的直接来源，企业可以有目的地使用外部知识流入，加快自身内部的创新和其后续的市场开发，同样从企业流出的知识可以被用于供应链网络中的其他企业的有关创新活动[200]。网络能力观点强调技术进步是非常多的网络关系的产物，尤其是存在于垂直生产链内客户和供应商之间密切的关系和资源共享。通过网络知识资源交流，企业间创新能力能够形成某种结合，企业知识创造不仅为自己直接使用，也能更容易地建立网络关系，通过企业之间的协作关系，共享新知识，形成相互学习和发展的新创新能力，实现多元化技术发展，从而进一步获取创新机会。

技术合作关系平台提供了企业知识转移机会，特别是信息生产者和使用者之间的技术交流，促进产品和工艺创新，并且通过示范效应，制定新技术标准，推动新技术的采用。Bessant[201]研究表明，沿着供应链开展学习共享经验是有利于技术转移提高创新能力的适宜做法。同样，Kotabe[202]对美国和日本汽车供应链研究发现，通过网络提供了组织利益的关系和知识转移，特别是长时间的合作关系与高层次技术转移呈正相关。

中小企业参与供应链合作网络，对提高自主创新能力是特别重要的。这是因为中小企业通常不具有显著的内部资源及创新和市场开发能力。在这种情况下，外部的指导和援助是中小企业取得竞争优势的关键[203]。网络是中小企业新思想的来源地，网络提高了知识和技术的转移机会[204]。中小型企业无法从要素市场购买、获得生产资源，可以通过与拥有的相关资产的其他大公司合作并分享现有资产，从而克服资源不足[205]。

近年来，已经有一些研究探讨中小企业之间的合作（网络）关系和创新之间的联系。这项研究大部分集中在垂直的供应链网络，利用调查数据捕捉不同类型的创新和网络关联程度。这些研究包括企业之间的合作与客户和供应商对产品创新的关系,发现在创新过程中创新能力与供应商合作显著正相关[206]。Freel[207]调查较大的区域1300个制造业和服务业中小型公司间合作,得出了类似的结论。Nieto[208]对1300家中小型跟踪调查显示,企业纵向技术合作是提高企业的创新能力最重要的因素。最新的研究结果是Lasagni[209]对六个欧洲国家的企业技术合作研究,发现与买家和供应商的合作能够显著提升企业的技术创新能力。

2.6.3 研发合作提升创新能力

相比其他类型的创新,R&D合作和内部环境创新是创新研究的新焦点[210],R&D活动与价值创造不同,知识溢出效应具有正外部性,有利于区域其他公司进行创新投资。大量的关于R&D合作对企业业绩影响的截面调查研究经常得出结论:外部R&D合作有利于企业的创新表现,R&D合作伙伴关系可以看作内在的溢出效应的手段,降低以市场为基础的交易成本,有利于探索和吸收新的知识,提升企业的创新能力。

然而,有些文献强调很多合作协议本质上并不稳定,并常常令人失望。例如,Kogut[211]指出,大约有一半的研发联盟以失败告终。Kale[212]发现平均40%的研究伙伴关系可以被判断为失败的。R&D合作大多是指竞争者之间的联盟。每个研发合作伙伴类型可能面临不同的经济价值和管理上的困难,与竞争对手的R&D合作失败并不意味着与其他合作伙伴类型的研发合作失败。尽管有些研发合作失败,但研究都忽视了研发合作过程对创新能力有没有影响、有什么影响等问题。对比研发合作的商业绩效来讲,对创新能力的影响是很重要的研究内容。如强大的独占性制度或相关的R&D合作的经验,可以减少研发伙伴关系出现的管理困难或者企业创新项目风险,增加一些专业领域的能力。另外,R&D合作的失败并不意味着整个创新项目被推迟或放弃,而仅仅是试图寻找另一个合作伙伴或内部的知识来源,以实现其创新项目,这样的"失败"的研发合作对能力提升也是有帮助的,对公司绩效提高有帮助。有关证据表明,与大学研发合作对新产品的销售有积极影响,提高了企业创新绩效,有助于开发新产品,有助于市场的新产品销售率的增长。制度创新理论强调,技术创新是一个创新和创造性的劳动分工的结果,从这个角度看,技术创新的轨迹,存在于企业边界,特别存在于不同的组织,如私营公司、大学、研究实验室、供应商和客户之间的交换过程,组织间的R&D合作推动了劳动分工与创新。资源基础观点认为研发合作有助于技术、人员、原料等资源的重组,有助于技术能力提升。基于这种认识,许多国家的创新政策实施旨在启动、促进和加快研发合作,特别是行业与科研机构的合作[213]。

Capaldo[214]揭示了以往合作经历和合作伙伴之间的地理距离和项目的创新成果等几个因素对合作创新输出结果积极影响作用。Arranz[215]将研发合作成功的判定标准确定为创新能力的变化,并详细地进行了阐述。单独的研发项目比企业目标更具体,众多研发目标之间参与的合作伙伴可能有所不同,比如大学研究人员以期刊上发表新论文为R&D项目成功标准,企业的研发人员主要兴趣在研发成果的商业化。由于R&D项目的不同类型的合作伙伴之间关系往往是多维的结构,没有一个最佳的R&D项目成功合作评估指标,因此,评估研发成功可能是多个指标,结果具有局限性。所以,结合资源基础观和创新理论,将研发合作过程中各个参与合作伙伴的创新能力的变化作为评估标准,即兼顾不同的合作伙伴的不同目标是最佳方式。德国萨克森州R&D合作支援计划已经做了上述尝试。该计划是专门设计,以刺激私人公司和学术研究机构R&D合作创新。R&D合作创新中,劳动分工和组织的合作伙伴合作安排是成功的关键要素。研发合作伙伴包括位于同一地区或其他地区或者跨区域客户、供应商、竞争对手,特定的服务供应商、高校、私人或公共研究机构或政府机构,各个伙伴的合作目标贯穿了两条主线:能力(知识、技术方面)与绩效(商业化应用方面)。在快速变革的新兴技术领域研发合作的特点是技术高度的不确定性和高度能力要求。与公共研究机构的合作能帮助企业获得最新的科学知识和专业知识,提升知识创造能力;在特定的技术领域研发合作,企业与高校主要是为了获得资源互补,提供特定设备和基础设施内部改进工艺,提高生产绩效;在技术基础领域的研发合作,主要是中小企业和新兴企业依赖于外部的各种合作伙伴关系,以获得技术、设备、专业知识、资本、业务网络和知识产权等资源,提升企业的技术能力。

网络化环境下知识创造与流动、新产品创新、新工艺创新贯穿于经济社会的发展,企业已超越企业和地域边界通过网络搜寻、获取及补充自己的能力。20世纪80年代以来,快速多变的竞争环境和较短的产品和技术生命周期,迫使企业重新考虑创新战略,以扩大其技术基础。在这种情况下,合作在创新过程中起到重要的作用。在企业层面,研发和创新过程中的产业组织创新合作活动被认为是一种有效的手段。与其他公司或机构的合作活动有机会获得互补的技术资源（如技能共享），有助于更快地发展创新，改善市场准入，分担成本和分散风险[216]。强化知识交流和学习过程合作活动，往往结合互补性资产和建立协同[217]，因此创新合作协议有利于知识的积累，有利于新技术和组织创新转换，合作拓展技术选择范围。资源为基础的观点认为，任何企业的目的都是最大化地使用和提高其资源和能力，追求利润并实现利润目标的方法之一是建立联盟，与外部合作伙伴交流创造知识。

在过去的20年中，企业创新活动出现了一个系统的和根本性的变化。越来越多各种规模的企业依托外部网络资源。创新被看作一个各种不同行动者之间的相互作用过程，跨组织和跨部门网络促进信息和资源的加速流动已成为创新的一个关键策略。由于资源的约束，R&D活动普遍面临更多的不确定性和障碍，通过网络获取新技术的开发和利用与R&D活动互补，减少了创新的不确定性。开放式创新的时代，企业越来越依赖于外部资源的创新，强调搜索和使用范围更广泛的外部思想、知识和资源网络。区域之间合作可以促进创新要素的快速流动和优化组合，在开放环境下联动提高区域创新能力。当前我国区域合作中，"泛长三角""泛珠三角""深港"等东部区域合作进展较好，总体来看，参与合作的行为主体经济利益都获得较大增长，广大西部地区由于科技、文化、社会环境等方面惯习，与发达地区合作时处于心理、知识管理、行为认知、物质资本和非物质资本等方面的弱势，往往囿于低层次的生产资源、人员交流等合作，在产业优化与升级、技术创新等高层次合作领域遇到不少问题和障碍。东西部区域经济合作存在三种状态，分别带有计划型、计划市场型和完全市场型合作等明显特征，其中制度变迁和政府主导在有些区域合作中起到重要作用。东西部区域经济发展的三个发展状态受到制度变迁、政府引导、西部地区创新能力及能力结构等影响，其中创新能力及能力结构具有决定性影响。

区域差异也是一国经济能够保持持续增长的重要资源[218]，这种地区间发展的非均衡性，使得国民经济的不同阶段可以获得不同地区进入快速增长时期的先后推动，使增长的可持续性增强。在具体的操作中，公共服务均等化并不是直接将个人放在更为平等的财政地位上，而是将省级政府的财政放在平等的地位上。由此可见，缩小区域差距是解决东西部问题的重点，但并不是核心问题，东西部差距的形成，是由生产要素的不均衡投入、区位差异等多重因素造成的，其中，区位、资源因素是不随外界条件变化而改变的，因而也就不可能存在绝对的"区域平等"。"均质空间"和"非均质空间"假定,都进一步将流动性区域要素按收益率的不同配置到了不同的区域,形成了区域产业分工和产业集聚的基础。姜安印[219]则进一步将这种现象称为发展极化形式,并根据发展极化的空间深化,划分出了发展地区和不发展地区。对区域要素流动性假设的认识,为解决空间结构的优化提供了一种思路。

近年来,区域非均衡发展理论逐渐被区域协调发展理论所取代,学者在主体功能区建设、利益平均机制、市场机制、合作机制、扶持机制、互助机制、治理机制等方面进行了大量探索,试图形成新型综合机制作用下的合作关系结构。综合机制作用能够保障区域合作朝着平等、互助、协调的方向发展,然而,由于合作内容动态差异性以及行为主体大量异质性属性特征的存在,使得机制动力趋于不明确、间接和弱化。

新经济地理学理论、新区域主义理论、区域增长理论、梯度推移理论、区域分工理论、空间相互作用理论和跨区域合作创新研究等从许多方面支持了东西部技术合作,论证了发达的东部地区同落后的西部地区开展东西部技术合作的合理性。东西部技术合作系统及子系统之间的合作并不是简单的合作。自然社会经济条件的不同,经济水平、经济结构和布局的差异也是东西部技术合作的有利条件。

对于区域本身来讲,理论和实践均证明区域创新能力是区域经济可持续发展的重要源动力,只有不断增强区域创新能力,不断优化区域创新资源配置,才能根本上实现区域快速持续发展。例如,当区域技术差距较大时,对技术直接引进,可以迅速完成技术升级,实现技术进步。世界各国的发展实践表明,技术进步或技术积累成为推动经济的主导力量,是经济长期增长的根本动力基础。因此,将区域合作的目标指向区域技术进步,以区域创新能力提升作为区域合作的出发点和归宿,是区域合作在经济全球化、信息化和知识化环境下的最优策略。由于区域创新能力是一个综合指标,它包含知识获取、知识创造、企业技术创新、创新环境、创新绩效等,是区域经济可持续发展的动力和源泉,而且以上内容的统计指标可以从各地区统计年鉴和经济运行数据中获取;区域创新能力的评价研究已经比较成熟;把区域创新能力作为东西部区域合作的目标符合我国建设创新型国家的战略部署。鉴于技术进步对于区域经济增长的重要作用,对于东西部技术合作来讲,必将是东部区域对西部区域以技术知识流动、重组和配置为主线来进行。因此,东西部技术合作归根结底是以跨区域技术合作为焦点和核心。在网络技术、信息技术等现代技术平台支撑下，东西部技术合作加快了信息、技术、知识的传播效率，降低了转移成本，打破区域行政隶属关系和区域边界界线，有利于发挥区域技术、知识、资源、制度、文化、环境等方面的比较优势，使得技术、知识等科技资源获得较大范围的重组优势和资源配置优势。技术转移是科学技术成果转变成现实生产力并实现其经济价值的主要途径，是加速技术进步、增强经济实力和国际竞争力的重要手段。中国工业企业以往的实证研究表明，产业之间与行业之间的 R&D 合作与溢出和技术转让对提高制造业劳动生产率与全要素生产率水平有重要作用。公司内部研发和跨区域 R&D 合作在区域创新能力提升方面具有互补关系。不同渠道与来源的技术转移对技术进步的贡献不同。区域外部技术通常比其他渠道获取技术成熟度要高，可能有更大的吸收和利用潜力。实证研究结果表明，对发展中国家来说，研发合作和技术转移与政策制度相结合是技术进步提升创新能力的主要途径。

大量文献研究表明，技术合作对技术进步和经济增长以及创新能力提升具有显著促进作用。然而另一个事实是，关于技术合作是如何影响创新能力的，技术合作的过程与创新能力提升过程如何影响作用的，不同技术合作类型对创新能力提升有何影响、作用机理是什么等，这些问题在当前文献虽有涉及，但还有欠缺。比如，有关 FDI、知识创造、技术转移和研发合作大量聚焦于吸收能力、动态能力等，对技术、知识与吸收能力、动态能力、技术能力之间的作用机理的研究很充分，而对创新能力仅仅是从"相关关系"上给予必要的分析，而且，大量有关研究停留在微观层面。在技术合作研究中，微观层面和中观层面研究结论有时会有不同的意义。例如，从微观层面来看，企业之间研发合作因为合作伙伴选择不同分为不同类型。据统计，与竞争对手的研发合作成功概率很低，研发合作很常见。对于企业来讲，这意味着项目终止或者延期，企业不得不重新寻找新的研发伙伴。从中观层面来看，这是知识技术流动重组现象，并不是"失败"，而且资源流动重组越频繁，越有利于区域资源的配置效率，区域创新能力往往在这个过程中不断提升。因此，可以预期，以区域层面研究技术合作与区域创新能力之间的影响研究是对目前研究的重要补充。因而，将我国东西部合作与区域创新能力提升问题纳入同一研究框架，从理论与实践结合上，对其中涉及的主要问题进行深入系统的研究，探讨如何通过区域合作提高东西部双方的区域创新能力，对指导我国东西部区域协调发展，促进经济增长具有重要的理论价值与现实意义。

世界经济发展区域化特征和区域经济可持续性发展要求在区域层面不断增强创新能力，从根本上提升区域综合竞争力，促进区域经济增长发展。因此将创新能力的研究空间定位在区域层面，研究区域空间创新能力问题，可以更好地分析和理解创新的内涵、影响因素、评价和提升途径，这也是当前创新能力研究的普遍趋势。区域空间一方面具有丰富的组织、资源、技能、信息，各方面的能力汇集可以整合集聚为创新能力，能力本体性决定了创新能力依赖于空间存在并发挥应有的作用；另一方面，区域空间也是创新单元包括创新参与者（个人、研究所、学院等）、知识传播传导机构（咨询机构、技术中介等）、技术交易部门等进行互动、学习、合作、竞争的场所。完整的区域空间应该至少保证拥有知识多样性和异构性，组织（创新单元）和组织（创新单元）进行技术知识的探索、转移、引进、吸收、转化、组合和利用，改善自身的创新性及创新能力，实现突破式创新和渐进式创新。由此，引入"区域创新空间"更便于区别其他地理区划意义上的区域。区域创新空间隐含的前提是创新驱动、创新参与单元和创新需求，包括创新绩效及利益获取、创新资金供给、创新知识流动与技术改造与升级、创新型单元与组织应该至少是存在的。同时，区域创新空间默认并非一个独立的空间或者区域，而必然是其他各种形式的社会组织和社会网络、传统地理区域的以创新为基点的某种新的组合与交集，甚至是某种子集的交集或者并集，具有网络化特征。进一步的说明是，区域创新空间本身并不总是固定的，而且具有跨区域特性。这并不是说区域创新空间是随意的无限的，而是强调状态有界有限。一旦区域创新空间母体确定，那么无论资源、知识、信息等如何流转及交互，区域创新空间的母体属性都是很难改变的。如同计算机主机配置一旦确定，并且联网，那么以此计算机主机配置为特征和基本条件的局域网和广域网便依赖于计算机主机配置，进行信息管理、数据处理等。

20世纪90年代，Cooke首次提出区域创新系统概念，区域创新系统已成为知识为基础区域经济环境与技术发展互动创新发展范式。在同一时间如果把空间地理因素、技术因素、关系因素、制度因素和组织因素在区域尺度上放在同一空间矩阵中，各个区域创新部门的互动与整合能扩展我们对创新过程的认识。从经济角度考虑区域内外各个经济单元互动，伴随知识信息的流动重组，知识在区域内外溢出，技术和知识从技术知识报酬较低区域向较高区域转移，同样，产业集群也为追求最大利益发生结构上的升级和部分产业转移。区域内技术转移、产业结构优化提升了技术进步和技术效率，促进了区域经济增长，整个区域创新能力得到提升。区域创新系统是从各个经济发展要素相互作用相互影响的角度研究创新过程，特别是把握区域内普遍的合作与竞争关系的基础。

在全球一体化区域一体化发展趋势下，合作是经济活动中最普遍最活跃的行为，一直受到世界各国关注，各种合作组织和联盟及其内外部关系是经济社会发展的主要内容和基本特征。基于区域经济共同发展和进步，实现生产要素、环境要素、制度要素的有效整合与配置是区域发展的必然要求。与典型的跨区域合作组织"欧盟"类似，我国东西部合作的目的也是实现区域协调均衡发展，促进经济增长，达到人均实际福利和公共服务均等化，共享发展带来的经济社会各个领域的进步与成果。东西部较大规模合作最早起步于20世纪90年代初的干部交流，1996年开始出现对口帮扶，使东西部合作进入一个新的合作阶段。1999年西部大开发战略实施，政府引导和专项政策安排为东西部经济合作在更广泛领域深入开展提供了更多更大推力。目前东部地区与西部地区在技术引进与转移、能源开发、供应链（价值链）延伸、统一市场、产业转移及升级、投资等多领域展开区域合作，东西部合作具有政府、企业、高校等多元主体共同参与的经济社会共同发展特征，形成政府、产业、高校、企业、中介服务组织等参与主体相互作用的区域复杂合作网络。

在区域复杂合作网络中，从产品研发合作网络，到技术标准化网络，信息交流与知识转移伴随着整个过程，技术知识转移及创新能力问题是创新理论研究与政策制定者尤为关注的焦点。由政府推动引导的西部大开发战略实施十多年来，在促进西部欠发达地区经济较快增长，基础设施完善，人均福利水平提升等方面取得巨大成绩。西部欠发达地区与东部发达地区相比较仍然在创新能力、科技水平、城乡收入等多方面存在较大差距，区域发展失衡仍是中国经济发展面临的主要问题之一。2011年国家统计年报显示，东部沿海十省市经济总量占全国经济总量的一半还要多，东部城市地区人均GDP为43280元，比西部城市地区的22429元高出1.9倍。人均GDP最高的上海达到73297元，最低的贵州只有13221元，相差近6倍，如表2-4所示。如何减少东西部的区域发展差距，已经成为区域经济发展的重要课题。目前我国有关研究基本可以概括为四个方面：一是以引进模仿自主创新为技术进步范式的推动经济增长方式转型研究,如何创新,怎样创新,以及重点如何激活创新要素、如何激励创新要素、如何施加某些行动来推动创新、如何选择恰当创新路径等是研究的焦点;二是以《中国区域创新能力报告》《中国城市创新能力及其评价》《中国企业自主创新评价报告》等专论为代表的研究,围绕区域差异、创新能力差异构建区域创新系统、区域经济发展系统等指标体系,并在此框架内对创新能力和区域差异进行评价,一般运用截面数据和面板数据进行多元统计分析;三是从技术知识本身着手,研究围绕适宜性技术对区域发展的作用,探讨如何选择外部适宜技术,许多研究进一步集中在提升吸收能力和R&D合作上,一般运用假设检验实证调研;四是从经济增长理论出发(尤其是新涌现的网络开发理论、区域网络经济理论),通过各种技术合作,将技术内生化,研究技术引进与技术转移等创新活动,对欠发达区域经济增长的促进作用,一般是引入全要素框架,关注全要素生产率的提高,技术进步、技术效率、创新能力提升等方面。

表2-4 2011年东西部地区人均GDP比较

地区	人均GDP/(元·人$^{-1}$)	地区	人均GDP/(元·人$^{-1}$)
东部地区	43280.5	最高地区:上海	73297
西部地区	22429.3	最低地区:贵州	13221
东部/西部	1.93	最高/最低	5.54

资料来源:根据中华人民共和国国家统计局网站数据整理。

自20世纪80年代以来,我国从发达国家与地区引入外部投资和技术,对欠发达地区经济快速增长具有重要的贡献。除了国外的技术,中国企业也从高校、研究机构,甚至是竞争对手那里寻找适当的国内技术来源[220]。无论知识源于何处,真正重要的是企业可以吸收和有效地利用外部知识,并提升自己的创新能力。在现实中,企业有效地利用外部知识,以提高自己的创新能力被证明是相当困难的。改革开放初期,我国的政策目标是"以市场换技术",市场开放、FDI和直接进口国外技术并非获得或拥有技术能力,对生产线无法及时更新和有效率地改造。经常发生的情况是,一些企业非常薄弱的技术能力迫使他们持续依赖国外技术,特别是在精密机械机床、汽车及通讯电子产业中,这样的例子尤其凸显。收购生产线及有关技术不但包含显性(如专利、公式和图纸等)知识,而且还包含隐性(例如,Know-how)知识。虽然收购文件和设计图纸等已经传输编码知识,但是隐性知识与外部技术不容易伴随技术转移而被吸收，默会性知识往往耦合于社会资本当中。是否能有效地利用引进的技术知识与其先前的相关知识吸收能力水平密切相关。吸收能力是认识到新的外部信息，吸收并应用到商业目的的能力，与先前通过企业内部 R&D 工作所积累的相关知识水平强烈相关。从这个角度来看，内部研发不仅可以帮助公司产生新的知识（创新效应），也有助于提高其吸收能力（学习效果）。因此，它起着双重作用。内部创新研发和外部技术知识引进是两个知识源，公司充分利用两个知识源进行组合与二次创新是一个复杂问题，它对企业的创新绩效具有重要的影响。Hu 已经证实引进外部先进技术知识对发展中国家的生产力和经济增长具有很大贡献，但是对当地企业及产业的创新能力没有充分讨论。Li 研究发现，中国企业利用外国知识实现的创新贡献强烈地依赖于企业在 R&D 上的投资，而研发缺乏对国内既有技术的充分利用，跨区域行业层面的数据显示出国内企业和外商投资的合资企业情况也相类似。公司有针对性地学习、吸收和利用不同源知识的难度在很大程度上取决于相关技术知识的特点，其中包括被同化的复杂性知识和同化（降低或减少差异）程度。根据这一推论，可以预计从国外进口的技术知识和转移国内技术知识之间存在差异，比较来说国内先进技术更容易本地化，忽视国内技术转移和使用一定程度上增加了企业创新的障碍。

首先，由于中国东西部区域差异，许多行业的技术水平远离技术前沿，国外进口技术通常比国内最好的技术更加复杂和精密，需要较多用于消化吸收的投入。其次，由于技术知识与社会生产系统的嵌入性，隐性知识的积累过程受内部（例如组织程序、结构、协调机制）和外部（例如市场结构、竞争、原料资源）特定因素的影响，企业接受嵌入另外社会生产系统中的技术知识和隐性知识相当困难。纳尔逊和温特提出吸收和利用其他国家技术系统相关知识比较困难，环境系统、技术资源系统的国家间差异，使得借鉴国外的技术比国内知识更具难度和挑战性。此外，在一个国家内劳动力跨区域流动非常容易。伴随人员流动，某个区域企业通过雇用技术人员可以获取外部知识，继而获得一定的创新能力关键性基础因素。综合上述因素有理由认为，企业利用国外的技术比利用国内技术更加困难。

另外，有关技术差距的实证研究提供了有力的证据：复杂性和复杂性的外部知识对促进企业发展创新能力，提升创新能力，缩小 R&D 水平差距具有一定激励作用，但是作用有限。Kneller 研究表明，一个国家是否落后于世界技术前沿，其自身研发投资及创新能力起到关键作用。研究人员发现，只有一定的技术水平才有可能受益于外部的技术溢出效应。在中国西部地区，一个公司的自有技术和引进国外技术之间的技术差距远大于自身的技术和国产化技术之间的差距。因此，可以预期创新能力在两个不同源外部知识之间具有杠杆作用。我们可以得出这样的结论：与引进吸收国外技术相比，利用国内技术提升创新能力是比较关键的。在当地市场，外国公司的存在对国内企业的创新有两种相反的作用：一方面迫于外国公司的竞争压力，国内企业积极创新和建立自己的竞争力；另一方面，相对外国公司的技术优势，较大技术差距可能促使中国企业更加重视学习而较少创新，本土企业专利获取可能面临一个障碍。高校、研究机构是区域自主创新的实际执行机构和新产品、新工艺、新服务的专业"生产"者。高校、公共研究机构、科研服务组织从数量和质量方面影响区域创新力，当以上知识"生产者"创新生产活动频繁、创新效率提升，以及创新输出的新产品新工艺、新服务水平提升，也意味着创新能力提升，但是从整个区域来看，部分知识制造者的创新能力的提升并不足以造成区域创新能力的整体改变。只有在区域创新系统（空间）中的非冗余资源及能力从整体上以更小的能量损耗和资源投入配置取得普遍的系统创新单元效率提升，高校、研究机构和技术服务组织的创新能力、创新潜力才能推动区域创新能力向高水平位移。

已经有一些研究探讨企业合作关系和创新之间的联系，其中大部分集中在垂直的供应链网络。欠发达区域企业通常缺乏足够的创新能力或者内部资源，只有组建或者参与合作网络才能获得提高知识和技术转移机会。在这种情况下获取外部指导和援助，对帮助企业快速获取竞争优势和提升创新能力往往是至关重要的。许多学者对合作与创新能力进行了实证研究。Free 调查 1300 个公司的创新及合作网络，发现了类似的模式。Nieto 研究发现，纵向技术合作是提高企业的创新能力最重要的因素。Lasagni 调查 6 个欧洲国家的 500 家企业数据，发现与买家和供应商的合作显著帮助企业进行创新。Quintana 历经 5 年追踪调查合作竞争和创新之间的关系发现，合作竞争对企业的创新能力产生了积极影响，Biggs、Liefner、Kaminski 研究强调，发展中国家需要更加重视创新合作以提升他们的创新能力。

企业、高校、研究机构、技术服务组织等创新行为组织的网络结合促进了知识与技术的共享及在组织间的流动。知识技术的共享和流动对新知识、新工艺、新服务的产生无疑是有益的，因而知识技术合作和知识技术的流转的时间密度与创新能力的强弱有一定的对应关系。在过去的20年中，企业创新活动出现了以下根本性变化：经常性开展外部合作，大量使用外部网络资源的各种规模的企业已经取得了较好绩效和较大增长；跨组织和跨部门合作网络促进信息与资源的加速流动，促进了行为主体之间的信任，同时减少创新的不确定性，创新已经被看作各个行为主体在网络中相互合作的作用过程；当企业可以访问外部网络的资源时，新知识、专业知识、新信息能够刺激企业的创新能力。企业创新活动中由于自身资源有限，难以有效补充创新所需要的内外部资源，高校、研究机构、供应商、客户和其他外部合作者共享资源和技术扩散对企业创新绩效具有积极影响。无论单个合作企业和还是整个合作网络均可以反映外部真实世界，企业间合作超越企业边界，可以在更大空间上整合创新资源，获取必要的技术知识，这是促使成功创新的主要因素。

计量经济分析表明，不同类型的 R&D 投入可以正向促进全要素生产率的增长[221]。区域外的研发累积投入对 TFP 增长效应大于企业研发累积投入和高校与科研院所研发累积投入所引致的效应。东部地区的自主创新对于 TFP 增长作用显著，技术引进对西部地区 TFP 增长效用较大。同时，不同类型的 R&D 活动彼此影响的程度和方向不同，这给科技政策促进东西部合作加的制定提供了参考的依据。

企业通过内部努力和外部资源及关系网络整合等途径选择最有效的方式来提高他们的技术能力。通过建立合作网络，甚至是跨区域合作网络，企业可以克服其内部的资源约束。网络关系和外部资源信息共享网络化促使企业获得更广泛的技术机会，欧盟与 OECD 组织也将创新政策从直接补贴个别企业的创新项目转向促进多方合作创新组织关系的建立。资源基础观认为企业的关键资源可能会超出其传统企业界限，企业应更多利用他人的资源和专业知识。这些外部资源通常从企业的合作网络（包括供应商、消费者、零售网点）甚至是在与竞争对手交流合作过程中获取。开放式合作网络系统可以有目的地使用知识流和信息流，加快自身内部的创新，并且相关经验和资源也可以被其他伙伴享有。因此，网络环境下技术进步可以看作网络合作与合作关系的产物，网络联系是创新活动的直接来源，合作网络中知识交流与技术转移、吸收过程，导致相互学习或者共同研发多元化，通过示范效应辅助制定新产品和工艺标准，企业可以通过与拥有相关资产的其他公司在合作中获得无法在要素市场购买的资源，从而克服资源不足的障碍，进一步提升了合作企业的创新能力。

关于合作与创新之间的联系与关系研究明确结论后，面临下一个问题，即不同类型的合作伙伴的具体特点和目标会带来何种不同的创新结果？不同类型的合作关系如何影响创新能力？Whitley 指出有什么样的合作伙伴，就决定了如何管理合作以及怎样合作成功。Tether 指出企业间的更高频次合作，则可能是突破式创新而不是渐进式创新。Liefner 研究中国企业合作案例时发现企业与其他公司最普遍的目的是创新。Doloreux 对创新活动和合作网络调查显示，企业的创新主要靠外部网络的客户和供应商。与不同的合作伙伴合作，尽管知识共享带来更大的风险和机会主义行为，但也确实大幅提升创新数量。一些研究强调政府对企业创新的重要作用。加拿大政府通过新的政策和战略计划加强高校和企业之间的联系促进创新。英国和美国有专门政策措施以促进创新的小企业部门作为激进的创新源，一些政策措施，直接或间接鼓励企业进行产品创新和工艺创新。Biggs 研究指出非正式治理机构和企业的性能对于创新有较大影响。政府政策对高校和研究机构的创新过程有很强的作用，体现在政府能够支持建立公共机构或高校，促进创新基地建设与完善。政府也可以促进中小企业和其他企业、高校、科研机构、中介机构，通过相关的政策建立更密切的合作创新关系，对企业的创新发挥一定的促进作用。Cassiman 研究显示，企业追求项目能产生新的技术并具有重要战略意义，企业更喜欢与学术机构建立正式合作联盟，伴随合作深化与技术创新，可能会有更多的企业、高校加盟。企业与高校、科研机构建立正式合作联盟为实现显性知识和隐性知识共享提供了新的途径，促进参与企业、高校之间跨领域、跨学科的分布式知识的交流、获取和存储，并将它们分发到需要的地方去共享。正式的合作是强化企业协同生产和价值创造的一个关键机制，这些协议使企业在开放式创新过程中更多地进行沟通、交流、互动，能够获取技术、知识，特别是隐性知识。

基于价值链的上下游的公司之间的互动与合作，可以获得新技术或新市场的快速访问，有利于创新外溢并较快实现创新增值。非正式的安排和正式的长期战略联盟，可导致渐进式创新和激进式创新。Kaminski 案例研究发现，企业与供应商和客户的合作可以促进新产品的开发，推动创新。Fuller 指出，上下游垂直合作实际上是将"客户"虚拟整合集成到公司的创新过程中，为新产品开发提供宝贵的意见和预期的创新价值，客户和客户的信息来源提供的优势，使创新更频繁，更具有新颖性，由此创新能力获得较大提升。在企业横向合作，特别是和竞争对手合作中，在技术、产品、市场方面存在大量交集和共性知识，各自拥有核心差异性资源，一般受到保护不可能实现溢出与转移，开展基础性研究与合作，依然会有技术溢出，特别有助于隐性知识传播与转移，进而提升创新能力。

经济地理学理论揭示运输成本的变化对于经济活动空间分布的影响是非线性和非单调的，生产要素的流动、交易成本的变化和竞争程度会改变经济要素空间配置结构，贸易成本的下降使得全球经济一体化、区域经济一体化程度不断加深并且稳定。因此，当某个区域生产成本和交易成本大于要素在新的或者更大空间流动组合重新配置时，如果劳动力能低成本自由流动，就会发生资本追逐劳动力的现象，新的空间合作与聚集形成。许多学者认为，合作伙伴之间的地理上的接近，有利于合作创新，主要理由是空间接近可能作为专业化知识（特别是隐性的）转移的催化剂，有利于经验、信息和知识的交流。知识转移可能需要合作伙伴频繁地面对面接触、交往，间隔距离大往往很难实现。然而，Boschma 研究证实合作伙伴地理空间邻近性并不是良好合作关系的充分必要条件。Michael 对德国 564 个不同的合作伙伴（企业、高校、科研院所等）调查表明，地理邻近性与合作项目产出之间的相关性不显著。Capaldo 研究指出，合作创新过程中地理空间邻近性并没有显著影响创新能力和创新产出。尽管地理上邻近可以更方便于找寻合作伙伴，在合作中可以节约距离成本，但在社会层面、社会资本方面不一定接近，尤其是地理邻近性有可能造成互补性资源缺乏，同质性较大而造成较大的对立性和竞争性。在项目合作伙伴的互补性非常重要的情况下，借助现代信息技术和现代化交通工具，在更大地理距离之间，合作伙伴由于更多异质性的发展，许多资源具有互补性，合作能增加创新绩效。Beise 和 Vedovello 研究也得出类似的结论。

东西部空间地理位置和行政属性不同，社会文化具有一定的差异，存在一定行政文化边界，属于不同的经济系统。东西部在生产要素、经济系统运行等方面的差距和不平等性造成价格扭曲和发展障碍。依据 Woolthuis 提出系统

"故障"从基础设施障碍、制度障碍、互动或网络障碍、功能障碍等四方面分析,构建一个跨区域创新空间,可以打破许多障碍,促进商品交换,加强知识创造,加快物质资本、人力资本流动,获取更多直接投资,为协同发展和经济增长提供了机会。然而跨区域创新系统由于地理空间的非邻近性,文化、制度和社会资本等方面存在一些差异,有可能形成系统运作的障碍,如表2-5所示。

表2-5 跨区域创新系统发展的关键决定因素

跨区域创新系统维度	跨区域创新系统阻碍因素	跨区域创新系统有利因素
知识基础	有关研究机构、教育机构和交流机构的组织缺失和运作资金缺乏 弱区域经济的需求 仅适应自己的区域/环境	具有强大的研究机构、教育机构和交流合作机构 强区域经济的需求 适应多个机构背景,具有开放性
业务维度	基于一个或多个领域,形成了跨边境地区的低工资/低成本优势的发展道路 产业结构和知识基础低层次的互补性	高速发展道路优势、不断创新、在各个领域具有跨边界趋势 产业结构和知识基础高层次的互补性
关系维度	不对称的跨区域关系 低层次的跨区域知识互动	对称的跨区域关系 高水平的跨区域知识互动
社会经济体制层面	文化和体制间的固有的较大距离 创新系统不同	文化和体制之间的较多共性 创新系统相似
地理空间	运输成本大、交通基础设施不完善	交通便利,公路、铁路、航空、海运发达
治理维度	政治制度差异 局部创新战略相似 缺乏治理机制/松散的治理设置	政治制度相似 大部分创新战略相似 稳定机构管理设置

东西部区域的差异性同时也是东西部区域拓展新型关系的必要条件。如果东部的产业发展和经济进步需要跨区域配置资源,那么显著资源差异将带来明显的资源互补。事实上,东西部资源互补性包括有形资源和无形资源的综合,具有巨大的潜力。东西部这种跨区域的、资源显著互补的和巨大的发展领域和空间还带来东西部的非竞争合作的好处。东西部合作能够建立面向长期共赢发展战略的、稳定的相互间信赖的伙伴关系。非竞争性伙伴长期的信赖的相互关

系,促进了核心资源领域的开放和共享,促进了隐性知识显性化。对于学习能力、吸收能力、技术能力及创新能力均可以实现在非竞争性合作框架的不断被"训练"而改变,尤其是在政府政策和制度安排等外部驱动作用下,这样的"训练"效果更加符合预期。因而,这也推出了东西部非竞争性合作的双面作用,政府政策和制度安排要保证非竞争性的架构,同时也是非竞争性合作的重要外部驱动和激励。

东西部技术合作有利于创新资源的优化配置,有利于创新要素的整合集成,提高创新效率,降低创新成本,使创新活动得到更加有效的体制和政策保障,得到更加全面和及时的服务与支撑。建立一个层次清晰、网络互动的东西部技术合作框架,有利于集成相关资源和力量,提高科技创新能力,推进科技成果产业化。从整体上看,东西部技术合作体系有四个方面作用:第一,优化与整合区域内外的异质性创新资源;第二,东西部技术合作体系的建设有利于高新技术产业和新知识、新技术的集聚;第三,东西部技术合作体系为西部企业与组织提供了先进技术获取平台,降低适宜技术和知识搜寻成本,有利于本地化创新;第四,有利于技术合作技术转移和扩散,构造有利的外部技术传播、吸收的环境。

技术创新能力和研发投入所带来的技术进步和生产效率的普遍提高是影响经济长期可持续增长的关键因素已经被广泛认可。促使技术进步的来源可分为内部技术创新、外部技术引进、技术模仿及学习。Keller等研究指出,技术变化往往不是来自内部研发,而是外部技术转移、扩散的结果。众多理论和实证研究表明,通过对外技术引进与技术学习在技术升级的各个阶段都可以提升技术水平。然而,由于技术知识本身黏滞性、技术知识的环境嵌入性和隐性知识特点,欠发达区域引进技术与促进技术进步并非简单的线性关系,引进技术不但需要有关的技术资源匹配,而且受到技术引进方创新能力影响。研究表明,知识的默会性影响只在与社会资本组合时出现。强强合作协定并不能保证创新绩效,社会资本与隐性知识的高层次结合是产生激进创新的前提。如果引进方创新能力不强或者社会资本不良,无法吸收大量的隐性知识技术,则被迫处于依赖性引进技术的不良循环之中。此外,如何引进技术,引进什么样的技术,引进技术的选择也很关键。Alessandro研究表明,企业中隐性知识大约占知识总量的90%,可编码的知识只占10%。先进技术知识本身大部分以隐性状态存在于生产者、研发者经验或者经历以及生产运营过程中。通过购买或者专利许可引进技术,抑或购买生产引进整条生产线,不能实现隐性技术知识转移。

隐性知识研究表明，恰当的合作、交流、沟通是引进实现隐性知识转移的最佳途径。由此，合作交流在技术进步促进经济增长过程中也非常关键。另外一个层面是对技术引进的发展中国家来说，当经济发展达到一定水平面临产业升级和技术跨越时，与发达国家与地区之间将发生产业竞争。出于维护自身的产业竞争优势和既得利益战略目的，发达国家会限制发展中国家高层次的技术引进和技术转移，仅仅依赖FDI引进、提升技术进步方式就面临很大挑战。从我国对外技术引进的实践来看，"以市场换技术"的产业政策引进的比较先进的技术，实际上是在发达国家已进入成熟期、衰退期、甚至是即将淘汰的一般制造技术，真正高精尖技术包括先进的产品设计和开发核心技术并未获取。因此无论从哪个方面来看，加强合作与提升创新能力都是经济增长的核心要求，尤其是在我国东西部合作和西部大开发背景下，当区域产业发展到一定阶段，产业升级的关键在于提升本土创新和研发能力。在东西部技术合作—经济增长框架内探讨企业创新动力和产业升级的关键影响因素，不仅仅是贴近中国现实问题的分析思路，也是从区域角度来深入探究各种综合因素对本土企业自主创新动力激励或抑制因素的有效途径。

东西部区域发展差异明显，在自然资源、物质资本、人力资本、技术知识等方面具有较高的互补性，Beise、Vedovello、Petruzzelli、Michael等人的研究为东西部区域之间非地理邻近性的合作有助于创新提供了文献支持。

现有创新系统的渐进式创新和破坏式创新结构之间的区别不是很明确，创造全新的产品或技术与既有资源利用可能同时出现在一个系统中。这将造成创新系统框架分析上的困难，尤其是在激进创新的情况下，原有的创新系统框架可能遭遇巨大障碍。激进的创新（突破式创新）往往在某个部门或者技术领域出现，而与现存的主体参与网络结构的技术可能没有重叠，当前重点考察投入产出差异化和技术转移的区域创新系统中可能含有相反或者对立的技术，或者在另外的创新系统中存在相似的知识与创新，那么创新系统面对突破式创新可能仅仅是描述进程和结构的不同，失去了应有的解释力。目前区域创新系统研究常用的系统动力学一般基于创新系统中的专家访谈，以确定过去和现在系统运作之间的关系，却不能精确查明系统功能之间的互动作用，尽管目前有工艺方法作为补充，但还不完善。区域合作联盟发展背景下急需构建新型区域创新系统研究框架，从新的视角理解主体行为和创新能力。以创新能力提升为目标的东西部技术合作促进经济增长的框架有利于从根本能力提高和经济增长两个角度来分析创新过程，有利于清晰地分析系统的结构和功能的区别，找到解释和解决问题的具体方案与措施。全要素生产率研究框架研究某一区域均设置相似的生产函数，事实上即使某区域内技术完全相同，技术效率和生产系统的配置也存在内在的固有的差异，比如文化资源、环境惯习等约束。尽管系统配置效率可以借助工具变量得到，但由于系统研究要求价格处于变动状态，实际生产厂商投入要素价格一般保持不变（如劳动力报酬）而且不愿公布，因此配置效率很难获取，全要素生产率研究框架无法解决非固定技术结构和经济结构的配置效率问题。东西部技术合作框架一定程度上固定技术结构和经济结构，兼顾了产业结构变迁和技术进步对经济增长的贡献。我国东部发达区域历经40多年的改革，市场机制逐步完善，产业结构变迁对经济增长的显著贡献逐渐弱化，技术进步成为区域经济增长的主要因素。西部地区纯粹的技术进步与产业结构变迁对经济增长的贡献同样重要。要素输入与输出的重新组合配置及配置效率对经济增长的促进作用依然很重要。东西部技术合作—经济增长—创新能力的提升的框架如图2-2所示。它聚焦于经济单元的创新能力，强调东西部区域产业转移和技术进步中政府、企业、高校、服务机构的合作互动协调，提高各种经济要素配置效率，在合作中建构技术级差鲜明、各具分工特色的产业空间结构和产业价值链，避免了全要素生产率研究框架的缺陷。

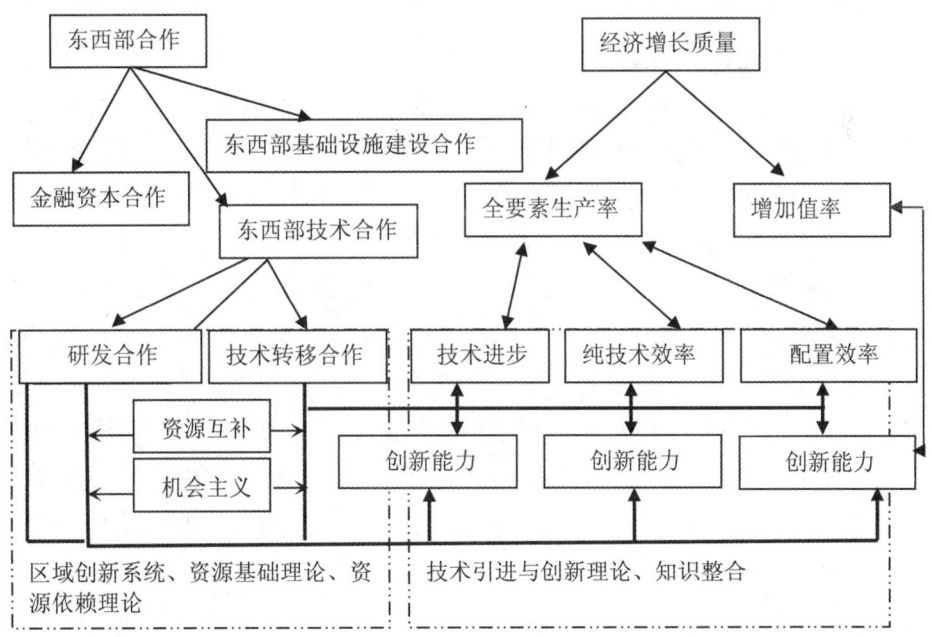

图 2-2　东西部技术合作—创新能力提升理论研究框架

在东西部技术合作—提升创新能力的框架内，机构调整或参与者进入合作，系统框架将从合作模式、合作外部环境和合作资源分配、专业化等方法和途径来实施"干预"，可以探索比以前更丰富的合作作用，会形成强大的技术改造，甚至产生突破式创新，达成创新能力都获得提升的合作"均衡"，并且可以重新定义系统边界，促进系统与外部环境的共生演化。东西部技术合作过程中，在新型框架内技术、知识、资本、制度、资源、合作者等形成新的经济增长空间，同时合作促进各种经济增长要素和参与主体在区域创新空间内进行相互作用。以本研究对区域创新能力的构成分析，新知识创造能力、知识流动获取能力、企业技术创新能力、创新环境投入整合能力和创新的经济绩效达成能力五个方面的能力犹如五根区域创新空间支撑柱，区域合作使所有经济增长要素、技术知识要素在五根能力柱上不断聚集、不断生长，五根能力柱质量和体积不断壮大，区域经济系统的"密度"和"空间"也不断"增强"和"扩充"，在合作作用下伴随这个动态开放过程不断深化演进，创新能力获得提升，区域经济持续增长，尤其是达到经济高质量的增长。由此，在东西部技术合作—创新能力提升—经济增长的框架内，我们需要关注的核心问题可以精练为通过怎样的东西部技术合作及其动态过程能够对"五根"能力柱质量和体积产生正向作用，也就是说找到关键性影响对"能力柱"实施有效的强化作用。如图2-3所示。

通过文献梳理和归纳，我们认识到技术合作中技术转移与研发合作联盟是影响知识流转和知识创造的两个关键内容，技术合作提高创新能力面临许多内源性或者外源性及经济的非经济的问题和影响。例如：知识整合速度、专业化、合作对象选择、合作关系的稳定性及关系治理、合作竞争利益分配及博弈、社会资本、组织创新、资源共享与互补、合作主体的非对称性，等等。东西部技术合作建立在东部发达地区对西部欠发达地区在技术、人才、资源（显性资源和隐性资源）、资金等显著差距基础之上，东西部技术合作是典型的非对称性合作，而且尽管某些合作领域也存在竞争（例如西部优势技术领域），但是普遍的东西部技术合作更关注技术结构升级和人力资本增加，东西部技术合作大部分属于非竞争性合作。

东西部非竞争性技术合作过程具有系统性特征，不但体现在文化惯习和公序良俗的融合与解构，还体现在组织间合作行为决策优化及其利益博弈，尤其在合作过程的不同层级、不同阶段内，各种内外部因素交互作用更显复杂性。

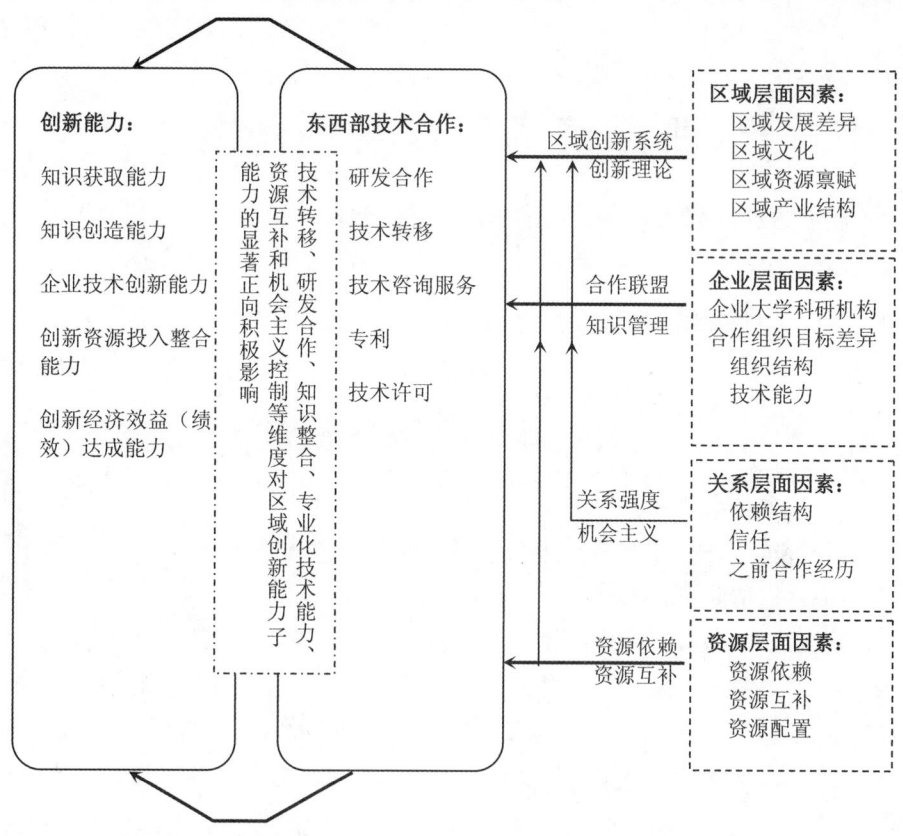

图 2-3　东西部技术合作—提升创新能力理论架构内涵

当东西部技术合作—提升创新能力理论框架建构后，如何影响创新能力的提升成为研究主题，将技术合作内外部的各种复杂的系统的影响"投影"至创新能力方向，有效地降低了技术合作研究必须面对的复杂性、系统性的难度。由此，研究核心是总结上述主要的而且持续作用于技术合作过程的系统化影响要素，并对其中约束提升创新能力的机理进行解构。

我国东西部都曾经大量引进国外先进技术，甚至是引进整条生产线（例如彩电、冰箱等）。技术和生产线可以引进，但是技术能力却不能伴随技术引进而引进和获取，技术能力提升必须经历技术消化吸收、组织学习过程和人力资本的积累。全球经济一体化和信息技术的发展，各种资源超越企业与区域边界交流配置为更快效率的技术进步提供有力的支撑，技术引进的目标不仅是获取先进技术，也是获取创新资源提高创新能力。同时，技术科研人员的学习、交流、培训是实现技术引进二元目标的重要基础，也是技术合作的重要内容之一。

3 东西部技术合作与创新能力的关联性分析

3.1 东西部技术合作内涵和概念界定

2004年底，全国第一次经济普查将我国区域划分为东中西三个区域，其中东部地区包括北京、天津、河北、辽宁、上海、江苏、浙江、福建、山东、广东、海南；西部地区包括内蒙古、广西、重庆、四川、贵州、云南、西藏、陕西、甘肃、青海、宁夏、新疆。由于历史和自然环境原因，国土面积占比68%的西部地区经济社会发展一直落后于东部地区。1979—2000年，东部沿海先后设立了经济特区和沿海开放港口城市吸引大量外资和先进技术，同时各种特惠政策、资源向东部地区高度集聚，形成很大发展优势，东部优先获得发展。1999年前后，东部经济腾飞战略、中部经济崛起战略和西部大开发战略标志我国进入区域均衡协调发展时期，东西部区域间经济联合与区域合作成为东西部协调发展的主要政策安排。

东部地区发展实践证实了知识经济下技术与创新是经济社会发展的巨大驱动力，我国东部地区经济高速增长的典型化特征是技术进步和物质资本积累动态融合。东部地区的北京、上海、广东等经济增长过程中的产业结构调整和技术创新带动本地区技术进步和创新能力的提高，通过技术扩散作用也带动了其他区域的技术进步。东西部加强技术合作，促进技术转移、技术变迁和技术扩散与溢出，是西部地区技术进步效率提高的绿色通道。

1979年，全国边防工作会议首次确定对口支援：北京支援内蒙古，河北支援贵州，江苏支援广西、新疆，山东支援青海，天津支援甘肃，上海支援云南、宁夏，全国支援西藏。1996年，国务院扶贫工作会议决定了对口帮扶安排，详见表3-1。对口帮扶加强了东部发达地区与西部地区的经济关系，有利于科技扶持和人才培养，使落后地区能更加有效地开发和利用其丰富资源，发挥比较优势，促进经济的发展。技术与创新越来越成为经济发展的核心动力，东西部技术合作是对口帮扶的重要内容，不但拥有国家对口帮扶安排下的有利的制度政策环境，也拥有东西部市场、资源等经济要素的互利互惠、互补性优化的基础和条件。

表3-1　东西部对口帮扶安排

东部地区	对口帮扶西部地区	东部地区	对口帮扶西部地区
北京	内蒙古	浙江	四川
天津	甘肃	山东	新疆
上海	云南	辽宁	青海
广东	广西	福建	宁夏
江苏	陕西	大连、青岛、深圳、宁波	贵州

资料来源：1996年7月国务院扶贫开发领导小组《关于组织经济发达地区与经济欠发达地区开展扶贫协作的报告》。

东西部技术合作的主要内容包括研发设计、高技术零件生产组装、技术咨询服务、技术项目合作开发、技术引进与技术转移、设备引进与人才教育培训和聘任、技术许可、技术人才的培训和教育等。国家科技部东西部合作模式课题研究指出，东西部技术合作最有效的模式是基于项目的合作开发，以往有关创新和技术变革的作用文献，夸大了研发活动及其作为创新的决定因素，这也导致了建设创新系统更多倚重于研究密集型的产业。有关东西部技术合作关键性内容的调查问卷显示，排名前三位的分别是发展优势产业（产品加工业和先进制造业）、技术引进与改造和高科技产业和教育。从系统观点出发，东西部技术合作系统由包括东西部的企业、高校、研究机构、服务机构以及各级政府等主体性要素和包括制度、政策、管理等功能要素以及包括机制、体制、保障措施、基础设施等环境要素三部分构成，本课题研究东西部技术合作是指东西部在国家制度和政策安排下，在技术改造、技术转移、技术引进、共同研发、技术与人才交流、项目技术合作、技术专利许可与转让、技术外包等方面进行的经济行为活动，是企业、高校、科研机构、政府、非营利性协会和中介机构等主体相互作用下的促进技术进步和技术创新的系统性过程。

技术资源在地理空间非均匀分布和非孤立，由于历史、区位和经济等方面原因存在高度的不平衡，技术资源普遍存在或密或疏的相互作用，从东西部区域角度可以更好地描述和管理技术与创新。东西部技术合作具有系统化、网络化特征。首先，技术嵌入社会生产系统，与区域的社会文化背景和生产系统密切相关，贯穿于新产品开发、市场销售和下一波产品开发生命周期整个过程。其次，东西部技术合作系统有经济建设中涉及新产品开发、新技术引进、技术改造、技术辅助的所有机构，不仅仅是科技相关机构组成，同时强调东西部企业内部组织、东西部企业间联系以及东西部企业或者研发机构与其他组织联系的强度和类型，公共部门和有关政策，研发机构和研发强度，技术学习能力吸收能力，区域协调和管理形式，地理区位交通便利性，市场开放程度，消费水平和消费习惯等"自上而下"的层层推进，强调从区域层面考察技术合作。另一方面，技术的升级与传播依靠学习能力和吸收能力，地理的、规范的、习俗的社会网络中的技术知识学习和传播又是一种自下而上的过程。企业和其他机构根植于特定区域和地方学习中，通过跨区域技术合作平台，组建研发机构、企业、教育机构等介入企业的技术进步和技术创新过程，强调企业间内外部联系、技术合作主体间知识技术共享和学习。结合自上而下和自下而上的观点，东西部技术合作系统是个体与集体的学习过程，包括知识技术创造、传播、模仿、使用、扩散、升级改造和创新等阶段；东西部技术合作也是技术进步的过程，在初始技术差距适宜的情境下，技术落后区域能获取正向技术外溢效应，在掌握新知识基础上，进一步在生产领域和非生产领域应用这些知识，改造现有技术，从水平差异和垂直阶梯两方面实现技术进步。水平差异型技术进步是指产品差异化和多样化，并且对生产技术要求较高，增加中间投入具有较强的创新性，偏重于研发技术合作，强调研发技术溢出效应。垂直型技术进步强调产品性能的改进和质量上的提升，不需要增加中间投入。

东西部技术合作过程凸显技术知识本身、能力和内外部环境三个方面的一系列变化。在技术知识方面，技术转移和技术改造与升级以及新技术应用不但实现技术进步，延迟物质资本和非物质资本边际报酬递减过程，同时也引致了技术知识存量的变迁。在能力方面，组织内外部学习能力和吸收能力是东西部技术合作绩效的基础，新技术的应用和技术市场拓展，有力地促进了新工艺和新产品的开发和涌现，创新能力也在技术合作中获得了提高。在内外部环境方面，技术合作优化了技术与知识的组合联结及嵌入社会系统的资源配置，改变了技术进步与经济增长的预期，机器设备更新和生产组织方式改变以及人力资本提升促使整个技术结构、产业结构甚至是经济体系结构性改变。

3.2　东西部技术合作中的技术学习

东西部技术合作有直接注入技术效应和技术溢出效应,两种效应高低很大程度上依赖于技术学习的效果。鉴于西部的整体技术水平和技术能力比较落后,东西部技术合作的起点是建立学习机制,促使西部地区在技术合作进行中有效学习,提高消化、吸收、模仿、应用和创新五个技术跃升阶段的时效。

东西部技术合作系统具有鲜明的技术层级和领域特征。针对不同技术层级的技术合作与学习,其达成效果不同,同时也存在一定的局限性。在技术成熟领域的东西部技术学习一般执行技术标准化推广,同样,在技术成熟领域内实现技术跨越,进行新兴技术研发与合作是技术学习的较好途径。在东西部技术水平存在一定差异的情况下,执行技术知识转移是专业化技术学习和技术创新的重要机制。大规模成熟技术领域往往在组织结构上采取集中学习模式,技术输出方提供模块化技术可以创造更多的学习机会和经验,技术市场细分提供了必要的学习支持。对于熟悉和成熟的技术领域,需要一段时间尺度内的持续学习与合作,采取"干中学",不断改进技术、吸收技术、应用技术,有利于渐进性技术改造和创新。对于不太成熟的技术领域,东西部可以组建产学研学习型组织,共同研究与开发新型技术。东西部技术合作与技术学习离不开资金支持。靠近市场的民间资本是技术合作与学习的主要资金来源,基于风险和获利性考虑,大量民间资本更倾向于支持长期的渐进性技术合作与学习,少量风险资本追求相对较短时间内的高回报可能会支持更激进的突破式创新与合作。一般而言,私人资本往往有利于支持资本密集、模块化和规模较小的技术。对于上述技术合作的技术学习还受到政策和监管等的影响。从创新与经济发展的角度,政策更倾向于制定推动或者拉动措施进行新兴领域的技术创新,比如政府采购和专项资金资助等。在创新性技术学习方面,有关政策对于东西部技术学习效果具有较大的推拉作用。对于基础性研究开发领域的技术合作,民间资本和私人资本缺乏积极性,东西部地方政策应予以支持。东西部技术合作与技术学习机制详见表3-2。

表 3-2 东西部技术合作与技术学习机制

技术合作领域	技术学习	局限
全社会技术系统，并可能是更广泛的经济领域	捕获整个技术系统的性能，涵盖生产、流通和消费链条联系和相互依存，也可能是更广泛的经济和社会	可能只提供技术系统变化的主要驱动力汇总，忽视特定技术的创新和学习
技术领域	特色鲜明的不同的技术领域，关注竞争和不同领域内更广泛的社会技术系统之间的协同作用	技术的代表性可能忽略了不同的技术系统之间或在一个领域内的竞争和协同作用
技术系统/年份	在技术领域，一个领域内的不同技术之间的转换可能捕获多样性和异质性	缺乏重视对手的技术系统和更广泛的系统联网
技术组件	技术子系统的学习，执行技术知识转移能够进行详细的项目分析，为企业级的技术战略服务，实现技术跨越	对于突破性技术和创新性技术有可能忽视，较长时间尺度上难以实现一个技术领域内的代际转换
启用/支撑技术	细分技术市场捕捉不可见的，但可能非常显著地推动创新，尤其是在更长的时间尺度上	需要详细地表示在不同行业的漫反射技术动态复杂，并可能无法预测到更高级别的系统动力学的联系
技术研发合作	差异性技术的学习与交流，新技术知识创造，有可能实现技术跨越和技术升级换代	有可能忽视技术效率和技术支撑体系，新技术难以大规模在技术系统内普及或者与其他技术资源耦合

不同的技术合作领域代表不同技术层次的资源聚集和学习效果及创新动力。因此，技术合作与学习需要对各个技术层级的合作与学习进行了解，突出不同的技术合作及其贡献。技术合作中的学习机制以输出为导向，可以捕捉到一个复杂的相互依存的输入因素，也可以得到相互依存的输出结果，能够实现系统的技术相互作用的探索和权衡。可能忽略了流程、组织、机构和参与的行为。例如，技术学习速率可能代表了创新性和组织学习能力，也代表了主体参与技术合作的行为及流程。面向技术合作情境和技术合作学习过程，往往可以观察到企业、高校、科研机构之间技术的协同进化，在技术应用层面选择技术

合作主体相互作用关系，可以系统地收集关键变量进行学习效果的比较和权衡。

不同的技术层级可以分析技术学习发生、发展过程中不同程度的消化能力、吸收能力和创新能力的聚集和合作主体学习模式对东西部技术合作及创新的重要影响。跨越多技术层次的学习途径可以提供更全面的研究视角，可以在特定的技术水平考察创新能力、人才、组织等更细致的影响因素。

3.3 东西部技术合作中学习与创新途径

3.3.1 东西部技术合作中技术路线图与伙伴关系

技术路线图（technology roadmapping，TRM）是一种能够帮助企业规划自己的技术应遵循的路径，整合技术源转化为产品和服务方法。对于进入市场和实现战略目标的组织合作行为，技术路线图可以协助选择合作伙伴，整合内外部合作伙伴的技术及能力，规划新产品和新技术。技术路线图在技术合作中的应用如表3-3所示。

表3-3 技术路线图与合作伙伴关系

作者	技术学习与创新战略	应用说明	伙伴关系
Albright	市场拉动	确定市场、产品、技术、市场趋势、竞争对手的战略、有竞争力的产品，以及这些产品所需要的技术	路线图显示技术可从合作伙伴获得
Daim	市场拉动	确定目标，并监督路线图，路线图的编制，实施培训规划，并确定组织部门的需求	识别组织在类似领域的开发技术
Gerdsri	未指定	通过编制组织、研发人员和必要的信息，在规划业务活动，不断修正和整合的技术与创新路线图	组织在路线图中的关键合作伙伴
Holmes	市场拉动	分析当前的技术状况和市场地位，分析市场需求，概念化产品和服务，识别技术解决方案，整合项目的技术应用和技术开发路线图	构建多层次合作伙伴关系

表3-3(续)

作者	技术学习与创新战略	应用说明	伙伴关系
Kim	技术推动	技术路线图确定技术发展领域	与技术路线企业建立伙伴关系
Lee	技术推动	启动选择的主题，评估技术需求，科技发展规划的编制，路线图的实施，以及路线图的更新	确定企业和科研院所之间的联盟的机会
Lee	技术推动	应用路线图专利分析，以确定组织发展的某些技术或产品，寻找新的商业机会	专利分析表明组织可以成为合作伙伴
Lichtenthaler	技术推动	应用路线图考虑现有开发的技术与外部代理的商业化的可能性	寻求商业合作伙伴授权
Mitchell	未指定	纵向上游下游合作计划	跨部门的伙伴关系
Phaal	市场拉动	业务和技术领域所需要的特定产品和市场的路线图，确定产品和技术的多样性	通过伙伴关系提供一定的资源
Wells	技术推动和市场拉动	规划确定参与者的利益，确定技术机会	参与技术合作与创新网络开展科研活动

东西部技术合作中组织技术整合策略包括两种：技术推动和市场拉动。在东西部成熟的产品市场，大型企业能够提供一系列的产品和服务，通过搜集客户的需求确定产品功能，执行市场拉动技术策略。中小企业组织通常不具备产品开发所需的结构，对技术开发具有较高积极性和创新性，执行技术推动策略。然而技术的发展需要持续地进行基础研究和应用研究，技术的复杂性和专用性迫使他们与其他组织合作，形成了一定的创新周期，即传播新技术、技术组合与开发，提供新产品创新及服务。

技术推动和市场拉动技术整合策略对于创新管理和创新模式具有直接的影响。对于设计、生产、销售功能完备的大型企业（特别是东部地区著名企业），可以直接面向西部地区的消费者，根据消费市场的发展趋势，以改善现有的技术和产品线或者推出新产品，市场拉动的技术创新整合策略占主导地位，东部大型企业与西部进行技术合作倾向于纵向上游和下游企业建立联盟伙伴关系。

中小型企业和高科技企业以及独立研发机构的企业战略重点在于增强核心竞争力，致力于整合内外部资源和伙伴关系，推动新技术的研究开发合作。这些企业（机构）在东西部技术合作中主要寻求具有相似技术与研发的合作者，并且能够与资源互补企业建立合作联盟，组织战略主要是技术推动具有积极创新偏好。这些组织往往拥有独特的创新能力，倾向于突破性技术与创新合作。

Rinne 指出 TRM 在技术整合策略中非常重要。通过技术路线图能够发现大型企业的研发与产品开发合作结构的适合情境。东西部大型企业在采取市场拉动战略背景下，可以采取基于特定市场需求的封闭式创新合作路径与创新模式，与研发和产品开发结构相结合，涉及技术专利许可、研发、市场营销、生产运营等功能的合作规划，提高产品的质量和多样化，进行渐进性创新。

上述技术路线不适用于中小企业和研发机构间的东西部技术合作。Gassmann 充分证实了中小企业间技术引进和开放式创新运作依赖于公司的管理能力和比较分散的创新过程的现状，建立外部技术联盟，搜集市场和技术信息，开展技术合作，获取必要的技术，进行新产品、新技术的突破性创新。开放式合作创新推动东西部中小型企业（研发机构）之间合作的技术应用与技术能力升级，并通过合作伙伴网络吸收互补的技术，结合自己的创新能力转化新产品、新工艺，执行技术推动策略。TRM 为东西部中小企业技术推动策略提供了通过合作伙伴关系处理技术差距和技术学习与创新的方法。在这种情况下，TRM 作为"外部网络构建"开放式创新机制的支持工具，有利于中小企业组建合作创新的吸收能力和创新能力的成长。而且 TRM 能够耗费较少的资源及投入选择合作伙伴，建立并运行技术协作网络，促进信息交流。技术推动创新战略和开放式创新环境合成了一种技术改进与创新的方法确定的行动的结果，提高了中小企业合作伙伴之间开放式创新的绩效。

技术学习路线分析是确定技术学习与创新的途径的重要步骤。东西部技术合作主体包括企业、高校、研发机构，还有政府有关部门的参与。各个主体内外部技术环境和创新战略不同，在技术合作中的学习与创新途径也不同。运用技术学习路线图分析东西部技术合作参与主体当前的技术状况和市场地位，分析市场需求，对产品和服务定位，识别技术解决方案，确定市场、产品、技术趋势，以及所需要的技术与创新实现途径，进一步选择技术合作伙伴构建互利互助的技术创新联盟。整合项目的技术应用和技术开发路线图，确定技术学习与创新技术发展领域，识别技术机会。应用路线图考虑现有技术开发与研发外部代理的商业化的可能性。尤其是依据技术学习路线图对专利进行分析与评估，以确定组织新产品开发中所需要某些技术或产品，寻找新的商业机会和技术合作机会，采取专利购买和技术许可等实现创新能力的提高。目前，技术学习路线图包含以下 6 个流程：① 启动选择技术与创新主题；② 评估技术与创新需求；③ 科技发展规划的编制；④ 路线图的实施；⑤ 路线图的更新；⑥ 从组织角度确定组织学习目标，监督路线图的实施并优化配置相应的资源，包括人才引进聘任，加强组织间合作与交流，发现并获取技术知识，促进创新型组织的建设，提高组织的创新能力。

3.3.2 东西部开放创新市场

在开放式创新过程的背景下企业可以超越产品市场，参与到企业发展需要的研发合作、技术联盟、教育培训等相关的细分市场。在技术市场中，企业可以克服传统产品市场强调的技术许可，规划无形的技术知识和诀窍等跨组织边界交易与合作。在开放式创新基础上，东西部企业可以把技术授权和技术合作联盟作为一个战略性活动，而不是某一个知识的销售活动。在开放性创新的技术市场，东西部企业或机构可以以较低的搜寻成本和议价成本通过技术商业化的渠道，实现技术许可协议、知识转移、吸收和二次创新。

此外，有关的产品和技术市场的分割，帮助东西部企业或者机构克服技术许可管理的困难和技术转移合作管理的困难，特定的技术市场有助于东西部企业系统地识别有价值的技术应用领域和潜在的创新途径。技术应用与创新边界的开放促使东西部所有技术需求和创新能力均可以在技术市场进行商业化的配置和交易转换，应用在多个领域的技术解决方法和创新潜力将扩展到更大的技术升级与研发项目中，技术溢出效应和研发溢出效应又通过合作伙伴的社会网络关系和技术创新网络激发更多的技术学习与创新合作行为。

超越产品市场细分与技术交易提供了一个学习和创新的重要途径，它可以让企业或者机构找到适宜的技术及需求，通过内部或外部的技术开发合作，引进技术、消化技术并进一步实现技术本地化开发。在开放式创新的过程中，与技术有关的需求和供给提供了一个参照系，清除了有关技术和产品领域的认知障碍，帮助企业大大拓宽他们的视野，超越某个地区的产品市场，提供更多技术商业化的机会，开发新的内部业务领域，组建技术合作联盟，实现技术跨区域优化组合与开发。

东西部开放创新市场背景下协调多个技术许可交易对于技术结构和新产品开发策略也是至关重要的。成功的技术协调可以完善综合性的技术开发创新战略。识别有潜力的技术许可和技术应用可以依靠各种工具，例如，技术路线、投资组合分析和情景分析，在开放式创新的过程中，这些扩展工具能够促进成功的战略技术与创新规划。对于西部欠发达地区，技术与产品通常处于初级和起步发展阶段，需要多个不同类型的技术组合和技术改造，技术发展纵向和横向较宽领域需求涉及大量技术合作、技术投资与技术知识转移许可协议。开放式创新市场能够发挥市场机制的协调作用，适宜技术引进与转移的技术开发模式放大了当前和未来的技术资本，技术跨区域组合和技术交易与技术许可提高了企业内部创新决策效率。

东西部开放创新市场能够以近似产品市场交易模式充分利用东西部各种组织网络伙伴关系与资源（而不是内部研发结构），如消费者、客户、供应商、教育机构、科研院所等，以提高组织创新能力。东西部开放创新市场更加重视以技术为基础的中小企业和独立的研究机构的在持续创新流程中的作用，如高校和研究机构掌握了一定的技能和构建知识，在成熟开放的技术市场，专业技术研发应用于广泛的产品生产，中小企业和独立研发机构与大型企业容易形成技术与创新战略合作伙伴关系。开放式创新的商业模式重新配置不同的合作伙伴之间形成新的创新供应链网络，从而加强东西部中小企业和研发机构对技术与创新的贡献，实现东西部技术合作对创新的最大促进效用。

3.3.3 东西部非研发合作学习与创新

东西部技术合作不但包括大量研究与开发活动，也包括设计、技术设备引进、组织学习和培训等非研究开发项目的合作。事实上，东西部技术合作更普遍的并非高新技术企业之间的研发合作，东西部技术合作面临更大量的中低技术企业技术改造升级和技术结构变迁方面的内容。由于历史原因和西部自然资源优势，西部地区大多数企业集中在中低技术领域，比如纺织、食品、烟草、橡胶和塑料制品、焦炭、石油化工产品、其他非金属矿物制品、基本金属等。东部发达地区企业在高技术领域占比较大，包括飞机船舶研发制造、制药、办公机械、广播通信、计算机医疗设备、精密和光学仪器、电气机械、汽车、铁路运输设备等。东西部基于高技术开发与合作的数量上远远小于非高科技的一般技术合作。传统创新的线性模式强调技术的知识应用，侧重以正式的研发作为创新的源泉。毋庸置疑，东西部研发合作与研发溢出均正向影响创新能力，但是传统创新模式忽略了其他非研发活动和行为在技术创新合作过程中发挥的重要作用。对西部地区来说，与东部地区进行研发合作与非研发合作同等重要，甚至在考虑西部地区创新环境和创新基础以后，西部大量的非高技术企业，比如制造业、中低技术企业等需要与东部地区企业开展非研发性技术交流、组织学习、技术咨询和教育培训合作，往往涉及内部试验和适应性技术学习，东西部非研发性技术合作对西部地区的创新影响更加重要。

中低技术企业（例如制造业）是高技术企业最好的客户，彼此工业水平在很大程度上相互依存。研究发现，制造业非研发活动的外部资源及使用，如使用咨询顾问、人员聘任、教育训练等，对实施创新越来越重要。东西部中低技术企业与高新技术企业之间技术知识互联互通，非研发合作的内外部创新资源存在一定的相关性。相关性首先体现在超越正式研发活动的产品创新、工艺创新和专利的输出，其次是不同来源的创新产出超出了企业边界的潜在影响。东西部技术合作中非研发合作策略可能影响创新设计、人才培养和使用先进的设备和工具，也可能在技术咨询、人才引进与聘任、外部技术许可和专利购买等方面对创新资源施加影响。

东西部非研发性技术合作活动例如产品设计、先进的机械设备使用和技术人员培训对中低技术企业绩效的影响超越了正式的研发合作。沃尔什指出设计发明在市场和生产工艺中起到高度一体化的作用。设计涵盖了许多方面的技术创新活动，例如在制造、材料使用和用户友好角度大量使用人体工程学知识与技术，便于吸收、学习使用创新技术，提高部件或材料的高效利用率。中低技术企业普遍以实用和务实的方式引进先进的机械设备和人员培训，这也被视为产品和工艺创新重要步骤，以提高他们的创新和经济绩效。采纳和使用先进的机械设备，能够帮助新的产品开发和更新陈旧的技术能力。

东西部中低技术企业非研发性技术合作重点不在于最新的技术和知识的引进和应用，往往是基于技术知识存量和技术知识在经济系统的转移，重点是内部实验、考核和评价等技术采纳和技术适应的学习。增加技术知识存量并对技术进行组合的过程也是东西部非研发合作互动学习的过程。东西部非研发合作互动学习过程可以获得四个方面的好处：有助于培养企业的竞争力；应对产品和生产量的变化，更好地分配人员和其他生产资源；提高灵活性，增强组织绩效；降低生产成本。技术组合互动学习过程也是先进制造技术的学习掌握过程，西部中低技术企业生产人员需要混合型知识，因而有关的技术培训合作对提高人力资本和吸收能力非常重要，直接影响到东西部非研发技术合作的资本体现式技术进步和创新绩效。事实上，西部地区引进东部地区的先进机械设备和技术咨询是对设备投资实现资本体现式技术进步的典型做法。改革开放初期，东部地区也曾经依靠设备投资快速实现了技术进步和创新能力提升，继而由于收入和待遇提高，人才向东部沿海地区聚集，技术进步与人力资本相融合表现为哈罗德中性技术进步。西部地区引进东部地区先进技术和设备，并且注重在人才培训和技术学习方面与东部地区合作，与东部地区在改革开放时期FDI和生产设备更新换代发展经历相似，符合索罗和哈罗德技术进步特征。

此外，从资源视角来看，东西部非研发性技术合作是跨区域获取外部资源并整合创新环境实现技术资源重组的过程。通过技术顾问或聘用技术研究人员挖掘公司外部知识源发现技术机会，使得知识跨边界流动。一个重要的和间接的来源往往位于区域外的技术密集型企业，通过投资于新的元器件与机械设备（如技术采购、咨询服务，并聘任员工）促使组织学习模式转变为外向型。在成熟产业中，技术顾问往往横跨多种行业与众多企业有密切的联系，因此通过聘任技术顾问和引进跨专业人才推动组织外向型学习，整合和共享显性和隐性知识。在这种方式中，人及其社会网络是东西部非研发性合作技术改造和知识转移的重要渠道。引进设备并聘任跨专业人才和经验丰富的员工可以作为一种整合外部非研发资源促进产品创新的机制。

3.3.4 东西部研发产业间合作

研发产业是知识经济的典型产业。由于创新型知识和技术的高投入、高风险性，大量企业趋向于将较高风险的研发外包，由高校、科研院所、中介服务机构等组成独立体开展研究，更好地发挥研发产业组合创新能力。国内学者将研发产业分为工业设计、工程服务、实验室的实验活动、计算机系统及相关服务、科学技术咨询服务以自然科学、工程和生命科学领域的科学研究与试验发展六大类，研发产业的各类主体有研究开发活动的企业、研究开发机构、高校和从事合同研究开发的公司。他们从事市场所需要的研究开发活动，一旦有其他企业需要，他们就通过专利转让、技术许可、技术服务、技术转让等形式许可其他企业利用研究成果进行生产和销售。研发产业具有天然的合作联盟性质，具有较强的创新能力。

东西部研发产业最大的差异是组成主体和研发产业的合作效率。除去既有的产学研合作实体，东部独立的研发产业主体、金融机构、政府等按照生产性服务的宗旨对企业展开合作。研发产业主体在寻找企业合作方面具有较好的信息平台和主动性。这得益于科研机构改革率先在东部展开，大量事业型科研单位转型，市场化运作中清晰的产权和利益分配，研发产业提高服务企业的效率，因而表现在研发产业和企业的创新能力都比较强。西部企业技术需求性不足，科研院所转型较晚，研发产业与企业互动较弱，提供生产性服务较少，总体来看研发产业和企业的创新能力与东部存在差距。

东西部研发产业合作差异可以从发展指数和潜力指数来测度。研发产业发展指数 D_{1-3} 是对研发产出状况的衡量，主要包括侧重于学术性的探讨论文、著作数量 A_1，经过鉴定的技术成果、专利能直接转化为生产力的数量 A_2，以及可以反映市场化水平的技术市场成交金额 A_3 等。公式 $D_{1-3} = \sum_{i=1}^{3} D_i$，其中 $D_i = (A_i - A_{\min})/(A_{\max} - A_i)$，$i$ 是指标序号，$A_{\min}$，$A_{\max}$ 分别是极值。

潜力指数 Q_i 是对研发产业的投入与产出的测度。研发投入包括科研人员数量和科研经费，将研发投入与产出指标做出相关分析，选取显著相关指标（N 个），进行无量纲化计算，$Q_i = \sum_{i}^{n} q_i/N$，其中 $q_i = (b_i - b_{\min})/(b_{\max} - b_{\min})$，$N$ 是相关潜力指标的个数。

2011年中国科技统计年鉴数据显示，1992年高发展指数（大于或等于1）地区有北京、上海、江苏、辽宁和四川五省（市），低发展指数（小于或等于0.1）地区有含东部海南和西部共六省，2011年高发展指数和潜力指数地区集中在东部六省（市），低发展指数和潜力指数集中在西部九省（市）。四川和重庆的潜力指数大于0.3，高于西部其他省（市），研发产业具有追赶优势。总体来看西部研发产业急需"激活"。

东部研发产业与西部研发产业的合作，会改变研发产业的主体结构以及合作效率，可以实现基于优势的重组，组建新的"网络"，激活西部研发产业。

在产业转移的结构性变动下，东部研发企业作为"西移"企业的服务网络成员，也存在"配套西移"。西部研发产业对比东部"西移"研发产业存在地理、文化、人力成本、社会资本等比较优势，东西部研发产业初期基于比较优势的合作，可以尽快完成产业共性技术的转移，形成东西部研发产业分工合作体。伴随合作的加深，西部突出的优势产业也会和东部研发产业对接，关键性技术转移和扩散将加快。东西部研发产业的合作将会在实用性技术、前沿性技术等多层次展开,不但进一步增强研发主体的创新能力,而且提高了不同产业的创新能力,达到综合与集成的效果,东部和西部地区的创新能力将稳步提高。

3.3.5 东西部技术合作学习与创新矩阵分析

东西部技术合作从技术演化和技术学习组织模式两方面将合作学习目标和行动高度概括为增量型(渐进性)技术学习与创新、激进型(突破性)技术学习与创新、分布式技术学习和集中式技术学习。在技术合作过程中,上述目标和行为往往交互组合,进一步可以形成2×2的技术学习与创新矩阵,如图3-1所示。技术学习与创新矩阵可以比较东西部不同技术领域合作的多面性和相互协同作用,反映来自技术和社会的影响。在学习与创新矩阵中,一个维度代表了技术在某个经济环境中本身的特征,概括为相对增量或相对激进;另一个维度代表公开的社会行为,概括为组织分布和集中学习模式。垂直轴和水平轴的组成学习与创新矩阵可以将东西部技术合作的经济环境和技术情境进行定位,并可以使用适宜尺度"描绘"东西部技术合作中技术学习与创新格局。

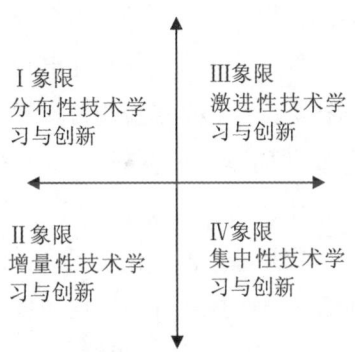

图 3-1　东西部技术合作学习与创新矩阵

东西部生产和消费系统的演变可以在矩阵的四个象限和箭头位置进行分析定位。矩阵的Ⅰ—Ⅳ象限可以追溯到不同的技术领域发展历程,例如可以对东西部新型能源和机械设备制造业合作发展进行比较分析。东部地区的机械设备制造从引进国外设备和FDI起步,可在第Ⅲ象限标记,主要特征是集中在东部高层次技术系统转换,新兴技术继而在纵向供应链角度向下游扩散到第Ⅳ象限,并引起技术聚集和产业集聚。西部大开发战略实施及政策导向,促进了东部技术向西部地区转移，这时的学习与创新主要可以在第Ⅱ象限标记。技术领域各种社会经济技术子系统在任何时间点上的连续性可以跨越不同的组合，而这些组合可以随时间而改变并扩大到较多企业和研究机构的共同作用和参与，东西部技术合作有了进一步二次创新的趋势，可以在第Ⅰ象限进行标记。因此，学习与创新矩阵可以区分不同的资源（包括内外部的制度）和不同的技术领域。学习与创新矩阵既可以分析新兴技术领域途径，也可以参照当前生产和应用技术水平，判断东西部合作技术发展历程和趋势，分析不同技术与合作条件和途径之间的重要区别。

东西部学习与创新矩阵也可以使用支持范围作为政策制定的背景，采用典型的学习途径加速不同的新兴技术的学习与创新。学习矩阵可用于比较不同的技术领域的技术起源和学习动力。在许多技术领域，通过学习与创新矩阵分析东西部可以选择更加成熟的技术与增量性创新，以较少的投入和明确的路径调整技术系统资源。在成熟的中低技术领域，占主导地位的少数厂商和占主导地位的技术设计适宜分布性组织学习和增量式技术进步，最初小规模的开发和采用常规的技术组件，例如西部地区的制造业，随着时间的推移，这些以渐进性为主的技术合作系统，能够把技术和知识演化为更为激进的发展计划。

东西部学习与创新矩阵分析高技术领域技术合作可以显示更加多样化的社会生产和应用的技术途径。例如，在太阳能和光电技术领域，由国家支持的项目集中度较高，多元化的技术设计和市场应用，显示了突破性和集中研究的必要性，因此东西部组建研发共同体（research joint venture，RJV）是有效的做法。与最先进的技术应用相比，模块化技术可以适用于更集中或分散的形式，因而研发共同体最佳组织模式是基于模块化技术的合作。东西部基于模块式研发共同体还有一个重要的贡献：考虑西部习惯性增量技术进步情境，能够促进技术转让和技术"重组"跨越两个不同的领域，兼顾渐进式（增量）和突破式创新。

东西部技术合作进程中，组织和机构的利益不断变化。特别是品种、规模、风险和回报不同的方向组织和机构都存在不同的学习效果和创新力度。集中的大规模系统发展的技术领域，在学习与创新矩阵中通常定位在第Ⅳ象限。对于成熟的技术系统，东西部技术合作的组织创新可以推动渐进式技术学习与创新的不断改进。新技术和替代性技术的出现与各个地区创新体系运行有关，西部地区大部分技术创新是传统增量式发展模式，与东部地区相比，生产系统倾向于"锁定"围绕既定的技术和机构而缺乏变革与创新。制度经济学强调制度环境因素与技术创新高度相关,西部地区从制度政策和激励机制等方面通过资源配置协调技术资源的供给,并引导促使资源在各个象限的转换,改变西部地区产业在学习与创新矩阵中的定位,吸引更多东西部企业、研究开发机构参与跨区域技术交流与合作,采取有关政策刺激技术体系的转型,进行分布式、集中式、交互式技术学习和渐进性突破性创新。

Tylecote 强调转型国家通常具有双重技术体系。一种是上层创新体系,模仿发达经济体的先进技术;另一种是低层次创新体系,已在本地的嵌入式行业,如传统技术领域,对当地经济发展更为重要。在技术追赶过程中,整体经济和创新绩效在很大程度上取决于如何协调两个系统的水平。东西部区域之间技术合作既有高技术研发合作,也有中低技术合作,存在 Tylecote 指出的双系统特征。对于大部分西部地区,工业化还没有完成。相比东部发达地区,第一产业和第二产业占比差异较大。因此在学习与创新矩阵中东西部技术合作同时定位在第Ⅱ第Ⅲ象限,大部分合作聚集在第Ⅱ象限,多样化多元化技术合作发展趋势向左侧象限聚集。

表 3-4 显示了一些典型的学习与创新矩阵定位及情境分析。在矩阵中有些行为表面上是相互排斥的,但实际上可以共存于一个技术领域,例如,机械设备制造领域跨越增量和突破的途径。另外,不同的技术领域出现独特的社会和技术创新起源,并不是所有的途径都适合新兴技术。例如,多元化的学习途径和发展模块化技术更适应不同技术重组和创新需求。

表 3-4 学习与创新矩阵定位及情境分析

学习与创新矩阵	学习效果	优势情境	劣势情境
技术早期成长阶段的增量式(渐进性)学习	小企业或低风险承受部门;技术学习(非正式的转移)通过体验、互动,逐渐提升	很长的时间尺度可以保持循序渐进的学习。开发人员、用户、测试人员、决策者和客户之间交流可以支持设计保持较高灵活性	产品开发周期长,面临不断变化的更广泛的政策环境和/或出现竞争对手
技术成熟阶段增量式(渐进性)学习	逐步完善比较成熟的技术系统	在重要的机构、组织、政府及金融资源支持的基础上建立了技术资本和知识基础	强调渐进式改进,面临报酬递减,对外部环境变化应变不足

表3-4（续）

学习与创新矩阵	学习效果	优势情境	劣势情境
高科技领域突破性学习	高度协调的体制，集中组织。大型高科技国家计划，研究性学习，学习/经验，大型正式研发项目	能够全面改进技术，支持和部署创新	较多失败的风险，需要持续高水平的资金
高科技，互动	中小型高科技、公共研究机构和私营公司之间高度互动性	能够自由/突破性的创新，可能是高度响应不断变化的环境	核心资源有限，整体的学习可能是缓慢的，因此可能倾向于风险厌恶或一站式学习
高科技，多元化	模块化技术不断出现、国家资助。重视研究性学习模块和组件。强调学习的经验，可能同时存在多个细分市场	企业规模小，模块化的系统提供了许多机会学习，多个细分市场的多样性和灵活性，学习可能是持续性的	成本高的模块可能很难实现商业化，小规模的系统可能会被高昂的平衡系统和/或系统集成的成本锁定
转移和组合	技术、知识、有价值信息或多个领域或行业的知识组合，正式的转让和适应性学习	学习投资其他领域和部门，新的技术组合可能会在相对较短的时间内改善创新	新的背景下转让技术可能是破坏性的，难以管理，适应和协作成本可能被低估

3.4 东西部技术合作中的创新驱动路径

3.4.1 东西部技术合作提供创新资源渠道

东西部技术合作具有技术推动和技术市场需求两方面特征，对于新知识新产品创造也可以从两个视角展开。一方面，从技术推动的角度来看，针对技术创新和适应不断变化的行业结构特点，东西部高校和科研机构之间的研发合作以及企业技术进步中科学和技术发挥关键作用。另一方面，市场和经济作为一个整体，技术市场需求和市场交易影响创新的表现。技术推动和市场与社会力量二者对创新的驱动是互补性关系。经济条件、制度、社会因素、市场机制决定一个特定的技术轨迹，从科研到生产相关的技术工作存在比较广泛的可行性、适销性，以及盈利能力的标准和"路径"。Kline 早在 1986 年就提出技术和需求的转变的线性模型，两者之间更多的互动模式是潜在创新来源。由于组织内部的技术的重要性日益增加，经济学和管理学都专注研究创新的驱动来源。Di Stefano 和 Nerur 等运用计量分析法阐明技术推动作为创新的源泉，Giada 运用共引分析法说明技术推动和需求拉动是创新的双重来源。另外，东西部技术合作中知识流动过程知识整合也与创新来源有密切联系。外部知识整合会增加创新的外部来源，内部知识整合则从内部能力增长视角说明创新驱动的源泉。上述说明资源、能力和知识本身均可以驱动创新。大多数情况下"能力"由内部产生，能力同时也是帮助吸收技术和技术需求的信号，吸收能力是创新能力的重要体现。

东西部技术合作需要在行业层面、企业层面等多个层面对创新驱动进行分析。Rothaerme 指出学术研究往往假设只有一个层面进行分析，忽视多个层面存在的异质性。在微观层面上研究企业竞争能力提高对战略决策的认识，研究组织惯性和组织能力以及管理认知框架，可以提高对创新的源泉的理解。在行业层面，东西部广泛存在资源互补和产业间互补，互补性资产显著影响行业创新回报。此外，东西部在创业领域的技术合作对于创新的推动具有积极作用。一方面在创业过程中创造新产品、新工艺、新市场和组织方式更加普遍；另一方面，创业集成开发环境的机会，通过创新创造财富，创业行动创造新的资源或与现有资源相结合和创新能力密切相关。

3.4.2　东西部技术合作中政府主导及财政支持

东西部技术合作系统中政府从三方面发挥重要作用。第一，政府与企业、高校、科研院所、金融机构等均是东西部技术合作系统重要的组成部分。政府主导的大型跨区域"贸易洽谈会"和产业创新的政策法规对推动技术交易与合作有显著作用。第二，包括跨区域技术合作产业政策、规范、程序、规则的制定，协调和规范东西部技术合作主体之间的关系，促进个人、团体和组织的互动，优化环境影响因素。第三，地方政府直接对技术合作活动进行财政补贴。

东西部政府主导的跨区域合作与交流最显著的方式是举办贸易洽谈会。比较著名的东西部合作平台有在西安举办的"丝绸之路国际博览会暨中国东西部合作与投资贸易洽谈会",至2022年已举办6届;在成都举办的"中国西部国际博览会",至2022年已举办18届;包括广西、四川、贵州、云南等四个省区的"泛珠三角区域经贸合作洽谈会",至2020年已举办13届;在兰州举办的"中国兰州投资贸易洽谈会",至2021年已经举办27届等。

Romer认为推动技术进步和创新的最直接来源是研发投入。但是研发投入的外部性面临资金不足和市场失灵两大问题的困扰。当市场不能解决研发合作的问题时,政府的政策支持和资金补贴就是技术与研发合作优化外部环境的比较关键因素。2011年我国研究与试验经费内部支出1306.7亿元,占国内生产总值的1.84%,比2010年提高0.07%,仍然与《国家中长期科学和技术发展规划纲要2006—2020》提出的2%的目标相差0.16%,依照目前的递增速度,3年后可以超越2%的目标。其他来源研发资金2011年我国占比4.4%,美国2009年占比7.1%,日本2010年占比6.9%,英国2010年占比22.7%,相比之下我国研发资金补充性投入远远不足。Hu研究指出,政府研发补贴对企业研发支出具有显著的促进作用,并在此基础上提出完善财政制度安排、加大政府补贴即可促进企业研发投入。我国东西部技术合作中,各级政府专项补贴是促进技术合作的有力工具,但是技术合作专项补贴如果实施过程缺乏监督将起到负面作用。例如,我国地方政府在中央与地方财政分权之后,拥有较大的资源调配能力,如果某些监督缺失将使得资源配置错配,也容易对企业释放寻租信号,扭曲了社会资源的有效配置,对企业家的活动造成负激励,对企业研发投入造成挤出效应,影响全社会研发投入水平。东西部不同地区存在治理环境差异,地方政府在法律保护、政府服务、基础设施建设、政府干预等方面的差异会引致各地区企业行为的差异,进而影响各种企业组织、高校、科研院所、政府互动的制度和政策促进创新能力积累的绩效。

东西部各级政府在技术合作中的角色及财政支持作用可以从四个方面开展:一是从政府角度出发,关注政府补贴与技术合作主体研发投入的关系,或政府不同的政策工具影响东西部技术研发合作;二是从制度安排角度强调生产力促进中心、技术转移办公室、知识产权制度、开放度和区域金融发展影响投入的因素东西部技术合作投入;三是从财政分权角度,加强东西部教育与技能培训，提高公共设施的供给；四是从东西部技术合作设备购买生产线技术引进所需要的土地资源和人力引进聘任等方面给予财政补贴和政策支持。

3.4.3 东西部技术合作中技术选择

技术作为生产要素之一嵌入产业发展过程中，是经济增长中最灵活的一个要素，技术进步对经济增长的促进作用越来越显著。任何一个国家与地区在有限的资源情况下，必须对发展哪些技术进行适宜性选择。选择对于地区经济有重大促进作用的技术优先发展，则伴随技术进步对经济推动的作用也越发凸显。东西部技术合作面临提高西部经济增长及确保经济增长质量的核心任务，技术选择已经是关系到经济增长质量和创新的战略性措施。技术选择是20世纪50年代针对发达国家向欠发达国家进行技术转移而提出的。技术需要考虑社会、经济、技术等环境条件，对发达地区前沿技术和研发合作进行选择，以符合欠发达地区的资金及资源禀赋的要求，有利于技术引进、消化吸收和再次创新。Basu和Acemoglu提出适宜技术理论，强调技术结构和要素投入结构之间的具有相互匹配的关系，可以人为改变要素投入结构。潘士远认为与技术创新和技术发明相比，技术模仿成本较小，因而建议欠发达地区应该从技术模仿着手，引进适宜技术而不是前沿技术。林毅夫也认为需要遵循要素禀赋结构及比较优势选择技术。

技术是经济增长与波动的决定性因素，其本质上体现诱致性、原发性技术变迁过程。不考虑技术结构与技术进步方式，外生的技术冲击和诱致性技术变迁，假设下一次技术进步的方向和内容是不可知的，技术的不确定性对宏观经济波动产生一定的影响。但是，发达国家技术进步为我国技术发展指明了方向，提供了参考，我国技术进步具有较强的方向性，技术变迁由自主创新和技术引进两种可替代选择。纵观改革开放40多年，国家对要素市场始终保持着较强控制，东部发达地区的技术变迁是在国家主导下的要素价格非市场化条件下实现的，技术冲击是内生决定的，尤其是国家控制力起了很大作用，技术进步皆内生于国家控制力主导的宏观经济系统。东部发达地区技术进步轨迹为西部欠发达地区技术进步指明了可能的方向，西部地区通过对东部地区的技术模仿、学习、深化等方式实现技术水平跃迁表现出非常明显的"强制性技术变迁"特征。东西部技术合作的本质也是在国家对要素配置较强控制力下，资本专项投入与技术学习及升级的动态融合。东西部技术合作可以依靠地方政府资源配置能力对技术资源计划、组织和分配，降低技术引进、学习、改造和升级的成本，可以从金融财政方面向技术合作部门提供廉价金融资源，东西部技术合作还包括对劳动力资源的教育和基础设施的保障性维护，构成了东西部技术合作促进西部欠发达地区强制性技术变迁并驱动创新。

东西部地区进行恰当的技术选择与合作，促进产业结构实现升级，生产规模得到一定扩大和发展后，新技术的吸收能力和创新能力将得到加强，因而技术选择具有某种"强制性"，促进了技术进步从微观层面向宏观层面转化。

假设东西部地区生产函数为C-D生产函数，具体形式为：$Y_i = A_i K_i^{\alpha} L_i^{\beta}$，$\alpha_i + \beta_i = 1$，$Y_i$ 表示各地区创新产出，K_i 表示地区创新资本存量，L_i 表示劳动要素投入，A_i 表示技术进步水平，α_i 和 β_i 分别是地区资本和劳动力产出弹性，人均创新产出为 $\frac{Y_i}{L_i} = A_i \left[\frac{K_i}{L_i}\right]^{\alpha}$。引入林毅夫技术选择系数 $TCI_i = \frac{K_i/L_i}{K/L} = \left[\frac{Y_i}{L_i}\right]^{1/\alpha_i} \left[\frac{Y}{L}\right]^{-1/\alpha} \frac{A^{1/\alpha}}{A_i^{1/\alpha_i}}$，变换为 $\hat{Y}_i = (TCI_i)^{\alpha_i} (\hat{Y})^{\alpha_i/\alpha} A (A)^{-\alpha_i/\alpha}$。由此可以得出技术选择对地区创新产出具有密切影响。当资本产出弹性大于0，则东西部技术合作中的技术选择系数对于创新产出具有正向影响，技术选择行为是东西部技术合作驱动创新的动力之一。

3.4.4 东西部技术合作系统技术外溢效应

技术依据不同的载体显现出不同的形式，并且具有较强的外部性。Leiponen 描述了技术的不确定性内在要求不仅仅纯粹投资于内部知识创造，更可能投资在外部研发。通过技术合作开发或外包R&D，一个地区可以进入一个更大的技术知识领域，可能会形成不同的外部创新战略。寻找外部创新资源，区域外部合作伙伴扩大了区域的知识基础，有助于推出新产品。

一个技术系统的变革是在一个特定的技术系统的背景下新兴技术的开发和应用。新的技术合作者进入，改变了原有技术系统的知识基础，成熟的技术增加了技术系统的知识存量，为技术创新提供动力源泉；技术系统网络化成长加快了技术进步率，这反过来又增加了技术创新的成功机会。因此，成熟技术加入和一个技术合作系统生长的共同演化是创新驱动的系统动力。

东西部技术合作过程中，考虑东部与西部地区具体的合作关系的动机，如技术互补性资源与特定的知识或访问，强调合作方相互信任和社会资本的作用并进一步构建网络关系。从网络角度来看，技术合作系统与特定种类的知识链形成不同合作类型及其知识交流模式，不管是正规市场交易、网络还是非正式合作关系，都存在技术溢出效应和环境效应。东西部技术合作系统中的高校科研机构等被视为重要的知识来源，知识正外部性和技术溢出促进了创新资源在特定行业和企业之间的空间集聚。在东西部体制背景下，人际交往促进隐性知识的转移，东西部技术合作系统尽管空间距离上并非邻近，但是却提供了技术直接交流的虚拟空间。在虚拟空间，大量的各种知识链接成为可能。监管环境（如知识产权、技术标准等）、组织知识（包括高校、教育、技术转移）以及企业商业化知识等各种知识来源互动，动态关系或知识转移通过劳动力流动和正式与非正式接触，形成了本地化知识溢出的各种机制。特别是基于信任与共同理解的文化和接受的共同规则与行为规范被称为社会资本，创造了特定的创新氛围。快速交流思想和知识的关键是创新的环境，东西部技术合作网络下，集体学习提升当地的知识基础，并通过高校和研究机构参与互动，实现本地化知识溢出效应。

4 东西部技术体系合作升级创新能力的测度

4.1 东西部技术合作中创新动因分析

东西部技术合作是开放的不同组织之间形成的技术转移、技术研发、技术交易、技术许可网络化关系。技术合作的主体包括企业、客户、高校、研究机构、金融机构、政府管理机构等。各个技术合作主体合作行为还直接或间接受到外部环境的影响，包括科学技术环境、制度环境、政府主导行为。实践证明，技术合作的外部法律环境也比较重要。美国《国家合作研究法案》《联邦技术转移法》《小企业技术转移法》《国家合作研究法关于产品合作的修正案》为企业合作创造了良好的法律环境。观念和制度的创新决定了区域技术与创新的水平；科技优势不等于技术创新优势，开放、吸引外部技术投资等良好环境和一系列管理措施对提高区域技术创新能力是很重要的。

世界城市化和工业化进程说明，工业化沿着轻工业—重工业—第三产业—创新产业的轨迹演进，这一过程中技术和知识地位越来越重要。波特指出经济增长的最高级阶段是创新驱动和财富驱动阶段，我国目前东部地区的上海、北京、天津、江苏、广东等已经处于创新驱动阶段，西部地区的新疆、陕西、内蒙古、重庆、云南、四川、甘肃等还处于要素驱动阶段和向投资驱动过渡阶段（中国创新能力评价 2012 年），东部地区向西部地区技术输出，促进西部地区技术进步和物质资本积累是我国经济发展阶段的内在必然。另外，工业化与城市化的互动也加强了技术转移、知识集聚等东西部技术的合作。

产业结构升级调整，资本、劳动力等生产要素向工业和服务业等产业转移，必然导致技术要素、知识要素空间资源的重新配置，技术要素和生产要素从经济回报率低端的传统产业向经济回报率高端的现代产业知识密集型产业流动，也是技术合作的内因驱动。东西部技术合作除了比较利益的驱动外，制度和政策安排也是另一重要动因。新制度经济学证实经济合作行为与制度之间具有密切关系，任何经济要素必须依托于一定的制度框架才能发挥一定的作用。西部大开发战略和东西部对口帮扶以及区域经济协调发展战略实施，促进了东西部技术合作全面深化。

东西部技术合作也是跨区域技术合作网络组织，提供了组织内外部知识进入和组织知识共享的"绿色通道"。第一，从交易成本观点看，减少技术创新过程的风险和降低技术的不确定性是参与技术合作联盟的主要动机，因而东西部技术合作也是跨区域生产和交易成本最小化的治理结构。第二，从创新源理论看，与客户、供应商、竞争对手、高校及科研机构等主体组建的东西部技术合作联盟为创新提供了必要的资源，甚至是关键性外部创新源。在快变环境下，与内部创新相比，技术合作联盟是创新主体最佳的创新模式选择。Hage-doorn指出技术合作网络有助于资源共享和技术与知识的流转，提升参与主体的学习能力和创新能力。第三，从网络理论看，东西部技术合作联盟构成网络组织，在共享学习机制、资源整合机制和规模经济机制作用下，在创新生产要素供给、知识溢出与转移以及创新环境等方面具有独特优势，可以有效提高创新速度和创新效率。

东西部技术合作的动机主要包含成本、技术外部性和技术多样性三个方面。技术研发通常需要大量的人力资本、资金、设备、材料、资源投入，存在较大的不确定性和风险。技术转移的首次提出就是针对欠发达地区节约成本获得技术进步。技术合作能够以较少成本通过技术转移和技术引进获取地区经济发展所需的先进技术，促进技术知识在地区间企业间的流动，共享信息和经验降低技术开发的风险，分担研究开发与创新的高额成本，在技术轨道发展的特定阶段把握机遇。一般情况下，与竞争对手和供应商的技术合作专注于增量创新，提高企业的生产力性能影响劳动生产率的增长，而高校、科研机构技术合作，能带来根本性创新，从而改善区域技术结构，为市场提供新产品。此外，新产品的销售刺激参与技术合作的客户和高校及科研院所的知识外溢。东西部竞争对手合作，是具有多重目的和影响的合作类型，有效地促进双方的劳动生产率增加（例如，通过共享研发成本）和创新产品的市场销售增加（例如，使创新项目风险分担、共享资源和建立技术标准提高产品市场营销）。高校和科研机构作为重要的知识来源，可以提供有效的技术溢出，通过参与技术合作能够面对技术发展，集中资源监控技术和市场的发展，享有政府的补贴政策，缩短创新周期，开辟全新的市场或者细分市场，提高创新效率。技术多样性方面体现在面对技术复杂性的提高和不同学科、不同技术领域的交叉融合，东西部技术合作伙伴之间的资源共享和能力互补，形成技术协同效应和技术组合优势快速获得新技术或进入市场。

东西部技术合作有利于基础研究开发。基础研究开发关系到产业长期发展的潜力，需要大量资金和跨部门技术投入，只有通过合作才能实现技术突破。东西部技术合作降低了研究开发的风险和不确定性。产品生命周期缩短和竞争的加剧导致企业自主研究开发的不确定性增大，合作能分担研发成本，分摊风险并且容易获得政府资金支持，促进研发活动拓展到较广领域，解决创新能力和资源的瓶颈，提高创新成功率，进而提升企业、产业乃至区域的创新能力。另外，由于技术本身的公共产品属性决定了技术外部性，企业无法独占研究开发产生的技术成果，在一定程度上抑制企业创新的积极性。东西部技术合作创新能有效地将这种外部效应内在化，增加研究开发投资，合作创新对企业具有激励作用。最后，东西部技术合作过程中具有不同资源和能力的企业间合作，充分发挥各自优势并叠加优势，使得内部闲置资源获得外部效应，缩短创新周期以及研发与商业化的时间间隔，加快技术的产业化和市场化，新产品进入市场并且实现市场跨区域扩张提高创新效率，提升合作组织的整体创新能力。表4-1总结了东西部技术合作与创新的动机。

表4-1 东西部技术合作动机

东西部技术合作分类	合作动机
研究开发	技术协同效应
	对技术演化进行监控
	从事基础研究开发
	降低研究开发活动的不确定性
	共享研究开发成本
	改善企业对创新成果的独占性
	缩短创新周期
技术学习	获取合作伙伴的（隐性）知识和技能
	技术转移
市场创新	使新产品进入市场
	实现市场的跨区域化扩张
	影响市场结构，提高竞争地位

4.2 东西部技术合作与创新的定性分析

东西部之间的技术合作主要有以下四种方式：垂直型关联技术合作、水平型关联技术合作、劳动力的流动和人才培训与聘任和共同研发合作。技术进步的方式从技术是否存在于技术市场或者是否可以获取角度可以划分为两类：一是技术存在于技术市场，则可以通过技术交易、技术许可、技术服务与咨询、技术转让、技术入股、收购兼并等途径实现技术进步；二是技术不能从市场获取，则采取自主研发、联合研发、委托开发等方式获得技术。考虑到技术传播特性，从显性技术可编码和隐性技术必须交流合作的内在要求出发，技术合作是显性技术和隐性技术传播与获取的最佳方式。东西部技术合作通过组建并创新合作组织，从组织创新出发，促进各个主体的技术要素之间相互作用相互影响，降低试错成本。伴随技术交流过程中主动技术溢出和非自愿溢出，通过"干中学""学中学"获取技术等方式来提高技术水平和创新水平，尤其符合技术消化、吸收、应用和再创新的技术生命周期循环规律。

在经济一体化和全球化背景下，技术与创新是经济社会发展的重要动力源泉。在追求技术进步和创新中，单一的组织仅仅是面向内部和集中的方法来研究和试验，面临越来越大的困难，成功的创新越来越依赖于创新过程的开发和整合外部思想，创新的发展轨迹充满技术与网络和组织间的关系融合。在知识和技术的日益复杂化知识密集的快变环境下，跨区域技术合作中的技术，既有一般意义上对生产函数产生作用的共性，也有不确定性、模块性、专属性、路径依赖性和复杂性等。技术合作过程中，在内部外环境因素和主体因素共同作用下，技术的上述特性显著地发生改变。当某些技术具有模块化特性时，最容易通过合作获取和吸收，可以通过知识整合快速实现技术资本积累，提升组织的创新能力。因而，跨区域间技术合作达到最高效率的情境是基于技术内外部相似环境和能力条件下的合作。由此，东西部技术合作中依靠主体内部各个组织间密切的协调与合作可以创造技术转移和技术专属性和路径依赖"通道"，有效整合现有资源进行技术知识创造。

开放经济条件下，企业不可能依靠自身资源和能力获取必要的生产要素。企业必须寻求与其他技术知识主体建立伙伴关系，以获得公司、高校或公共研究机构的资源和技术诀窍，维持企业的创新绩效。成功的开发与合作（例如，通过结合创新的想法和交互作用)、分享知识共同开发新产品和提供技术服务是公司寻求获得或保持领先于竞争对手的关键要素，积极搜索和发现外部某个知识源，建立外部技术合作网络组织，加快内外部信息访问和使用，为企业和区域扩大技术资本提高知识获取、知识创造、创新绩效实现和资源整合等创新能力发挥了重要作用。

在合作安排下，大量研发合作投资能提高合作主体的学习能力和吸收能力，利用新知识新技术用于创新。知识研发密集的企业发展有价值的外部合作伙伴关系，有利于他们未来参与协同创新项目。Cassiman 发现外部信息搜索与合作创新之间具有显著的关系。在开放环境下，公共研究机构和行业组织之间的技术合作关系，在推动企业的创新过程中发挥了重要作用。技术合作过程中的新思路、信息和成果不但对经济发展有积极影响，垂直（供应商和客户）和横向（竞争对手）之间的技术合作既能够提供创新过程中的早期创新源，也可以为创新后期阶段面向市场获取市场绩效提供支持。Coe、Eaton 和 Keller 都强调一个地区的技术进步和创新能力不仅仅来自本地研发，外部技术转移和溢出以及研发溢出等均起到重要作用。从研发溢出和技术溢出方面考虑，东西部技术合作对创新能力的影响也可以从技术合作对技术溢出和研发溢出角度得到有力的诠释。

从技术来源角度看，东西部技术合作提供了区域技术进步的外部途径。区域技术进步除了依靠自主研究开发实现自主创新和技术进步的内部途径以外，外部重要途径是基于技术引进、转移和研发的对外技术合作与联盟，东西部技术合作为本地创新提供了外部资源。包括技术市场技术交易、技术引进以及引进后的技术改造和技术消化吸收、研发合作联盟和东部发达地区直接技术研发投资或者设立分支机构的技术外溢和研发溢出等，均可以在东西部技术合作途径下实现和获取。

最后，东西部技术合作的政策与制度性因素鼓励区域层面组织间的合作安排。高校和科研机构参与下的产学研合作获得政府的资金支持，直接推动了各方面创新资源的配置和创新行动的开展。

4.3 东西部技术合作与创新的绩效测度分析

4.3.1 技术进步、技术效率与创新生产率

东西部技术合作是区域层级的经济系统，在企业、高校、研究机构、中介服务机构和政府等主体参与下，伴随区域经济社会发展，技术进步和创新是经济增长的重要源泉。在区域经济系统内，东西部跨区域技术合作作为外部经济资源渠道与区域内的创新系统具有内在的关联。例如，从区域外直接购买引进先进技术生产线，可以快速接近行业技术前沿，是技术进步的"捷径"，同时也可能促使创新系统的创新绩效获得提高。然而，创新能力能否持续性提升却不一定与技术引进一一对应。东西部技术合作系统具有 Tylecote 强调的转型国家通常具有的双重技术体系特征。一方面，东西部研发合作是面向"上层"的技术体系，以模仿发达经济体先进技术和发展新技术新知识创新为重点。另一方面，东西部技术合作还包括面向低层次的传统技术领域，传统技术体系已经本地化嵌入行业，对当地经济整体发展更为重要。在技术追赶或过渡的过程中，整体经济和创新绩效在很大程度上取决于区域如何协调两个系统的水平，具体体现在两个技术系统的技术进步和技术效率增长指数以及创新绩效的变化。随着中国经济的快速发展，技术进步的结构组成和创新产出之间的关系已变得越来越重要。基于全要素生产率（total factor productivity，TFP）理论，东西部技术合作系统可以看作东西部生产要素在技术引进、转移和共同研发等合作模式下的投入产出行为，东西部技术合作参与省份可以视为技术合作下的创新生产单元，由此构造出东西部技术合作下的创新"生产"前沿面，使用基于技术合作下的扣除投入增长以外的包括技术交易和研发资源投入以及管理协调等得到创新全要素生产率。一般来说，在一定时期内，创新产出的增长除了来自各种主体的技术要素和研发要素的增长外，其增长余值来源于创新全要素生产率的增长，反映了创新过程中制度安排和交流合作影响下的知识获取、创造增长和技术效率改善，可以看作创新主体的创新能力的提升。

依据全要素生产率研究，全要素生产率的增长被广泛用来衡量生产效率的变化，可以得到东西部技术合作下的创新"生产"单元的技术进步和技术效率变化，可以进一步分析创新生产率和创新能力的变化。本课题构造的创新全

要素生产率是基于东西部技术合作下的面板数据的动态分析，通过有关创新的投入与产出的历史数据，分析创新全要素生产率增长及创新能力变化的原因。

全要素生产率分析方法是假定最优的生产能力，以产量为导向的随机前沿生产方法，全要素生产率过程不考虑地区禀赋特征和体制环境。Johannes 指出，TFP 测度主要方法包括指数法、DEA 方法、前沿函数法、工具变量法和半参数方法等五种，其中 DEA 由于不用事先假设生产函数并且以相对效率概念为基础，运用凸分析和线性规划工具，计算比较决策单元之间的相对效率。DEA 方法能充分考虑对于决策单元（decision making units，DMU）本身最优的投入产出方案，因而能够更理想地反映研究对象自身的信息和特点，解决多投入（输入）多产出（输出）分析。但是 DEA 方法是一种确定性前沿分析法，不能考虑随机因素和管理行为等外部噪声的影响，因而存在一定缺陷。

4.3.2 技术合作中创新绩效 Malmquist 指数分析

选用基于 DEA 的 Malmquist 指数进行测度。Malmquist 指数由 Caves 等人在 Malmquist 数量指数与距离函数概念的基础上建立，处理多个输入输出数据集的全要素生产率变化方法。Malmquist 指数可以分解为技术效率变化和技术进步变动两个因素。

在一定时期内，东西部技术合作促进创新绩效提高来自技术合作中技术引进、技术转移和技术消化吸收以及人力资本的提高，还包含前一期科技活动资本存量和当期技术市场交易额，以及技术市场技术流入合同额和合作对象的技术研发溢出等。东西部技术合作中的"技术"要素的投入与创新性产出下的全要素生产率增长反映了技术合作过程中的技术进步和技术效率改善，同时也是对技术合作促进创新绩效的效果测度，因而可以看作东西部技术合作与创新"关联"的测度。

（1）Malmquist 指数分析原理。在从 t 到 $t+1$ 时间内全要素生产率增长 Malmquist 指数为

$$M(x^{t+1}, y^{t+1}, x^t, y^t) = \left[\frac{d^t(x^{t+1}, y^{t+1})}{d^t(x^t, y^t)} \times \frac{d^{t+1}(x^{t+1}, y^{t+1})}{d^{t+1}(x^t, y^t)}\right]^{1/2}$$

其中 (x^t, y^t) 和 (x^{t+1}, y^{t+1}) 分别表示 t 和 $t+1$ 时期投入产出向量，$d^t(x^t, y^t)$ 和 $d^t(x^{t+1}, y^{t+1})$ 分别表示以 t 时期技术为参考，t 和 $t+1$ 时期的距离函数。$d^{t+1}(x^t, y^t)$ 和 $d^{t+1}(x^{t+1}, y^{t+1})$ 表示以 $t+1$ 时期技术为参考，t 和 $t+1$ 时期的距离函数。

产出导向 Malmquist 指数表示为

$$M(x^{t+1}, y^{t+1}, x^t, y^t) = d^t(x^{t+1}, y^{t+1})/d^t(x^t, y^t)$$

在 CRS 下，Malmquist 指数分解为技术效率变化指数 EC 和技术变动指数 TC。TC（技术进步变化）表示 t 期到 $t+1$ 期投入要素不变的条件下生产可能性边界（前沿）的移动程度；EC 变化指技术水平和投入要素不变下实际产出与前沿面的距离差距，也就是技术"追赶效应"。

$$EC = \frac{d^{t+1}(x^{t+1}, y^{t+1})}{d^t(x^t, y^t)}, \quad TC = \left[\frac{d^t(x^{t+1}, y^{t+1})}{d^{t+1}(x^{t+1}, y^{t+1})} \times \frac{d^t(x^t, y^t)}{d^{t+1}(x^t, y^t)}\right]^{1/2}$$

可知 $M>1$ 表示生产率水平提高，$M=1$ 表示生产率水平不变，$M<1$ 表示生产率水平下降。$TC>1$ 表示技术进步，$TC=1$ 表示技术不变，$TC<1$ 表示技术衰退。$EC>1$ 表示相对技术效率提高，$EC=1$ 表示技术效率不变，$EC<1$ 表示技术效率下降。

对于距离函数 $d^t(x^t, y^t)$、$d^t(x^{t+1}, y^{t+1})$、$d^{t+1}(x^t, y^t)$、$d^{t+1}(x^{t+1}, y^{t+1})$，可以通过线性规划求解：

$$d^t(x^t, y^t) \begin{cases} \min\theta = d^t(x^{j,t}, y^{j,t}) \\ s.t. \ y_m^{j,t} = \sum_{j=1}^n \lambda^{j,t} y^{j,t} - s_r^+ (r=1, 2, L, s) \\ \theta x_t^{j,t} = \sum_{j=1}^n \lambda^{j,t} x^{j,t} + s_i^- (i=1, 2, L, m) \\ \lambda^j, s_r^+, s_i^- \geq 0 (j=1, 2, L, n) \end{cases}$$

求解 $d^t(x^{t+1}, y^{t+1})$、$d^{t+1}(x^t, y^t)$、$d^{t+1}(x^{t+1}, y^{t+1})$，将对应上标更换即可。

（2）指标选择与数据分析。东西部技术合作是东部与西部在对口帮扶政策指导下，均衡区域经济发展战略和西部大开发战略的具体实践。尽管东西部技术合作是东部地区与西部地区的合作，并不限定省（市）的对应关系。考虑到技术本身的路径依赖性和专属性，已有的对口帮扶关系在东西部技术合作中降低了寻找成本和关系维护成本，容易按照既有的关系进一步合作，尤其在技术溢出和研发溢出方面影响显著。根据《国家技术转移促进行动实施方案》和《国家技术转移示范机构管理办法》，科技部于 2008 年 8 月和 2009 年 9 月两次公布国家技术转移示范机构，本课题统计其西部分布如表 4-2 所示，陕西、四川、甘肃、重庆、广西、云南国家认定的技术转移示范机构数量大于等于 2，一定程度上反映了地区技术合作的积极性。考虑东西部技术合作中政府的作用比较突出，尤其是政府主导的"西安·西洽会"，"兰州·兰洽会"，"成都·西部博览会"和广西、四川、贵州、云南参与的"泛珠三角洽谈会"在推动东西部技术合作与贸易中的较大影响。东西部技术合作具体实施效果容易较"快"体现在省区能力变化上，因而选取陕西、甘肃、广西、四川和云南五省（区）为东西部技术合作重点考察对象，同时也兼顾对口帮扶省（市）江苏、天津、广东、浙江、上海的在东西部技术合作中的作用。

表4-2 西部国家级技术转移示范机构分布

区域	四川	重庆	陕西	甘肃	宁夏	广西	新疆	内蒙古	云南	贵州	青海
机构/个	5	2	6	3	1	2	3	1	2	1	1

查阅《中国统计年鉴》《中国科技统计年鉴》和各省统计年鉴发现，2000年后科技活动经费内部支出跳跃发展，这与西部大开发政策有关，考虑统计数据的有效性和可得性，确定研究时间为2000—2011年。本课题参考《全国科技进步统计监测报告2011》主要指标和有关研究文献选取测度指标。首先确定东西部技术合作下创新生产单元的投入指标。研发被普遍认为是综合利用各种资源包括科技人员、资金投入、外部技术资源等，创造出新知识和新技术的过程。因而本课题参考俞立平、贾颖颖的研究指标，选择各省区研究与试验经费内部支出、研究与试验人员全时当量和政府财政科技支出作为创新资源投入指标之一。技术改造、消化吸收、技术引进、购买国内技术直观反映东西部技术合作过程中的技术转移、引进等活动，省区技术市场技术流入地域合同额反映了技术合作过程的直接技术投入。东西部技术合作中政府的主导和推动作用除了协调和组织创新以外，重要的是政府财政对技术合作活动的支持。政府财政科技支出是技术合作与研发经费的直接来源之一，体现研发实力，对提高创新能力有现实意义。考虑指标完备性和有效性，技术合作过程包括知识生产、技术合作和产品生产三个连续过程，专利代表创新知识产出，能够有效地衡量区域创新能力。专利包含申请受理和授权两个指标，其中授权量受外界干扰较大，申请受理量反映了真实创新产出水平，与师萍研究有关指标一致，本课题选择各地区专利申请受理量作为创新产出指标之一。另外，由于专利不能很好体现创新活动最终商业化应用和新产品市场推广的目的，赵树宽、王锐淇、师萍和贾颖颖等选择技术市场成交额、技术市场成交合同数和新产品销售收入等作为创新产出指标。由此，本课题选择技术市场成交额、新产品产值和新产品销售收入作为创新产出指标，其中技术市场成交额反映技术合作过程技术同化

水平，新产品产值代表创新产品生产状况，新产品销售收入代表创新市场绩效的达成能力。Furman、俞立平、陈伟指出创新投入与产出存在一定的时滞，不同类型的创新存在不同的滞后期，本课题将选取的代表创新能力的指标滞后期统一设置为两年。所选指标涉及价格和金额的，进行以2000年为基年的价格平减。

本课题数据来源于《中国科技统计年鉴2000—2012》《中国统计年鉴2000—2012》，由于历年统计口径变化，部分缺少数据来自《浙江科技统计年鉴2004—2006》和各省历年统计年鉴，另外部分数据来源于CNKI中国经济社会发展统计数据库。选择西部的广西、云南、陕西和甘肃五省（区）为重点研究单元，是基于两方面考虑：一方面，从目前东西部技术合作的开展来看，政府依然扮演重要的"角色"，不仅仅通过财政支出支持东西部技术合作，政府也是项目推介和大力招商引资的组织者。这尤其表现在，在上述五省（区）举办的"合作与贸易洽谈会"，迄今最多已经举办18届，已经对东西部合作形成了重要的影响，但是有关影响的程度和效果却鲜有学术方面的分析。本课题所做的研究，试图对东西部合作和"洽谈会"之间的关系做部分解析。另一方面，东西部技术合作已经发展了许多具体的组织形式，例如省域之间和城市之间以及城市群之间的各种合作组织。从区域层面来看，对西部发展具有较长时间的帮扶最突出的是"对口帮扶"，而且"对口帮扶"与西部"合作与贸易洽谈会"具有内在联系，由于历史原因和既有的关系资本，东部帮扶省区在"洽谈会"表现比较积极，容易捕捉合作机会，有利于技术合作的绩效达成。本课题研究也可以部分解析"对口帮扶"对西部创新能力的影响。以上得到广西、四川、云南、陕西和甘肃十年期共计 $5 \times 10 \times 12 = 600$ 个面板数据，在变量数量上确保分析的稳定性，运用DPS11.5处理数据。Malmquist生产率指数运算所得数值是 TFP 相对上一年 TFP 的变化率，因而根据研究需要，假设东西部技术合作下创新全要素生产率在2000年值为1，以后各年 TFP 通过与 M 指数相乘变换得到，同理可得 TC 和 EC。结果如表4-3所示。

表4-3 2000—2011年统计年度西部五省技术合作创新全要素Malmquist指数及分解

西部省（区）	技术效率	技术进步	纯技术效率	规模效率	创新全要素（TFP）
广西	1	1.02109	1	1	1.02109
四川	1	1.01353	1	1	1.01353
云南	1	1.02281	1	1	1.02281

表4-3(续)

西部省（区）	技术效率	技术进步	纯技术效率	规模效率	创新全要素（TFP）
陕西	1	1.02842	1	1	1.02842
甘肃	1.00079	1.01798	1	1.00079	1.01878
均值	1.00016	1.02075	1	1.00016	1.02091

十年时间，五省（区）样本测度的东西部技术合作中的创新全要素生产率TFP均大于1，平均增长率为2.1%，说明东西部技术合作总的来说促进了省域的创新活动。技术进步平均增长2.0%，技术效率平均增长0.016%，反映了五省（区）创新增长主要依靠技术的进步，例如先进技术引进等，但是技术引进后的利用率不高，消化吸收能力还需要加强。对比五省（区）技术效率指标，甘肃省在东西部技术合作中的受益最为显著，总体上技术效率大于1，技术进步也大于1，说明持续进行"技术追赶"，技术合作对创新能力的提升效果最显著，扩大东西部技术合作规模和对口帮扶的领域，例如生产工艺的技术改造等也可以促进甘肃的创新能力提升。东西部技术合作对广西、四川、云南和陕西的创新能力的影响主要在技术引进、消化吸收和技术进步方面，说明四省（区）只要加强与东部地区技术合作，特别是提高新产品开发和知识产品市场方面的合作。陕西技术进步指标在五省（区）排名第一，说明陕西的技术边界向前沿技术迁移最快，陕西在东西部技术合作中技术引进和技术研发方面具有优势，对比其他四省（区）创新能力提升也比较显著，可能的原因是在西安至2021年已举办20届"中国东西部合作与投资贸易洽谈会"，这对陕西引进技术和技术合作投资很有帮助。四川的技术进步变化小于甘肃，这方面原因可以归结为"中国兰州投资贸易洽谈会"至2021年已经举办了27届，而成都"中国西部国际博览会"至2021年举办了18届，东西部技术合作洽谈会在甘肃提早发展，说明技术合作对于创新能力的影响是积极的正面的。广西、四川、云南和陕西的纯技术效率和规模效率等于1，说明四省（区）在东西部技术合作创新中都可以有效率地进行知识获取和知识创造，并且各项技术与创新资源可以实现最适规模状态。

表4-4和表4-5显示西部五省（区）在东西部技术合作中的技术进步变化和创新TFP变化，技术进步最显著提高发生在2002—2003年，均值大于1.15，创新全要素均值大于1.175，技术前沿发生外向迁移，创新能力提升效应显著。从数据分析，可能的原因是1999年和2000年西部大开发战略提出后，大量资金和技术投放于西部，创新投入产出一般存在1年或者2年的滞后

期。随着合作的深入，技术引进、改造、消化吸收和创新资源配置等作用历经2年后综合效应反映在对创新能力的较大提升。随后的2003—2004年技术进步小于1，反映了技术进步前沿的持续外迁能力不够，创新全要素小于1负增长2.8%，具体体现在四川和陕西技术进步变化率下滑幅度较大，说明两省的创新能力构成中的知识获取能力、知识创造能力、企业创新能力和创新资源投入配置能力和创新绩效达成能力等能力并不均衡，需要在创新的投入能力和产出能力两方面注意均衡提升，例如技术引进后，消化吸收和技术改造以及创新技术与研发资源重组作为创新后期重要的环节，需要科技经费和其他资金足够的投入，否则创新能力提升可能会出现较大波动。2004—2005年、2005—2006年五省（区）技术进步变化小于1但是接近1，说明比较上一年五省（区）在东西部技术合作与"对口帮扶"下，创新资源投入产出能力有了一定程度的改善。2008—2009年、2009—2010年和2010—2011年五省（区）基于东西部技术合作与"对口帮扶"下的技术进步变化基本保持了提升趋势，除了四川和甘肃两省在2008—2009年有小幅下降，云南在2009—2010年小幅下降外，变化均大于1，反映了创新能力持续提升的良好表现。

表4-4 2002—2011年滞后期2年技术进步指数变化趋势

省（区）	年份								
	2002—2003	2003—2004	2004—2005	2005—2006	2006—2007	2007—2008	2008—2009	2009—2010	2010—2011
广西	1.12039	1.00668	0.98516	0.98284	0.9998	0.99876	1.04877	1.0115	1.04309
四川	1.10507	0.96621	1.05528	0.92698	1.01646	1.03998	0.99596	1.01139	1.01471
云南	1.19271	0.98576	0.95259	1.09241	0.97904	0.97312	1.00338	1.01084	1.03625
陕西	1.26945	0.9029	1.0013	0.9983	1.08118	0.98027	1.02517	1.00585	1.02772
甘肃	1.18734	1.00655	1.00703	1.00394	0.99588	0.96148	0.98854	1.01444	1.01185
均值	1.17353	0.97284	0.99972	0.9995	1.01387	0.99035	1.01213	1.0108	1.02665

表4-5 2002—2011年滞后期2年创新全要素TFP指数变化趋势

省（区）	年份								
	2002—2003	2003—2004	2004—2005	2005—2006	2006—2007	2007—2008	2008—2009	2009—2010	2010—2011
广西	1.12039	1.00668	0.98516	0.98284	0.9998	0.99876	1.04877	1.0115	1.04309
四川	1.10507	0.96621	1.05528	0.92698	1.01646	1.03998	0.99596	1.01139	1.01471
云南	1.19271	0.98576	0.95259	1.09241	0.97904	0.97312	1.00338	0.9993	1.04822

表4-5(续)

省(区)	年份								
	2002—2003	2003—2004	2004—2005	2005—2006	2006—2007	2007—2008	2008—2009	2009—2010	2010—2011
陕西	1.26945	0.9029	1.0013	0.9983	1.08118	0.98027	1.02517	1.00585	1.02772
甘肃	1.19576	1.00655	1.00703	1.00394	0.99588	0.96148	0.98854	1.01444	1.01185
均值	1.17519	0.97284	0.99972	0.9995	1.01387	0.99035	1.01213	1.00848	1.02901

技术效率大小反映了创新活动接近创新前沿面的距离程度。技术效率等于1代表具有纯技术效率和规模效率，单位创新成本不变；技术效率大于1表示技术"追赶"，单位创新与生产成本降低，可能发生了技术跨越和创新能力较大提升。如表4-6所示，2003—2009年度，西部五省（区）技术效率均为1，说明东西部技术合作对生产系统影响作用是有技术效率的。2002—2003年度甘肃技术效率增长原因是合作与创新规模放大，2009—2010年度与2010—2011年度云南技术效率经历负增长到正增长转变，原因均为规模效率相应变化，反映了云南的技术改造和技术消化能力获得了较大提升。同期云南创新全要素增长为-0.07%和4.8%，主要归因于技术进步正增长（1.1%~3.6%），说明创新能力有较大提升。

表4-6 2002—2011年滞后期2年技术效率指数变化趋势

省(区)	年份							
	2002—2003		2003—2009	2009—2010		2010—2011	
	技术效率	规模效率	技术效率	技术效率	规模效率	技术效率	规模效率
广西	1	1	1	1	1	1	1
四川	1	1	1	1	1	1	1
云南	1	1	1	0.98858	0.98858	1.01155	1.01155
陕西	1	1	1	1	1	1	1
甘肃	1.0071	1.0071	1	1	1	1	1
均值	1.00142	1.00142	1	0.99771	0.99771	1.0023	1.0023

（3）东西部技术合作中技术来源对创新绩效影响分析。

① 模型设定。东西部技术合作和对口帮扶尽管有一一配对的现象，直接参与对欠发达地区创新能力的影响。由于技术外部性和东西部技术合作多方交互协调交流，不但直接为西部"对口"地区提供了技术投入、人才交流、管理咨询、教育培训等技术支持，也从各种技术活动中溢出技术对创新能力施加影响，因此可以将东西部技术合作技术来源概括为直接技术支持和间接技术溢出两方面。目前有关技术与溢出的研究大多数借鉴CH贸易溢出计量模型和

CD 模型对数变换进行回归分析，Coe 进一步拓展 CH 模型研究，指出制度差异也是 R&D 溢出影响 TFP 程度的重要因素，贸易自由和高等教育质量比较高的国家 TFP 往往更多地受益于内部的研发。席建国、鲁钊阳、冯志军等以 TFP 为因变量、以相关资本存量为自变量构建了对数计量模型研究技术溢出与 TFP 影响。借鉴上述研究，本课题计量模型设定如下：

$$\ln TFP_{it} = \alpha_0 + \alpha_1 \ln IG_{it} + \alpha_2 \ln FI_{it} + \alpha_3 \ln GI_{it} + \alpha_4 \ln TI_{it} + \omega_{it}$$

$$\ln TC_{it} = \alpha_0 + \alpha_1 \ln IG_{it} + \alpha_2 \ln FI_{it} + \alpha_3 \ln GI_{it} + \alpha_4 \ln TI_{it} + \omega_{it}$$

$$\ln EC_{it} = \alpha_0 + \alpha_1 \ln IG_{it} + \alpha_2 \ln FI_{it} + \alpha_3 \ln GI_{it} + \alpha_4 \ln TI_{it} + \omega_{it}$$

式中 TFP 是创新全要素生产率，TC 是技术进步变化，EC 是技术效率变化；IG 为省区技术研发经费投入，FI 为购买国内技术，GI 为省区外部技术流入，TI 为购买国外技术，α_0 是常数项，α_{1-4} 代表产出弹性，ω_{it} 代表随机误差项。

② 变量选取。创新全要素生产率是基于面板数据动态测度创新绩效的较好指标，不但能够比较历史发展效果，而且可以分析 TFP 增长源于技术进步还是技术效率。由于科技经费投入和内外部技术引进购买等均是逐年积累的指标，创新能力和创新绩效受到存量的影响，有关计量研究也普遍采用存量指标。本课题研究中的自变量按照国际建模惯例采用存量值，用通行的永续盘存法来测算。t 时期存量核算采用下式：

$$k_t = (1 - \delta) k_{t-1} + E_{t-1}$$

式中，k_t 和 k_{t-1} 是各地区 t 和 $t-1$ 时期的资本存量；δ 为折旧率，采用张军的做法取值为 9.6%；E_{t-1} 为 $t-1$ 时期的经过固定价格指数调整的实际经费支出（投入）资本流。

基期存量为 $k_{2000} = RF_{2000}/(\delta + g)$，$g$ 为经费支出（投入）存量年均增长率，令其等于经费支出（投入）增长率，$g = (E_{12}/E_0)^{1/12} - 1$，12 指 2000 年到 2011 年共 12 年期。

借鉴孙玮、冯锋和冯志军的研究，IG 取值为省区研究与试验经费内部支出存量，代表内部科学技术来源的投入；FI 为购买国内技术和技术改造加和代表东西部技术合作中国内技术购买支出存量；GI 为技术市场技术流入合同额代表技术合作中的直接技术投资存量；TI 为技术引进与消化吸收经费存量值，代表省区外技术购买支出存量。

③ 回归分析。本课题面板数据计量采用 Eviews 软件回归。首先为避免共线性，进行相关性检验。对各影响因素之间的相关系数进行计算。如表 4-7 所示，各影响因素之间的相关系数都很小，均不超过 0.32，对回归结果影响可

以忽略。对于面板模型估计，Hausman 检验选择固定效应模型还是随机效应模型？如果在10%的水平上显著，则选用固定效应模型，反之选用随机效应模型。如表4-8所示，自主创新投入对于 TFP、TC 有显著正向影响，根据构建模型系数含义，其产出弹性系数值分别为 0.206 和 0.367。购买国内技术以及技术改造对于 TFP、TC 均有影响，但不是非常显著，但对于 EC 影响显著，说明购买国内的技术合作对于迅速提升创新绩效和创新能力的作用不足，这是由于国内技术先进性与国外相比具有一定差距，购买国内技术和技术改造是一个长期渐进的创新过程，符合现实的判断；另外，相关经费支出存量相比如国内技术购买一直不高也是原因之一。值得注意的是，国内技术购买和技术改造对技术效率的提高具有积极促进作用，这对于从根本上持续实现技术与创新提升具有重要意义。我们需要在东西部技术合作的制度、管理和服务等方面进一步加强，促使技术效率提升。技术市场技术流入额对于 TFP、TC 和 EC 均有显著影响，而且系数值都大于内部研发投入及自主研发对应值，反映了东西部技术合作对创新绩效和创新能力的促进作用是显著的，也说明对口帮扶和"东西部技术合作与贸易促进会"等东西部技术合作举措对创新能力持续改善发挥了显著作用。技术引进和技术消化吸收对于 TFP、TC 和 EC 的影响也很显著，说明技术合作中的消化吸收对于创新能力快速变化是非常重要的。

表4-7 创新 TFP、TC 和 EC 模型中解释变量相关系数

	$\ln IG$	$\ln FI$	$\ln GI$	$\ln TI$
$\ln IG$	1			
$\ln FI$	-0.1524	1		
$\ln GI$	0.3029	-0.0563	1	
$\ln TI$	-0.0146	0.3168	0.2285	1

表4-8 面板数据回归结果汇总

变量	TFP 模型	TC 模型	EC 模型
常数	0.519***	0.663***	0.773***
	(2.375)	(1.395)	(2.458)
$\ln IG$	0.206***	0.367***	-0.058**
	(3.336)	(2.412)	(1.524)
$\ln FI$	0.119*	0.103*	0.152***
	(1.087)	(1.632)	(1.006)

表4-8（续）

变量	TFP 模型	TC 模型	EC 模型
lnGI	0.374 * * *	0.443 * * *	0.064 * *
	(1.403)	(3.509)	(1.811)
lnTI	0.303 * * *	0.444 * * *	0.182 * * *
	(3.221)	(2.172)	(3.158)
Adjust R2	0.999	0.998	0.998
F	649.351	457.787	874.460
Prob>F	0.000	0.000	0.000
Prob>Hausman	0.000	0.000	0.000
模型	固定效应	固定效应	固定效应

括号内为 t 值；* * *，* *，* 分别为1%，5%和10%水平显著。

对于投入指标的选取，文献中常选用研发经费支出和研发人员来衡量，本课题选取各地区研发人员全时当量（人年），各地区研发经费内部支出（万元）作为衡量研发创新活动的投入指标。专利是衡量创新活动的可靠指标。专利包括专利受理量和专利授权量两个指标，专利授权量由于受到政府专利机构等人为因素的影响，有较大的不确定性，因而专利申请受理量比专利申请授权量更能反映研发产出的真实水平。鉴于此，选取国内专利申请受理量（项）作为衡量研发活动的产出指标之一。另外，本课题采用技术市场成交合同金额（万元）、技术市场成交合同数（项）来反映研发创新的产出质量。

涉及价格度量的原始数据本课题均采用GDP平减指数剔除物价因素的影响。

应用DPS11.5进行数据处理，结果如表4-9所示。

表4-9　2000—2005年西部地区 Malmquist 指数及分解

西部省(区、市)	技术效率	技术进步	纯技术效率	规模效率	Malmquist生产率（TFP）
内蒙古	0.88539	0.98558	0.8914	0.99326	0.87262
广西	1	1.03885	1	1	1.03885
重庆	1	1.07503	1	1	1.07503
四川	1	1.05131	1	1	1.05131
贵州	1	1.00087	1	1	1.00087
云南	0.92242	0.94539	0.92297	0.9994	0.87204
陕西	0.97338	1.01095	0.94519	1.02983	0.98404

表4-9(续)

西部省(区、市)	技术效率	技术进步	纯技术效率	规模效率	Malmquist 生产率（TFP）
甘肃	1.00459	1.02615	1.02039	0.98452	1.03086
青海	0.98875	1.08779	1	0.98875	1.07556
宁夏	0.8743	1.07446	1	0.8743	0.9394
新疆	1.00366	1.04765	0.99702	1.00667	1.05148
西部十一省（区、市）	0.9672	1.03045	0.97893	0.98802	0.99664

从技术转移角度来看，表4-9中十一个西部省（区、市）中有七个曼氏指数均大于1，说明技术转移对西部后进地区生产率促进作用较显著。甘肃和新疆 $EC>1$，说明这两个省区具有明显的"技术追赶效应"。内蒙古和云南的 $TC<1$，说明两省区的技术有退步现象，说明技术转移状况有待改善，其原因有可能是技术扫描、引入、消化、吸收、应用、再创新等环节不畅或者是其动态过程不连贯。青海、重庆、新疆等九省（区、市）技术转移促使区域技术进步，其中青海、重庆的增幅最大，说明技术消化吸收能力较好。广西、重庆、四川、贵州四省（区、市）技术转移对于生产率提高的最用最为显著，在纯技术效率不变和规模效益不变的情况下，生产率的提高来自技术进步的贡献。其原因可能有以下两点：① 四川、重庆、广西、贵州共拥有十家国家级技术转移示范机构，相比西部地区其他省（市）在数量上占有优势，技术转移机构促进了技术引进、技术交易、技术消化吸收，技术转移机构能重新对技术知识资源进行配置，在创新体系中发挥了重要作用。② 从经济地理角度来看，四川、重庆、广西、贵州在地理空间上邻近东部发达地区创新集群，由于区域之间的创新存在较强的空间依赖作用，东部发达区域的技术创新对四省（区、市）的技术转移绩效具有积极影响。

表4-10反映了2000—2005年期间西部地区技术转移促进技术进步的变化趋势。整体上看，西部地区技术进步除了2003年技术进步异常，其他年份均是正增长。它的意义在于本课题用专利和新产品产值来对技术转移进行测度，其结果与现实情况即西部大开发以来西部经济社会科技等方面取得巨大进步保持了一致，西部地区的技术生产边界向外部推移，面向西部技术转移取得了成功。

表 4-10 技术进步变化趋势

西部省（区、市）	年份				
	2000—2001	2001—2002	2002—2003	2003—2004	2004—2005
内蒙古	0.70296	1.65985	0.69059	1.03098	1.11939
广西	0.93307	1.45225	0.69159	0.90334	1.42925
重庆	0.99765	1.41591	0.71539	1.13185	1.25533
四川	0.83198	1.28779	0.65527	1.17948	1.55096
贵州	0.78317	1.23143	0.69247	1.24225	1.21065
云南	0.73302	1.94352	0.56485	1.00346	0.9352
陕西	0.77637	1.28979	0.68567	0.97461	1.57799
甘肃	0.76325	1.47902	0.68873	1.02175	1.43222
青海	1.00922	1.17222	0.83342	1.02204	1.51149
宁夏	1.05018	1.17956	0.75501	1.12015	1.36687
新疆	1.11799	1.55879	0.65466	1.12165	0.98622
西部十一省（区、市）	0.87121	1.4084	0.69058	1.06416	1.28841

2001 年青海、宁夏、新疆的技术进步正增长，说明国家西部开发政策对西部偏远地区的科技推动非常显著。2002 年西部十一个省（区、市）技术进步均是正增长，说明：西部地区科技活动经费投入和技术活动经费投入不足、科技人员占比低等问题获得显著改善，这得益于国家西部开发政策和西部各省（区、市）地方政策支持。西部地区的技术购买、技术引进等，以及东部发达地区对西部的投资和技术输入，改善了西部技术生产的基础设施环境，各级政府科学技术资源配置能力获得改善，配置效率有了提高。2004 年广西、陕西以及 2005 年云南、新疆的技术进步负增长，除了创新区域创新能力和技术进步本身的波动性，科学技术资源配置协调机制与技术进步相矛盾的问题也是原因之一。

表 4-11 和表 4-12 是 Malmquist 指数及 TC 或 EC 负增长的情况。内蒙古在 2003—2004 年、2004—2005 年 Malmquist 指数均为负增长，进一步考察其 TC 均是正增长，而 EC 均是负增长，由此表明资源配置效率的下滑对 Malmquist 指数造成不利影响，说明技术进步与科技资源配置在体制上存在某些矛盾。内蒙古应在保持技术进步的同时重点进行促进技术转移的专利保护、技术转移平台、技术转移机构、科技人才、技术转移配套政策优惠等方面的建设。与内蒙古对照的是广西。广西 2003—2004 年 Malmquist 指数、TC、EC 均是负增长，

而 2004—2005 年 Malmquist、TC、EC 均是正增长，说明不但应重视技术引进、技术咨询、技术服务、技术消化吸收等技术转移工作，还应该注重与技术进步相匹配的资源配置制度建设。内蒙古、广西、陕西、云南、青海、宁夏、新疆的相关数据表明资源配置情况对 Malmquist 指数影响作用大于技术进步，凸显技术转移平台、技术转移机构和各级政府在技术转移作用，在客观上要求各级政府作为区域经济政策的制定者和实施者，应该重点进行技术转移机制和体制上的创新。

表 4-11　2003—2004 年 Malmquist 指数及 TC、EC 负增长

2003—2004 年	Malmquist 指数	技术进步	技术效率
内蒙古	0.85963	1.03098	0.8338
广西	0.84457	0.90334	0.93494
陕西	1.20292	0.97461	1.23426
云南	0.9097	1.00346	0.90657

表 4-12　2004—2005 年 Malmquist 指数及 TC、EC 负增长

2004—2005 年	Malmquist 指数	技术进步	技术效率
内蒙古	0.90133	1.11939	0.8052
广西	1.52871	1.42925	1.06959
陕西	0.95456	1.57799	0.60492
云南	1.03015	0.9352	1.10153
青海	0.91962	1.51149	0.60842
宁夏	0.84132	1.36687	0.61551
新疆	1.30242	0.98622	1.32061

小结：国内外技术创新网络研究表明，区域创新系统内外，最为普遍的行为是技术知识在不同主体之间的转移，技术转移绩效可以用知识成果商品化和知识创造来衡量。由此，本课题将西部技术转移置于区域创新系统内，依照系统观点，研究技术转移的输入与技术转移的输出。考虑面向西部技术转移的网络化特征、技术转移本身的经济目的，以及技术转移与区域创新绩效的关联性，本课题运用动态指数对技术转移输出进行测度。另外，可以通过构建面向西部技术转移系统，将无法获得具体数据的影响因素进行归纳，继而利用系统动力学和调查问卷及其数据处理得出结果，其结论作为创新绩效测度的补充。

（1）面向西部技术转移是一个复杂的经济过程，也是知识系统、资源系

统、能力系统、社会网络等多个动态复杂系统作用过程，是各经济支持系统资源配置及选择过程。本课题基于技术转移本质上是知识的转移，从技术本身、技术输出方、技术接受方构成技术转移系统三个主要方面出发，将技术输出方技术转移系统及技术接受方技术转移系统分为技术选择、位移系统和技术消化吸收创新系统，并进一步构建技术输出方子系统和技术接受方子系统，将无法获得具体数据的影响因素进行归纳。以上为实证研究提供了设计框架和基本测量内容。

（2）如何对面向西部技术转移进行有效的评价和测度，对于按照西部各省市具体经济社会科技等具体情况有效实施技术转移、完善区域创新体系的建设具有理论和实践意义。对于技术转移评价与测度，不但需要在构建面向西部技术转移系统的基础上研究设计量表，进行大量的实证调查，而且需要进行相关计量研究，两种方法相辅相成。本课题采用的基于DEA的Malmquist指数分析方法可以对面板数进行处理，而且可以分解测度技术效率和技术进步情况，能够较好地代表技术转移的目的与结果，反映了技术转移的动态变化，较好地解决了技术转移过程动态复杂、技术转移绩效难以测度的问题。其测度结果可以作为实证研究结论的补充。另外，根据本课题构建的技术转移系统，还可以从技术输出方角度出发，测度其绩效。

（3）本节以科技部两次发布的国家级技术转移示范机构西部分布地区为样本，以科技人员、科技经费和技术流向地区合同额的2000—2005年统计数据为技术转移输入值，考虑技术转移绩效的时滞性，以2002—2007年专利和新产品产值为技术转移输出值。分析实测数据得到以下结论：① 区域技术转移机构数量及质量对区域技术转移有较大影响。陕西、四川的国家级技术转移示范机构多达5家以上，2000—2005年区域技术进步总体增长，因此促进技术转移机构建设，设立产学研技术转移办公室，组建跨区域产学研技术转移联盟，建立功能完善的技术转移公共平台，是技术转移绩效增长的组织结构保证。② 比较内蒙古、广西、陕西、云南、青海、宁夏、新疆的 TC、EC、Malmquist指数，资源配置情况对Malmquist指数影响作用大于技术进步，这说明包括各地科技政策、科技资源体制、文化环境、社会网络、信息通讯基础设施等对资源配置效率有影响的相关因素和问题，需要在技术转移动态过程中进行动态调整和优化，依靠技术引进不能保证技术转移绩效整体提高，应重视技术转移中技术消化吸收再创新等各种资源的有效配置，特别是隐性知识的转移方面。

（4）实施技术转移机制和体制上的创新。技术本身存在由各种经济社会科技系统中，各种技术要素之间相互依存。被转移的技术与转移区域的其他资源的匹配状态，是技术发展程度与成熟度的重要标志。因此，作为区域政策制定者和具体实施者的各级政府，需要从以下几方面进行机制和体制创新：① 完善细化区域的技术转移法规；② 加强政策的扶持，不同省（区、市）可以制定相应技术转移优惠政策；③ 引入风险投资；④ 建立完备的信息共享平台；⑤ 推动教育文化事业；⑥ 积极促进与区域外部高校、科研机构的良好合作。

4.4 东西部技术合作和创新能力的典型相关分析

4.4.1 东西部技术合作系统结构与创新能力相关的理论判断

代表创新能力的专利和新知识的产生取决于创新资源投入和以往技术知识的存量以及人力和金融资本投资。这些投入与投资汇集起来共同决定了区域内的创新产出潜力，从生产函数角度理解就是达到知识生产函数最大可能边界的程度。创新潜力转化为实际的创新成果速度和在知识生产函数的位置与最大可能生产边界距离大小，是技术知识的生产效率，或创新的效率。有关组织的创新和创新资源分配的东西部技术合作系统结构，决定了具体的创新投资来源和研发创新行为表现。从这个意义上讲，研发活动和技术创新行为相互作用影响创新效率的高低，技术合作与创新能力之间有密切联系。

Freeman 指出创新环境对创新效率和研发效率具有显著影响，Edquist 进一步研究在创新系统中，合作与创新的结构与创新效率是一组重要的关系。东西部技术合作系统结构中的正式组织（包括企业、高校、科研院所、金融机构和政府机构）之间的合作结构是创新体系的重要组成部分，另一部分包括技术合作的规范、程序、制度、法律和规则等，这些规则制定为协调和规范组织之间的技术合作提供了环境约束机制。

根据这一框架，以下因素被视为东西部技术合作与创新能力之间的相关变量。

① 创新工作做出贡献的主要创新者，包括企业、高校和科研院所。

② 企业间的技术引进、技术购买和技术扩散过程，高校和科研院所的研

发创新合作过程。

③ 支持政府机构和金融机构对技术知识的转移和技术改造方面的投资。

④ 区域内外技术知识在不同使用机构之间的增值转移。

⑤ 本地技术创新主体与其他技术创新主体之间的人员交流、学习互动。

⑥ 特定地区工业结构或创新环境和学习文化。

⑦ 技术合作的制度政策安排和有关规则。

在中国区域均衡发展和东西部合作背景下，促进东西部技术合作的改革和政策制度安排已经对创新活动中的组织机构和创新过程中的行为主体协调和资源分配机制产生深远的影响。

4.4.2 典型相关分析方法及变量选择

（1）东西部技术合作与创新能力可以用两组分布变量来表示，技术合作过程中，技术转移、研发经费支出、技术购买、技术改造、科技人员全时当量等技术合作要素等用 x_1，x_2，x_3，$\cdots$，x_p 表示，创新能力指标包括专利申请、新产品产出、新产品市场销售额等，用 y_1，y_2，y_3，$\cdots$，y_q 表示。

令技术合作与创新能力分别由下列两组变量代表：

$$x_1, x_2, x_3, \cdots, x_p$$

$$y_1, y_2, y_3, \cdots, y_q$$

两组变量可以分别组成一个线性组合表达式为：

$$U = l_1 x_1 + l_2 x_2 + \cdots + l_p x_p$$

$$V = m_1 y_1 + m_2 y_2 + \cdots + m_q y_q$$

式中 l_i 和 m_j 为任意实数（$i = 1, 2, \cdots, p$；$j = 1, 2, \cdots, q$）。其矩阵形式为 $U = L'X$，$V = M'Y$，其中：

$$L_{(1)}' = [l_{(1)1}, l_{(1)2}, \cdots, l_{(1)p}], \quad M_{(1)}' = [m_{(1)1}, m_{(1)2}, \cdots, m_{(1)q}]$$

$\cdots\cdots\cdots\cdots$

$$L_{(k)}' = [l_{(k)1}, l_{(k)2}, \cdots, l_{(k)p}], \quad M_{(k)}' = [m_{(k)1}, m_{(k)2}, \cdots, m_{(k)q}]$$

U 与 V 称为典型变量，它们之间的相关系数 ρ 为典型相关系数：

$$\rho = \frac{\operatorname{cov}(U, V)}{\sqrt{\operatorname{var}(U)} \cdot \sqrt{\operatorname{var}(V)}} = \frac{\operatorname{cov}(L'X, M'Y)}{\sqrt{\operatorname{var}(L'X)\operatorname{var}(M'Y)}}$$

式中分子项为 U 与 V 的协方差，分母项是 U 与 V 的标准差的乘积。

用类似主成分分析的方法，在每一组变量中都选择若干个有代表性的变量的线性组合综合指标,通过研究两组综合指标之间的关系来反映两组变量之间的相关性。典型变量 U_1 和 V_1,U_2 和 V_2,…,U_k 和 V_k 是根据它们的相关系数由大到小逐对提取,具体来讲就是在第一组变量中找出一个变量线性组合,在第二组变量中也找出一个变量线性组合,使其具有最大相关,然后在每一组中找出第二个线性组合,使其在与第一个线性组合不相关的线性组合中,两线性组合之间的相关程度最大,将此程序进行下去,直到两组变量之间的相关性被分解完毕为止。典型相关分析一般包括四个步骤:一是计算相关系数矩阵;二是典型相关系数的求解;三是典型相关系数的显著性检验;四是典型结构与典型冗余分析。

(2)东西部技术合作典型相关分析的变量选择。

① 关于东西部技术合作的变量。考虑区域技术合作有关数据的可获得性,本课题选取东西部对口帮扶的西部省市作为考察对象,这是因为创新能力提升需要一段时间的磨合和滞后才能显现出来,东西部技术合作过程中,对口帮扶时间较长,从时间上符合这一内在要求。另外,对口帮扶是事实上已经进行并经过各级政府主导、企业、高校、科研机构、专业服务机构参与下,以直接投资、人才交流、技术转移和技术改造等为具体内容推动合作,已经取得一定的成效。东西部技术合作的影响可以概括为两方面:一是直接影响,包括上述东西部间的合作内容实施;二是间接影响,主要体现在研发溢出和技术扩散效应影响方面。以东西部对口帮扶为例,东西部对口帮扶最早起步于1979年,1996年国务院正式实施,西部大开发战略起步于1999年。一般情况下某种政策或战略实施,其效果存在一定时期的滞后。2000年后我国统计数据口径发生一些变化,科技活动内部支出也出现大幅增长,因此综合考虑本课题选取2000—2011年的统计数据。具体指标包括:西部省份研究与发展试验经费支出,人力资本存量,技术市场技术流入金额等代表东西部技术合作过程中东西部直接参与的影响方面,选取对口帮扶发达地区技术市场成交额代表技术与研发扩散溢出影响。

② 创新能力是对于有限的资源进行一定的组织、配置、创造从而获得更高绩效的技术知识集合,并且综合反映在组织新工艺新知识的开发、专利申请、新产品产值、新产品销售额方面。专利指标代表研发成果存在一定缺陷,例如不是每个研发成果都会申请专利,但是专利是目前有关学术研究普遍采用的变量,专利申请比专利授权更能反映研发与创新活动。由于创新能力还包括

创新绩效达成能力，新产品产值未能反映市场绩效，因此选择新产品的销售额指标。

4.4.3 典型相关分析及结果

（1）典型相关分析适应性检验。典型相关分析前需要对原始变量进行组间相关性判定，即适用性检验。运用SPSS19.0的Manova命令对两组变量的交互效应进行检验，如表4-13所示，显著性水平最大为0.021，小于0.05，因此接受了本课题研究所选变量组之间具有显著相关关系，Roys值最大根0.99779大于0.1，说明至少有一个典型相关是显著的，两组变量适合进行典型相关性分析。SPSS软件计算典型变量之间的典型相关系数及显著性如表4-14所示。在显著性0.01水平上典型相关系数为0.999和0.995，呈现高度显著性。采用SPSS运行结果标准化典型系数的典型相关模型如表4-15所示。

表4-13 变量组交互效应检验

Test Name	Value	Approx. F	Hypoth. DF	Error DF	Sig. of F
Pillais	1.98854	86.76305	12.00	6.00	0.000
Hotellings	558.21749	46.51812	12.00	2.00	0.021
Wilks	0.00002	73.36748	12.00	4.00	0.000
Roys	0.99779				

表4-14 典型相关系数及显著性

	Wilk's	Chi-SQ	DF	Sig.	典型相关系数
1	0.000	48.588	12.000	0.000	0.999
2	0.009	21.075	5.000	0.001	0.995

表4-15 典型相关模型

模型1	$U_1 = -6.545x_1 + 0.25x_2 - 0.019x_3 + 1.376x_4 + 4.473x_5 + 1.713x_6$ $V_1 = -3.127y_1 + 3.76y_2$
模型2	$U_2 = 5.928x_1 - 0.036x_2 - 0.053x_3 - 0.84x_4 - 3.39x_5 - 1.314x_6$ $V_2 = 3.174y_1 - 2.392y_2$

（2）典型相关模型。如表4-15所示，第一典型变量V_1与研究与试验经费支出和技术市场技术流入合同额高度相关，与研发试验经费支出负相关。说明创新能力与外部技术投资之间关联性密切，比较各个变量荷载可知自主创新的投入消化吸收支出均受到弱化，反映目前状况下陕西内部研发投入的技术来

源对于创新能力提升作用不大。这反过来证实了东西部技术合作中直接技术投资和对口帮扶省区对于创新能力的影响作用显著，x_6的荷载为1.713，大于消化吸收投入和研发人员荷载，反映了针对西部（以陕西为例）对口帮扶与技术合作以及"中国西部国际投资贸易洽谈会"等东西部合作形式均对创新能力有较好的正向关联性。第一典型变量V_1与专利典型荷载负相关与新产品销售正相关，说明创新能力主要是依靠新产品生产拉动，而专利产出影响方面还有较弱。第二典型变量U_2与研发经费支出荷载正相关，第二典型变量V_2与专利荷载正相关，说明在足够的经费与投入下，创新发明才获得较快增长，蕴含在专利内的原始创新能力将得到较快提升。

（3）典型相关结构分析。表4-16结构分析显示了原始变量对典型变量的影响程度。x_1，x_4，x_5，x_6与第一典型变量U_1较高正相关，x_2和x_3与第一典型变量很小相关和负相关，且与第一典型变量V_1相关性相同，说明研发人员全时当量与研发经费、技术改造支出、技术市场技术流入额、对口帮扶省区技术市场交易额等代表的资金投入和技术投资与技术合作相比对创新能力提升作用较弱，对口帮扶省区技术市场交易额变量的典型荷载最大，说明东西部技术合作与技术溢出对西部的创新能力有较强影响，也就说明了东西部技术合作是西部地区创新能力提升的最强外部因素。y_1和y_2与第一典型变量V_1正向相关，而且y_2的系数大于y_1的系数，说明新产品产出大于专业产出，与实际高度相符。观察第二典型变量中专利的荷载值最大，则注意第二典型变量U_2的荷载值最大对应研发经费投入，说明专利增长需要大笔资金支持，也与实际相符。同样也发现第一典型变量技术合作对口省区技术市场交易额荷载最大，第一典型变量V_1荷载最大值对应新产品销售，说明技术合作扩大了产品市场和新品开发，是能够较快提升创新能力的有效途径。

表4-16 结构分析

	U_1	U_2	V_1	V_2		V_1	V_2	U_1	U_2
x_1	0.612	0.786	0.611	0.782	y_1	0.537	0.844	0.536	0.840
x_2	0.040	0.734	0.040	0.730	y_2	0.712	0.702	0.712	0.699
x_3	-0.480	0.014	-0.480	0.140					
x_4	0.684	0.657	0.683	0.654					
x_5	0.617	0.766	0.616	0.762					
x_6	0.749	0.367	0.748	0.365					

综合结构分析，可以得出研究与试验经费投入、研发人员全时当量、消化吸收支出、技术改造支出、技术市场技术流入额、对口帮扶省区技术市场交易和专利及新产品销售的典型因素相关结构，即技术合作与创新能力之间的典型影响因素途径。参考表4-16有关数据，可以绘出影响因素作用途径及作用程度。如图4-1所示。

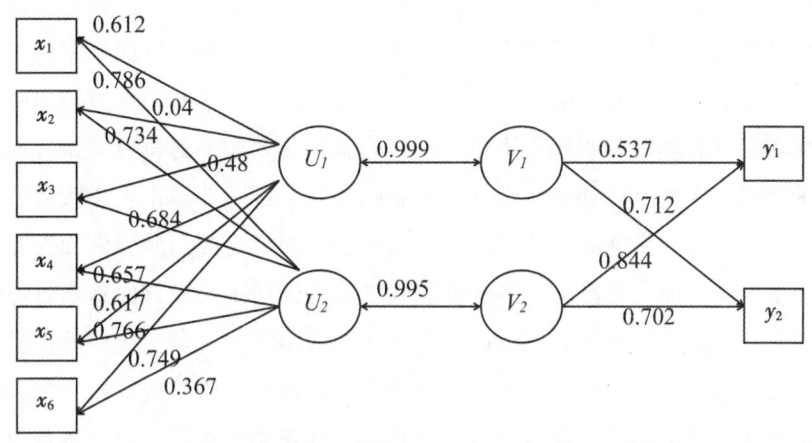

图4-1　东西部技术合作与创新能力典型因素结构途径

（4）典型结构与冗余分析。表4-17显示典型冗余分析与解释能力典型冗余分析用来表示各典型变量对原始变量组整体的变差解释程度，分为组内变差解释和组间变差解释。在求出典型变量后，可以进一步计算原始变量与典型变量之间的相关系数矩阵，即典型结构。对典型变量与原始变量组的整体变差解释称为典型冗余分析。冗余测度值为典型变量对另一组变差的解释程度。因此，第一典型变量解释的变差被第二典型变量重复解释的百分比称为第一典型变量的冗余测度；同理可求得第二组典型变量的冗余测度。典型结构分析依据原始变量与典型变量之间的相关系数描述相关影响与程度。通常情况下典型相关系数的平方表示两组典型变量间共同变异的百分比，其中交互解释能力可差分为各自的解释。具体算法是 $R_d(X, U) = \sum_{i}^{p} r^2(x_j, V_k)/p$，表4-17显示典型冗余分析和解释能力，来自创新能力的产出的方差可以被东西部技术合作投入典型变量 U 解释的方差比率为62%。以上只给出了陕西省在东西部技术合作中创新能力的典型相关影响分析，其他广西、云南、四川和甘肃等省区可以进行同样的检验，限于篇幅本课题未一一展开。

表 4-17 典型结构冗余分析

典型变量	第一典型冗余/解释能力	典型相关系数平方	第二典型冗余/重叠系数
U_1	0.336	0.998001	0.335
U_2	0.385	0.990025	0.381
U_1+U_2	0.721		
V_1	0.398	0.998001	0.397
V_2	0.620	0.990025	0.597
V_1+V_2	1.018		

5 东西部技术合作方式对创新能力升级的约束影响

5.1 东西部技术合作对创新能力升级影响关键内容解析

在创新过程中,促进吸收外部资源与内部资源共同创新,合作关系发挥了重要作用。许多研究报告指出,企业间合作关系与创新之间内在影响受到普遍认同。其中关键的思想是通过在价值链中的资源和信息的交流和协调,企业生产、组织和关键的知识转移合作行为,可能导致更高水平的产品和工艺创新,并在产生的协同效应中获益。建立和支持企业间、企业与高校公共科研机构等的技术转移关系,在一定范围内联合活动影响创新,提高创新绩效已成为许多国家制度与政策安排的重点,比如英国、德国、欧盟、日本、美国、OECD等均通过制定专门的技术转移和技术引进政策,激励合作行为。

随着"西部大开发战略""十大城市群""城市化进程"等实施与不断推进深化,东西部合作涉及经济、文化、政策、法律等各个方面,合作的数量和合作的领域不断加大拓宽,基于西部地区和东部地区技术能力势差,将东部技术有计划地转移到西部地区,我国在大部分东西部地区设立专门的技术转移促进机构,从组织、协调、控制、激励、推动等方面为东西部技术转移提供了保障。2007年,我国专门执行了加强技术转移促进提升自主创新能力的"国家技术转移促进行动",2008年,东西部已经建立并运行的60个技术转移机构被确认为国家级示范机构,技术转移在改善西部地区整体技术结构并且促进自主创新能力方面显示了巨大作用。技术转移是我国实施自主创新战略的重要内容,是企业实现技术创新、增强核心竞争力的关键环节,是创新成果转化为生产力的重要途径。由于技术知识本身的动态复杂性和经济社会嵌入性,技术转移提高技术接收方的技术水平,促进其创新能力并实现创新成果市场化绩效并不能一蹴而就。尤其是引进技术本身需要基本的技术支撑环境，尽管引进技术的原有的技术环境发生变化，但是引进技术也可以和新的技术环境要素结合，对于这个结合情境我们不清楚，需要进行研究。然而，不同技术接收方环境要素千差万别，个案研究尽管可以说明技术转移对创新能力的影响，但是我们不能据此得出结论，还需要从东西部技术合作整体进行分析，如果这一趋势是稳定的，那么就可以进行归纳总结。

文献计量法提供了一个重要的个体到总体的趋势的研究方法。文献计量学的应用可大致分为两部分：计算并分析不同的趋势水平和可视化个体在网络中的位置与关联。传统的文献计量方法可以调查评估不同国家的出版物产出[222]、研究机构[223]、期刊[224]和研究领域[225]的研究趋势，或通过做引文分析[226]。文献计量采用定量绩效指标来克服同行评议和专家判断主观性的缺点[227]，使用一个自底向上的方法收集所有（相关）各单位的出版物与被引用次数的组合在不同的领域研究群体甚至个人某一指标（项目）的内在关联[228]，也是来检测和检查一项新技术出现的有效方法[229]。

按照文献计量布拉德福定律、齐夫定律、洛特卡定律等以合作与创新能力为关键词对权威学术研究进行文献计量。借鉴岳洪江在《我国对技术创新的关注与研究——基于24年的文献计量分析》中的做法，具体以CNKI中国期刊全文数据库、中国优秀硕士论文数据库、中国优秀博士论文数据库和中国重要会议数据库四大数据库为"文献库"，检索时间范围设定为2001年1月至2011年12月，检索关键词为："东西部合作""区域合作""东西部城市间合作""合作创新""创新能力"。根据区域创新能力定义，对有关文献涉及合作与创新能力作用有关联，或者与知识获取、知识创造、企业创新、创新环境、创新绩效五方面要素之一或者多个要素有关联、互动、影响的具体合作内容，进行归类和统计分析。将相关具体某一合作内容的研究文献数量占总文献数量比例大于等于50%的甄选出来，可以认为从总体上归纳得出的结论是可靠的。依照文献计量的步骤进行分析如下。

（1）关于样本。

① 根据区域合作相关研究，确定文献中东西部合作的主要内容。

② 依据布拉得福文献分散定律，选择与研究项目有关的研究文献，主要包括期刊、会议论文、学位论文。考虑中国优秀博士论文数据库和中国优秀硕士论文数据库收录起始于1999年，中国重要报纸全文数据库收录起始于2000

年,另外考虑到西部大开发战略实施于1999年,需要一定的推动时间,相对密集的新型的合作互动时间确定为2000年,参考岳洪江研究技术创新论文数量统计分布特点,本课题将检索时间跨度设定为2000年1月至2012年12月,对上述四大数据库进行关键词检索。

(2)确定分析维度。文献计量法在选定研究样本数据库后,需要对研究分析维度进行确定。分析维度是根据研究课题将研究样本资料内容进行分类判断的项目或者角度,因而也称为分析类目。分析维度不能不断调整或者修改而需要事先确认,需要做到准确表达。在实际处理中,分析维度可以是研究假设,也可以通过理论与经验结合判定。依照研究的目的,选择东西部的包括经济、教育、生产、制造、研究开发、基础建设、金融、旅游等领域作为分析维度。

(3)统计和分析。首先我们在数据库中的涉及合作及某一具体合作内容与区域创新能力五大构成或者是关系到知识获取、整合、扩散、创造等文章进行归类,然后分离出关联性,即使有一个关联也可以计入。根据上述原则文献计量的结果如表5-1所示。

表5-1 影响区域创新能力的东西部技术合作的统计结果

影响区域创新能力的东西部合作	研究或提及合作影响区域创新能力的论文篇数	占论文总篇数的比例
区域旅游合作	16	16/86 = 18.6%
区域环境合作	12	12/86 = 4.14%
区域农林牧传统产业合作	1	1/86 = 0.34%
区域金融合作	5	5/86 = 5.81%
区域公共卫生合作	6	6/86 = 6.98%
区域自然资源开发合作	10	10/86 = 11.63%
区域创新基础设施建设合作	19	19/86 = 22.09%
区域信息化建设合作	17	17/86 = 19.77%
区域知识产权合作	13	13/86 = 15.12%
区域研发合作	58	58/86 = 67.44%
区域人力资源开发合作	18	18/86 = 20.93%
区域对外开放合作	9	9/86 = 10.47%
区域技术转移合作	76	76/86 = 88.37%

(4)归纳总结。参考国外传统文献计量学方法,我们将研究或提及影响

区域创新能力或者区域创新能力构成要素任意一个的东西部合作相关论文篇数占论文总篇数的比例大于50%的合作内容选出，作为影响区域创新能力提高的主要合作内容。统计结果如表5-1所示。东西部合作与区域创新能力研究总文献为86篇，经分别计量可知，区域研发合作占比67.44%，区域技术转移合作占比88.37%。因此，可以整体上确定东西部技术合作中技术转移和研发合作确实对创新能力的具有积极的影响。文献计量验证了我们在文献综述中的归纳和整体理论框架。东西部技术合作中研发合作和技术转移合作是对于创新能力具有显著作用的两个关键性内容。如图5-1所示。

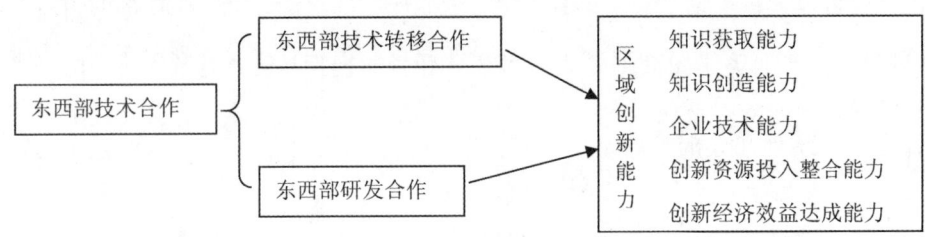

图5-1　东西部技术合作显著影响创新能力提升的关键内容

5.2　东西部技术转移与研发合作对创新能力的影响分析

创新能力是对一个状态的描述，考察时刻 t 与 $t+1$ 知识存量和技术存量和新产品的变化，如果都存在正增长和正增量，则表示时刻 $t+1$ 的创新能力比时刻 t 有所提高。因而技术转移和研发合作也需要相应的时间状态量与创新能力相对应，以此判断二者对创新能力提升的影响和趋势。因此本项研究需要知道技术转移和研发合作的面板数据。

自1999年每年连续出版的《中国区域创新能力报告》为我们提供了有用的数据。选择各省2007—2011年有关数据计算创新能力评价值，如表5-2所示。参考报告的各区域创新能力评价和技术转移与研发合作的指标及效果评价，进行计算得到2007—2011年技术转移效果和研发合作效果，其中的滞后期按照通常做法选择2年。从效果角度，技术转移和研发合作相当于创新能力的投入，而创新能力是产出。因而借助知识生产函数和柯布-道格拉斯函数可以建立技术转移和研发合作效果与创新能力评价值的计量模型，如下：

$$\ln(QYCXNL) = \alpha + \beta\ln(JSZY) + \gamma\ln(RFHZ)$$

其中 QYCXNL 代表创新能力的评价，JSZY 代表研发合作效果，YFHZ 代表技术转移效果。

东西部 22 个省（区、市）技术转移、技术转移数据和区域创新能力综合评价参照《中国区域创新能力报告》的结果和计算方法相应计算得出。运用 DPS11.0 进行统计分析。具体回归运算时，由于技术转移和研发合作作为自变量，我们还无法判定技术转移和研发合作各自对于创新能力的贡献（解释力未知），因而采取逐步回归，让程序通过分析数据来自行判断。

表 5-2 2007—2011 区域创新能力评价值

省（区、市）	年份				
	2007	2008	2009	2010	2011
上海	51.38	56.35	57.16	56.97	57.09
北京	48.55	56.53	54.82	56.11	56.66
广东	43.68	46.83	49.32	50.22	50.58
江苏	40.91	42.61	48.52	48.41	47.5
浙江	34.61	37.4	41.19	45.29	39.92
山东	34.65	36.82	39.93	37.96	37.69
天津	36.27	38.6	39.61	37.43	41.04
福建	26.9	28.97	29.8	30.74	26.39
河北	18.65	20.72	21.7	21.9	20.68
海南	17.67	18.17	20.53	20.84	18.19
重庆	24.83	25.47	29.73	28.63	29.89
陕西	24.24	26.43	27.38	27.27	28.26
四川	22.94	25.57	27.93	23.37	24.76
内蒙	18.51	20.62	21.92	22.61	21.23
广西	18.56	18.98	21.06	21.34	21.43
新疆	19.09	21.77	22.75	19.81	18.89
贵州	16.75	16.71	19.89	18.16	19.15
甘肃	17.12	18.44	19.95	17.24	18.39
宁夏	16.12	18.86	18	16.95	15.85
云南	14.98	16.67	18.39	16.43	18.95
青海	16.39	20.64	18.69	15.36	17.13
西藏	8.25	10.50	12.45	14.42	14.30

数据来源：《中国区域创新能力报告 2006—2012》.

据表 5-3 回归数据分析得知,逐次回归相关系数为 $R^2=0.87$ 判定系数 $R^2=0.77$ 调整 $R^2=0.765$,$Dubin\text{-}Watson=1.638$。因 R^2 比较高可以判定整体回归模型可能会达到显著水平;DW 值接近 2 表明不存在序列相关或较弱,可认为残差间相互独立无自我相关。

表 5-3 DPS 回归结果

Model Summary[c]

Model	R	R Square	Adjusted R Square	Std. Error of the Estimate	Durbin-Waston
1	0.827[a]	0.684	0.681	0.24649	
2	0.877[b]	0.770	0.765	0.21130	1.638

a. Predictors:(Constant),JSZY

b. Predictors:(Constant),JSZY,YFHZ

c. Dependent Variable:QYCXNL

表 5-4 变异量分析值为 $F=178.847$,$Sig.\rightarrow 0$,表示这一回归模型成立具有统计意义。即技术转移和研发合作可以解释创新能力的效果,因而也验证了文献综述的判断。

表 5-4 变异量分析表

ANOVA[c]

Model		Sum of Squares	df	Mean Square	F	Sig.
1	Regression	14.187	1	14.187	233.508	0.000[a]
	Residual	6.562	108	0.061		
	Total	20.748	109			
2	Regression	15.971	2	7.985	178.847	0.000[b]
	Residual	4.777	107	0.045		
	Total	20.748	109			

a. Predictors:(Constant),JSZY

b. Predictors:(Constant),JSZY,YFHZ

c. Dependent Variable:QYCXNL

表 5-5 显示第一次回归变量 JSZY 入选,说明 JSZY 对回归方程的贡献较大。这也验证了对东西部技术合作大部分是非经竞争性的技术转移而研发合作比重不高的判断。

表 5-5　回归系数表

Coefficients^a

Model		Unstandardized Coefficients		Standardized Coefficients	t	Sig.	Collinearity Statistics	
		B	Std. Error	Beta			Tolerance	VIF
1	(Contant)	-0.097	0.221		-0.439	0.662		
	JSZY	0.997	0.065	0.827	15.281	0.000	1.000	1.000
2	(Constant)	-0.172	0.190		-0.9806	0.367		
	JSZY	0.639	0.080	0.530	8.031	0.000	0.494	2.025
	YFHZ	-0.416	0.066	0.417	6.321	0.000	0.494	2.025

a. Dependent Variable QYCXNL

表 5-6 共线判断条件指数为 17.3 和 28.3，均小于 30，说明没有严重的共线性。综合上表结果，回归方程经过两步的逐步回归后两个因素都入选，回归方程可表示为：

$$\ln(QYCXNL) = -0.172 + 0.639\ln(JSZY) + 0.416\ln(YFHZ)$$

t 值　　　(-0.906)　　　(8.031)　　　(6.321)

表 5-6　共线性判断

Model	Dimension	Eigenvalue	Condition Index	Variance Proportioins		
				(Constant)	JSZY	YFHZ
1	1	1.994	1.000	0.00	0.00	
	2	0.006	18.733	1.00	1.00	
2	1	2.986	1.000	0.00	0.00	0.00
	2	0.010	17.348	0.62	0.00	0.45
	3	0.004	28.343	0.38	1.00	0.55

a. Dependent Variable QYCXNL

回归方程说明技术转移和研发合作均可以积极提升创新能力，而且技术转移对于创新能力的提升贡献大于研发合作，这与东西部技术合作的实践情况相符合，也提示我们应重点对于技术转移进行细致研究。另外，技术转移与研发合作之间的共线性检验说明二者在提升创新能力的作用上可以独立计量，没有相关性引起模型失真，但是在东西部技术合作具体实施中也与技术转移和研发合作的交互嵌入高度相关，需要个案加以分析。

由于区域创新能力是五个方面能力的综合集成，可以视为具有五个维度。

技术转移和研发合作对创新能力的影响需要更全面细致地考察在五个维度方面的影响，分析它们在五个维度上的影响"偏好"，提高东西部技术合作推动中具体措施的精确性和显著性。根据研究需要定义五个维度为：知识获取流动能力（ZSHQ），知识创造能力（ZSCZ），企业技术创新（QYJSCX），创新资源投入整合能力（ZYZH），创新经济效益达成能力（CXXY）。其具体模型如下：

$$\ln(ZSCZ) = \alpha_1 + \beta_1 \ln(YFHZ) + \gamma_1 \ln(JSZY)$$

$$\ln(ZSHQ) = \alpha_2 + \beta_2 \ln(YFHZ) + \gamma_2 \ln(JSZY)$$

$$\ln(QYCX) = \alpha_3 + \beta_3 \ln(YFHZ) + \gamma_3 \ln(JSZY)$$

$$\ln(ZYZH) = \alpha_4 + \beta_4 \ln(YFHZ) + \gamma_4 \ln(JSZY)$$

$$\ln(CXJX) = \alpha_5 + \beta_5 \ln(YFHZ) + \gamma_5 \ln(JSZY)$$

运用前述方法和步骤，同DPS11.0对上式统计检验如表5-7。

表5-7 技术转移与研发合作对知识创造回归

Coefficients[a]

Model		Unstandardized Coefficients		Standardized Coefficients	t	$Sig.$	Collinearity Statistics	
		B	Std. Error	Beta			Tolerance	VIF
1	(Contant)	-0.149	0.262		-0.567	0.572		
	JSZY	0.959	0.077	0.766	12.381	0.000	1.000	1.000
2	(Constant)	-0.102	0.254		-0.402	0.688		
	JSZY	0.738	0.107	0.589	6.923	0.000	0.494	2.025
	YFHZ	-0.257	0.088	0.248	2.920	0.004	0.494	2.025

a. Dependent Variable：CXJX

表5-7首次回归YFHZ（东西部研发合作）入选。经过两步的逐步回归后两个因素都入选，回归方程可表示为：ln（ZSCZ）= -0.263+0.524ln（JSZY）+0.487ln（YFHZ）。由t值与$Sig.$值可知技术转移与研发合作对知识创造能力的影响都达到了显著。第一次回归入选，说明YFHZ对知识创造贡献较大。

表 5-8　技术转移与研发合作对知识流动获取回归

Coefficients^a

Model		Unstandardized Coefficients		Standardized Coefficients	t	Sig.	Collinearity Statistics	
		B	Std. Error	Beta			Tolerance	VIF
1	(Contant)	-0.168	0.279		-0.601	0.549		
	JSZY	1.031	0.090	0.742	11.489	0.000	1.000	1.000
2	(Constant)	-1.083	0.344		-3.150	0.002		
	JSZY	0.685	0.119	0.493	5.738	0.000	0.494	2.025
	YFHZ	-0.588	0.144	0.350	4.077	0.000	0.494	2.025

a. Dependent Variable：ZSHONL

表 5-8 首次回归 YFHZ（研发合作）入选，说明 YFHZ 对知识获取的作用贡献大。经过两步的逐步回归后两个因素都入选，回归方程可表示为：

$$\ln(ZSHQ) = -1.083 + 0.588\ln(JSZY) + 0.685\ln(YFHZ)$$

由两个回归系数的 t 值与 $Sig.$ 值可知，两个自变量对知识获取能力的影响显著。

表 5-9　技术转移与研发合作对企业技术创新回归

Coefficients^a

Model		Unstandardized Coefficients		Standardized Coefficients	t	Sig.	Collineartity Statistics	
		B	Std. Error	Beta			Tolerance	VIF
1	(Contant)	-0.866	0.262		-3.304	0.001		
	YFHZ	0.822	0.084	0.684	9.743	0.000	1.000	1.000
2	(Constant)	-0.185	0.333		-0.579	0.579		
	YFHZ	0.565	0.115	0.470	4.893	0.000	0.494	2.025
	JSZY	-0.437	0.140	0.301	3.133	0.002	0.494	2.025

a. Dependent Variable：QYJSCXNL

由表 5-9 可知首次回归 YFHZ（研发合作）入选，说明研发合作对企业创新的贡献值较大。其 t 值和 $Sig.$ 值自变量对企业创新影响显著。技术转移与研发合作对企业创新能力回归方程可表示为：

$$\ln(QYCX) = 0.185 + 0.437\ln(JSZY) + 0.565\ln(YFHZ)$$

表 5-10　技术转移与研发合作对资源整合回归

Coefficients^a

Model		Unstandardized Coefficients		Standardized Coefficients	t	$Sig.$	Collinearity Statistics	
		B	Std. Error	Beta			Tolerance	VIF
1	(Contant)	-0.132	0.184		-0.713	0.477		
	JSZY	0.935	0.055	0.855	17.158	0.000	1.000	1.000
2	(Constant)	-0.091	0.175		-0.520	0.604		
	JSZY	0.741	0.073	0.677	10.105	0.000	0.494	2.025
	YFHZ	-0.226	0.061	0.250	3.731	0.000	0.494	2.025

a. Dependent Variable：ZYZS

由表 5-10 可知首次回归 JSZY（技术转移）入选，说明 $JSZY$ 对资源整合的贡献值较大。经过两步的逐步回归后两个因素都入选，由 t 值与 $Sig.$ 值可知两个自变量对资源整合影响显著。技术转移与研发合作对资源整合的影响回归方程可表示为：

$$\ln(ZYZH) = 0.091 + 0.741\ln(JSZY) + 0.226\ln(YFHZ)$$

表 5-11　技术转移与研发合作对创新绩效回归

Coefficients^a

Model		Unstandardized Coefficients		Standardized Coefficients	t	$Sig.$	Collinearity Statistics	
		B	Std. Error	Beta			Tolerance	VIF
1	(Contant)	-0.149	0.262		-0.567	0.572		
	JSZY	0.959	0.077	0.766	12.381	0.000	1.000	1.000
2	(Constant)	-0.102	0.254		-0.402	0.688		
	JSZY	0.738	0.107	0.589	6.923	0.000	0.494	2.025
	YFHZ	-0.257	0.088	0.248	2.920	0.004	0.494	2.025

a. Dependent Variable：CXJX

由表 5-11 可知首次回归 JSZY（技术转移）入选，说明 JSZY 对创新绩效的贡献值较大。经过两步的逐步回归后两个因素都入选,由 t 值与 $Sig.$ 值可知两个自变量对创新绩效影响显著。研发合作和技术转移对创新绩效影响的回归方程可表示为:

$$\ln(CXJX) = 0.102+0.738\ln(JSZY) +0.257\ln(YFHZ)$$

综上,东西部技术合作中技术转移与研发合作对创新能力的影响显著,技术转移对创新能力的影响比重大于研发合作。

表 5-12 五维度回归方程自变量系数比较

显著自变量	知识获取	知识创新	企业创新	资源整合	创新绩效
技术转移	0.524	0.588	0.437	0.741	0.738
研发合作	0.487	0.685	0.565	0.226	0.257

如表 5-12 所示,对于知识获取维度,技术转移与研发合作的系数差距不大,但是统计分析强调研发合作对知识获取的贡献大,这有悖于常理。前述分析已知技术转移可以方便地促进知识流转,引进技术对接受方创新能力产生关键作用的往往不是显性知识,而是隐性知识。隐性知识无法直接通过现有的年鉴面板数据或者效果评价来度量。上述系数和回归分析结果确认研发合作对知识获取的贡献大,实际上强调技术成功转移中隐性知识的显著地位。另外,隐性知识难以在上述数据处理体现和获取,因而对知识获取的回归统计分析存在一定偏差。企业创新和知识创新的回归方程,两个自变量系数显示出明显的差异,研发合作对企业创新和知识创新的影响确实大于技术转移。特别注意到资源整合与创新绩效的技术转移系数远大于研发合作。这说明对于较大地理区域范围和众多企业来讲,迅速影响创新能力的措施是技术转移,也可以广泛地对资源进行重组与配置。

如表 5-12 所示,研发合作在知识创新和企业创新方面重要性突出,意味着研发合作是获取外部知识的主要路径,研发合作显著决定了知识来源,并最终影响创新成果。

6 东西部技术转移合作对创新能力升级的约束影响

区域内外信息、资本、人才、技术的聚集和重新组合,加速了区域创新能力的发展和提升。各级合作主体在区域创新环境、创新投入、技术发展路径等多重因素作用和影响下,东西部贸促会、贸易合作、投资合作、研发合作、技术转移合作、产业转移合作、人才交流合作等对区域创新能力的要素作用有所偏重,因此对区域创新能力的直接推动和促进作用不同。依据东西部区域环境特色和知识流动的区域特色,促进东部地区先进技术知识向西部地区定向转移,是迅速实现西部区域技术结构升级的措施,对于西部地区创新能力的提升具有重要作用。

6.1 东西部技术转移途径与方式对创新能力的影响

经济合作与发展组织(organization for economic co-operation and development, OECD)认为,技术知识转移是指某一时间段内进入经济系统的技术知识存量的比例,是技术进步的有效途径之一。技术知识转移可以用来描述技术知识的分配和扩散的基本状况,有效地检测经济系统中知识的密集度和应用知识的能力和潜力,反映知识对经济增长的作用程度。技术进步不是投资过程中无意识的副产品,而是经济主体决策的结果,它强调企业在创新过程中的主动性和积极性。技术进步主要有两个途径:一个途径是技术创新,这是一个国家取得和保持技术领先地位所必须采取的基本措施,其重要性被普遍认识;另一个途径是技术转移,这是加速科技成果转化和高新技术产业化的必要步骤。从产业发展的经济绩效来看,技术转移作用非常重要。研究表明,美国企业进行技术转移为企业带来的平均收益为55%,通过技术创新带来的平均收益仅为22%。技术转移是设备、科技成果、专利等及其所蕴含的技术或者知识,在一定的地理空间或者行业内外进行转让、移植、引进、交流和推广普及的系统过程，是技术输出方与技术输入方的系统互动，它能促使科技资源在不同经济区域内的综合集成与高效配置，实现区域的技术进步和较高的区域创新绩效。但是技术转移是我国国家创新体系建设中的薄弱环节，并成为提高我国企业自主创新能力的重大障碍。环渤海技术转移联盟、长江三角洲科技中介战略联盟和东北技术转移联盟等组织在促进技术转移，提高区域创新绩效方面做出了有益的探索。对于科技资源不足、资源配置效率不高的西部后进地区，跨区域的技术转移联盟组织还比较少，相关探索还处于初级阶段，技术转移是西部地区创新发展面临的薄弱环节，急需加强和完善。对于西部地区来说，如何构建西部地区的技术转移系统，加快并促进面向西部的技术转移，如何对面向西部的技术转移绩效进行测度和评价，如何从国家层面、区域层面进行调控，是当前面临的重要问题。尤其是在东西部区域合作背景下，技术转移是技术创新的基础。技术转移问题及障碍解决不好，技术创新的基础就不牢靠，难以进行持续有效地创新。

6.1.1 东西部技术转移的动态途径

在经济一体化、知识经济、城市化以及西部大开发、建设创新型国家战略等背景下，联盟合作、产学研合作、外包、OBM等大量新型关系涌现，多经济主体间技术转移已经成为"经济常量"，技术转移是企业寻求技术进步的有效途径[230]，技术转移的概念源于发达国家的一项政治策略工具。另外，最早也是跨国公司在全球扩张，与海外投资一起进行的技术配套。过去的发展经验说明，技术转移对技术进步和技术创新具有积极的重要的作用，尤其是随着创新在经济发展中的巨大驱动效果，引进技术已经成为许多国家和地区技术进步的重要措施。[231]

国内外文献引用最广泛的是联合国《国际技术转移行动守则草案》中的"技术转移"定义："关于制造产品、应用生产方法或提供服务的系统知识的转移，但不包括货物的单纯买卖或租赁"。目前与技术转移相关的概念主要有技术创新、技术同化、技术推广、技术扩散、技术溢出、技术转让以及科技成果转化，等等。在技术及相关信息向特定目标流动的情况下，技术扩散和技术推广也被看作技术转移。由于研究视角的不同以及时代的发展，关于技术转移的内涵也有很多种理解。目前理论界对技术转移的动态途径认识，主要有以下4种观点。

（1）技术知识转移。技术知识转移指关于制造产品、应用生产方法或提供服务的知识的转移。谢富纪、何建坤[232]从知识管理过程角度指出技术转移是知识转移过程、系统知识的转移过程以及企业特有知识的转移过程三个过程组成的整体。国外学者从知识角度总结有关技术转移的观点,按其强调的侧重点分为7种:① 知识诀窍的转移、分配;② 技术知识应用;③ 地域、领域转移;④ 环节转移;⑤ 技术载体转移;⑥ 相异主体合作;⑦ 技术商品流通说。持此观点的学者认为技术转移是技术知识从产生知识的地方向使用知识的地方的转移,与《国际技术转移行动守则草案》定义不同的是,这种观点对有偿或者无偿的转移不作区分。在东西部非竞争性技术合作中,知识转移意味着东部企业或者研究机构的专业人员通过参与西部地区合作伙伴的生产及研发,直接给予先进知识或者是先进设备,以此实现西部企业技术知识的升级,提高了生产效率。因此,这样的途径对于西部合作伙伴的即时创新能力的提升作用最为直接。技术知识的直接转移可以迅速完成西部地区对先进知识的获取,企业接受先进生产设备、新的生产工艺和生产方法使得企业原有的技术结构立即得到优化,企业的技术创新能力提升是显著的。然而,随着时间的推移,西部的技术知识可能面临又一次的"老化"。如果技术知识直接输入没有引起足够的技术环境整合,或者是整个区域技术基础仍然薄弱,则由于外部环境和基础因素,直接注入的先进技术知识很可能缺乏持续自我更新能力。从这个方面来说,技术知识的直接注入可能不利于长期的创新能力,区域的创新能力的提升即时效果明显,长期提升效果充满不确定性。此外,另一层面,当先进技术知识接受地区的技术基础本身可能并不弱,相关的研发合作已经在进行,先进知识技术的直接"灌输"将产生巨大的激励作用。既有的知识平台和技术支撑环境可以给先进知识技术提供良好的硬件条件,先进技术可能还会和既有的技术知识结合或者为既有的研发项目提供有益的思路和提示,因而,可以促进知识创造。从这个方面来看,只要西部地区及其企业具备一定的条件,先进知识技术直接输入,就会对区域创新能力的提升起到激活和加速的影响作用。由此,我们可以得出先进技术知识的直接转移与接受地区的人力资本、研发经验、资源环境密切相关。如果西部地区的人力资本比较强,而且企业具有丰富的研发经验,那么直接转移知识和技术是提升区域创新能力的最敏捷最低成本的途径。

(2) 技术创新运动各环节之间的转移。Roger 将技术转移定义为一个组织的创新被另一组织所获取并应用的过程,内在的技术转移一般包括"知晓、联合、消化及应用"四个交互作用的部分。技术转移是技术在基础研究—应用研究—试验开发—商业化各环节间的转移,属于技术系统性转移。这样的技术转移途径实际是技术转移方和接受方动态互动的过程,与罗斯布鲁姆所强调的技术转移是技术通过与技术起源完全不同转的路径被获取、开发和利用的技术变动过程相一致。技术系统性转移包括技术传递、技术吸收、技术本地化和技术的重新整合嵌入。从这个意义上说,技术转移也就是科技成果转化,是指为提高生产力水平而对科学研究以及技术开发所产生的具有实用价值的科技成果所进行的后续试验、开发、应用、推广直至形成新产品、新工艺、新材料,发展新产业,最终获得较高绩效的系统性行为。技术系统性转移途径特别有利于从技术产生到进入市场获利整体效率的提高,对于资源能力、技术基础和资本存量都弱势的西部地区的创新能力持续性改善并具有后续性提升非常适宜。同时这种途径涉及面较广,不但需要参与方的充分参与和互动,而且需要足够的人力、物力和财力支持,区域创新能力的提升的时间效率不高。因此这样的技术转移途径一般需要各级地方政府出面协调各种关系,解决各种问题,最好的情景是由技术转移的双方上级政府主导进行,这也是为什么我国东西部技术合作往往需要政府搭台并"保驾护航"的原因。很大程度上,技术系统性转移与东西部历史上"对口帮扶"最为接近。此外,技术系统性转移由于耗时较长,涉及很多方面的因素,也面临较大的搭便车"机会主义"风险,因而对于相互信任的要求很高。

(3) 技术扩散溢出与传承。Kellef 根据里维拉-巴蒂兹和罗默的思想,认为从技术转移的积极性或者是活性角度可以明确技术转移的两种途径:主动积极的技术溢出与扩散和被动消极的技术溢出与扩散。技术溢出与扩散严格意义上讲是有区别的,技术扩散强调技术外部性和时空概念,在行为上趋于主动。技术溢出强调在互动接触中获取技术和知识,属于非主动性行为。斋藤优将技术在近距离范围传播定义为扩散,而将技术在跨区域甚至是国际转移定义为技术转移。由此我们可以分辨技术转移确实与传播距离有某种内在的驱动联系,也有学者将技术转移表述为知识群在一定技术水平和空间范围上的扩散,这个定义暗含了技术转移的空间距离与转移的强度有关。进一步分析,技术转移的扩散溢出途径也提示我们地理邻近性和知识相似性影响技术转移。东西部技术转移显然在地理邻近性方面存在内部差异。按照我国行政区域划分,西部地区包括陕、甘、宁、青、新、云、黔、桂、川、渝、藏、蒙等 12 个省(区、市），从空间距离上看，广西、贵州与东部的广东、福建最邻近，其中广西和广东还是邻省，西藏和新疆空间距离最远。依照技术扩散的转移途径，无论是积极扩散还是消极扩散，广西和贵州相对其他西部省（区、市）来说都具有先天的优势。从上述省市历年创新能力排名趋势和技术交易与转移数量与金额综合来看，我们还发现，技术距离，即技术相似性也与技术溢出强度有关。因此，技术扩散途径下加强技术转移需要综合考虑空间地理邻近性和技术距离，地理邻近与技术距离也同时影响技术转移提升创新能力的效率。

(4) 技术同化过程。Cohen 和 Levinthal 从认知心理学的角度将技术信息在企业组织内同化。获取外部信息、消化和进一步研究的能力统称为技术同化能力。技术同化能力也是为了有效实施本经济系统之外创造的技术，要求本系统内部工人及管理者掌握的能力。Kamien 将技术同化能力定义为组织单元消化和复制从外部获取知识的能力。从技术同化能力的构成要素来看，它是由技术要素、组织要素、意识要素等多要素构成的复合结构。Uyarra[233]，Watanabe 等人从对外溢技术吸收的角度，认为技术同化能力包含识别潜在具有盈利性的技术外溢、外溢内部化以及内化技术用于生产过程三个阶段。技术同化途径强调三个过程，即获取技术、理解技术以及技术应用。显然，技术同化能力和创新能力非常接近，技术同化强调对现有先进技术的"拿来"与"使用"，创新能力更强调对先进技术的"再创造"。实际上，如果将创新能力分为升级与创造两部分，那么技术同化是创新能力的"下半身"的"升级"。"下半身"升级成功才能加速快跑，实现较大跳跃。技术同化途径注重之前的技术基础。如果之前的技术基础较好，那么就可以方便地升级。另外，技术同化还与文化惯习、意识观点有密切的关系。按照这个技术转移途径所强调的内容，西部地区在接受东部技术转移时，一定要注意企业的创新意识和技术基础。也就是说，东西部技术合作下，西部地区接受东部地区的技术转移的同时，需要努力进行文化教育培训和解放思想更新观念，同时客观地对自身的技术基础进行评估，基于足够的技术基础承接相应的先进技术，切不可冒进，追求与自身技术基础差异大的高新技术转移，当然也避免相对落后的二流技术的转移。由此，东西部技术合作下技术转移可以较快提升整体技术水平，减小与先进技术间的"势差"，有利于提升创新能力，实现下一阶段的知识创造。

综上所述，四种技术转移途径均是现实中存在的，并且各个途径对于创新能力的提升的影响各有侧重。技术基础、思想意识、距离邻近性、技术相似性、过去技术合作经验、人力资本、资源互补、政府主导等影响因素为我们进行深入研究提供了思路和抓手。实际上，东西部技术合作面临的各种因素和障碍，与技术合作中技术转移途径相关。尽管不同的途径影响因素有所不同，但是，由于我们的研究定位在非竞争性技术合作，东西部资源、技术、能力、环境等的差异决定了大部分合作是非竞争性的和非博弈性的，也就是说合作双方共同利益大于各自利益，因而可以认为是不同转移途径是共生的，其中关联的影响因素是并列的，具体到二级各个转移途径的影响因素的分析可以提升到一级平台进行。另外需要强调的是，许多研究没有充分重视技术转移途径的时间效用。时间效用包括两个方面：第一，建立技术转移的途径时间，包括侧重于不同途径的时间序列，以及具体先进技术转移的先后时序。根据上述分析，可以将相似技术，具有合作经验的和相应的人力资本和技术基础的先进技术直接"输入"，一方面可以迅速实现知识获取，另一方面可以提高技术同化速率，从而加快创新能力的提升。第二，提高单位时间技术系统性协调。全面提升西部地区创新能力，必须依靠技术系统转移途径。单位时间内必要的资源的供给和内外部环境优化，抓住技术机遇和技术窗口，在现有的技术能力差距所创造的机会窗口迅速"搭车"是低成本高效率提升创新能力的捷径。站在技术转移输出方和接收方的不同视角，技术转移的途径面临的问题不同，本课题主要目的是提升西部地区的创新能力，因而有关研究以接受者视角为主。综上，从技术接受者角度，技术转移包含技术选择、技术同化和技术再创新三个阶段连续过程。第一阶段主要是技术选择、技术扫描。这个阶段主要涉及企业既有的技术能力资源结构和组织特性，与要素禀赋和要素价格相关。第二阶段是技术同化阶段，主要涉及企业的获取能力、吸收能力和内外部信息共享，与技术距离和学习模仿相关。第三阶段是技术跃迁自主创新，主要涉及 R&D 投入、新产品产值比重和创新项目数。可以将技术转移途径归纳为两大类：一是技术知识相对时空转移，重点强调产权、设备、技术商品的流通等一系列活动；二是技术知识的再次吸收、消化及利用。技术转移不仅是指技术知识以及随同技术一起转移的机器设备的移动，而且强调技术在新的环境中被获得、吸收和掌握，揭示技术转移本质是知识的转移。从知识角度看，技术转移可以被解释为三种知识的转移：一是生产性技术知识系统的移动。例如产品、设备、零件等生产技术知识系统。二是产品及研发知识系统移动。例如专有技术、专利技术、研发说明书、技术许可、服务合同、维护手册等产品及研发知识系统。三是嵌入到区域、环境、组织及文化中的宏观和微观的信息流动。技术不是普通意义上的商品，而是各种与之匹配的资源、能力集聚的特殊商品。从技术接收方角度看，完整的技术转移包括技术、资源和能力的传递、吸收、消化和改进创新全过程，隐性知识的转移是这个过程的难点，成功的技术转移必将带来技术接收方的创新绩效的改善和提高。

6.1.2 东西部技术转移的动态方式

技术转移的方式有很多，如成套技术设备引进，外商直接投资，技术咨询，专利、专有技术与商标的许可证贸易，技术工程承包，合资或联盟，公司间的购并，技术人才的引进，员工的交换，区域外公共研发机构成果的获取，外部技术的培训和参观访问，各种学术会议和研讨会。

本节主要研究东西部如何通过技术转移，进而不断进行技术学习提升区域创新能力，因此，将技术转移的知识类型和合作程度高低作为技术转移方式分类的主要依据，技术转移方式分为技术引进、技术许可证、合作生产、技术人才流动四种类型。如表6-1所示。

表6-1 技术转移方式

知识类型	技术转移方式	
隐性知识	技术许可	技术人才
显性知识	技术引进	合作生产
沟通互动程度	低	高

（1）技术引进。技术引进主要是指机器、设备、工具和中间产品等物质性资源的转移，包括设备、生产线的直接购买，它涉及的都是显性的知识转移，也不需要供需双方密切合作。这种技术引进主要是技术转移原体希望将成熟技术甚至是已经开始衰退的技术通过这种方式进行转移，为了能够获取最后的垄断利益，而这种技术对技术转移受体本身的技术创新能力和地区的技术水平可能要求也不高，使得这种技术转移易于发生，同时能够获得一定成效。

（2）技术许可证。许可证贸易的方式的技术转移有狭义和广义之分，狭义的许可贸易合同指商标和专利权的转移或是使用权的许可贸易合同；而本课题主要研究狭义的许可证贸易，包括专利化的技术性信息的使用权、无专利企业拥有的信息或经验的转移等。以技术许可证方式进行技术转移虽然涉及隐性知识较多，但在这种方式下，技术转移受体往往已经具备操作技术资源的基本能力，因而供需双方合作程度较低。技术转移原体为了降低技术开发等方面的风险，尽快回收成本，或是不利于推行本土化时多采用这种方式，此时技术转移受体通常已经具有一定的技术创新能力，需要技术转移受体具有考察技术适用性、关联性的能力。

（3）合作生产。合作生产可以采取多种形式，如分包合同等，在这种方式下，技术的软件和硬件资源可以为供需双方充分共享。这种合作生产有两种体现形式，一种是跨国公司建立的分厂或子公司等，即移植型技术转移，是指技术的全部内容，包括机器设备、工艺程序、设计安装、图文资料、技术培训等一次性整体搬迁而实现的技术转移，但这种合作生产，更多的只是生产转移而不是技术转移。另一种是嫁接型技术转移，是指技术的部分内容（如某一单元技术）或关键工艺设备等流动而实现的技术转移。它以技术需求方原有技术体系为母本，与外部先进技术嫁接融合，从而引起原有技术系统功能和效率的更新。这种技术转移模式对技术转移受体原有技术水平的依赖性较强，要求匹配的条件较为苛刻。

（4）技术人才。技术人才引进在技术转移中也比较常见。我国"干部交流""支边支教""博士服务团"就是典型的技术人才交流。技术人才交流尤其是对于技术转移过程中的隐性知识传播非常有效。尤其对于大型设备引进来说，与设备有关的技术诀窍存在于开发人员和工程师心智中。因此，大型设备引进一般双方均会派遣专业人才相互学习沟通。另外，跨国公司人员外派也是常见的技术人才转移。

总之，技术转移是一个复杂的动态经济过程，它的成功依赖于很多不同来源的多种因素的影响与作用。技术转移的成效主要取决于三方面的条件：技术引进方、技术输出方和技术知识本身。可以用三维函数表达式 $V=(X, Y, Z)$ 来表示。技术转移受到不同发展状态的技术知识（X），引进方的能力（Y）和输出方的战略（Z）所限定的范围交互影响。可以将技术转移分为觉悟、联合、同化及应用四个交互作用的部分，四个部分中技术同化能力比较关键。Robinson 从技术转移目的的角度，提出影响技术转移的 13 个维度，分别是成熟性、动态性、相对重要性、环境特性、要素可替代性、规模、可获得性、复杂性、集中性、生产连续性、反向工程可能性、过程/产品、企业特性。Ranft 从技术本身角度研究发现技术复杂性维度对技术知识成功转移影响很大，技术知识越复杂，技术转移越困难。

Robertson、Cooke、Mohan 研究了技术的不确定性,认为技术的不确定性越大,技术接受方对技术未来价值的评估就越困难,这使得技术生命周期被缩短和技术变化风险增加,影响技术转移。Doff、Cooke 从技术开发项目市场需求角度指出技术转移是一个高风险的过程,不能确保产品成功投放市场,不能确保技术转移投资有足够回报。Everett、Cooke 从技术转移接收方角度分析信息、需求培训、熟练职员、足够资源、组织以及奖励/激励结构对技术转移的影响。范拓源也站在技术接收方角度,研究技术不确定性与技术转移的关系,并从因果模糊、时间压缩的不经济性、路径依赖、资源的相互关系等方面总结了原因。

由于技术转移本身具有时滞性和复杂性,大量研究偏于实证。基于环境、知识本身、社会资本、能力、组织等不同的视角,实证分析不同环境对知识转移的效果有影响,如任务的相似性、知识源、接受者、情境和知识本身的特性。社会网络的特点,网络组织结构,组织内知识源的能力、信任度和交流程度,内部市场知识,接受者吸收能力,战略意图,管理机构等很多因素已经被证实影响技术转移。Curnmings 从知识角度将影响研发知识转移因素归纳为九个方面,即知识的嵌入性、可描述性,转移主体之间的组织距离、物理距离、知识距离和规范距离,接受方的学习文化和优先性,以及转移活动的数量等。揭示影响知识转移的六个因素分别是信任、人际关系、激励、决策者态度、知识管理系统、知识吸收能力,Uyarra 等将技术本质认同为知识,把技术转移中的知识分为显性知识和隐性知识,从隐性知识、技术转移方式、技术提供方、技术采用方四个方面分析了隐性知识转移影响。

基于技术、知识、能力的相互联系,在区域合作背景下,国内外技术转移的影响因素研究可以归纳为五个方面:技术知识本身系统、技术提供方、技术采用方、社会网络、技术转移方式。技术知识本身系统的重点是知识管理,特别是研究隐性知识有哪些特性,如何促进隐性知识的转移,隐性知识如何显性化,对于技术提供方来讲,技术转移重点研究动机、意图、组织、社会资本等。对于技术采用方来讲,重点研究技术选择、技术吸收、技术应用、技术创造等方面。社会网络方面研究创新体系的组织网络形态及联结程度、技术转移双方的环境特性、社会资本、网络能力以及嵌入性等。技术转移方式主要研究技术许可证、技术买卖、产学研结合、战略联盟或技术合作、外商直接投资、并购、共同开发、合资经营、合资研发、委托研发、设备和软件购置、信息传播、技术帮助、技术服务、创办新企业、合资合作、购进出版物、机械设备、雇佣外部专家、输送本地人员接受培训、非正式的信息交流和咨询、教育、现场、会议或新闻媒介交流等途径对技术转移的影响。在网络环境下，企业与企业之间的技术转移不单单是个体对个体的知识流动，实际上是代表相互所在的产业集群、创新集群的相互作用。韩国汽车工业在20年时间内通过技术引进、技术许可等正式技术转移模式以及OEM等非正式技术转移模式发展而迅速崛起就是一个突出的例证。因此，面向西部的技术转移必将是我国区域创新体系下的相对发达区域对相对落后区域的知识转移、吸收、应用、创新过程，具有网络化特征。

从上述分析可以看出，考虑到技术供给者所拥有技术资源的专有性、路径依赖性和隐性知识的难于传达，以及企业能力的整体性及其形成过程的复杂性和长期性，对于我国企业来说，仅凭借技术硬件资源的进口货设计、技术软件资源的许可证贸易，而不经过供需双方的长期合作来发展行业的自主创新能力，已经被证明是非常困难的。因此，合作生产作为一种技术转移方式，已经成为我国企业基于技术转移迅速提高技术能力的主要方式。技术转移通过植入或加强行业技术能力各要素，使之重新整合，互补强化来达到提高行业技术能力的目的，从上述分析中得到技术转移的几种方式给我国企业技术能力各要素带来的变化见表6-2。

表6-2 技术转移方式对区域创新能力构成要素的影响

区域创新能力构成要素	技术转移公式			
	技术引进	技术许可证	合作生产	技术人才
人员	通过操作规程等显性知识安排技术工人	增加研发人员数量	提高技术工人技能、促进研发人员学习	提高企业员工的整体素质
信息	信息沟通少	增强区域企业内部门之间的沟通	外部合作形成的外部知识为主的信息沟通	内部信息流通、外部沟通渠道畅通、多样化
组织	为提高效率进行组织内部的技术学习和沟通、进行简单生产管理	增强区域学习能力、以隐性知识学习为主	易于形成操作技巧、工艺调整、管理经验等隐性知识	多方面提高企业组织整合能力

表6-2（续）

区域创新能力构成要素	技术转移公式			
	技术引进	技术许可证	合作生产	技术人才
技术基础	提供成熟设备、生产线	促进新设备追踪新生产设备	提高原有生产系统功能和效率	提高设计工艺流程等能力

20世纪90年代以来，我国区域间技术转移主要采取技术引进和技术许可证的方式来引进技术，通过提高企业技术基础来促进企业的技术能力发展，即从企业技术能力的四要素中首先寻找某一要素突破，激发企业技术能力提升，渐渐使得四要素之间实现发展均衡，进而促进区域创新能力提升。因此，在利用技术引进和技术许可证贸易等技术转移形式时，除了要注重转移技术的吸收、消化，更需要注重加强企业技术能力的其他几个要素的发展，才能使得企业通过技术转移获得持续的竞争优势，而不是只通过技术转移提升企业的生产能力，进而伴随技术升级，不断地引进新技术，最终导致行业落入技术追赶陷阱。

进入21世纪后，区域合作集中指向区域经济增长目标，技术转移表现为跨区域的企业或者企业集群、研发机构、服务机构等共同参与的技术知识流动重组与配置一系列过程。区域技术转移加速了知识技术流转，增强了区域知识技术基础，同时流转的技术知识通过与本地企业、研究机构、大学等原有技术知识配置、固化、嵌入到经济系统中，尤其是企业价值创造系统中。重点表现在企业四个技术创新能力要素被激活、激发、跃升，并在行业和相关产业的技术升级。由此，区域技术知识基础通过技术转移得以加强和跃升，建立新的知识技术基础平台，区域各种经济单元在强化后的区域知识技术平台上，再进一步进行知识技术重组，这个过程主要表现在区域内部研发集群和企业集群在企业技术创新能力四个要素方面的强化与升级；另外，还有可能促进区域产业结构优化与升级。从区域层面来看，技术知识流动重组和配置，尤其是合作生产（比如外包、订单生产）和人才交流对区域新知识创新能力、知识流动获取能力、区域环境投入整合能力、企业技术创新能力、区域创新绩效达成能力均有重要影响，并以主要对企业技术创新能力具有关键性影响。

由此，东西部区域技术转移主要采用了合作生产和人才交流的技术转移形式，这两种转移方式除了伴随着这几种技术转移的发生会带来技术基础要素的升级外，还从区域整体上提升了创新能力。例如在合作中，关注信息的获取和组织内外部不断的信息沟通，关注区域组织内部和合作企业组织间的知识共享，通过区域跨组织边界传递隐性知识使得企业的技术能力各要素都得到提升，同时技术引进、技术许可证等技术转移方式也增强了区域创新环境投入整合能力和绩效达成能力，四种技术转移方式对区域创新能力提升实现了全面化、均衡化。

6.2　东西部技术转移对创新能力提升的动态影响分析

技术本身就是一种知识，东西部四种不同的定向技术转移方式中伴随着知识流动和信息流动。知识分为隐性知识和显性知识，其中隐性知识往往对创新能力的提升有重要影响。东西部技术引进和合作生产的技术转移方式中，技术出让方和受让方之间直接转让的为生产线、成熟设备，在这个过程中伴随的知识流动往往以显性知识为主；东西部技术许可和技术人才流动这两种技术转移方式下流动的知识往往多为隐性知识，显性知识相对占比不大。

东西部非竞争性技术合作中技术转移并不仅仅是技术出让方和技术受让方双方的行为，由于技术知识本身显性知识与隐性知识转移传播的特殊性，需要与其他技术环境中的科技资源、科研机构、开发人员及原环境中的有关资源交互融合，甚至技术出让方和受让方文化背景方面的影响往往是重要影响因素之一。上述各种资源从时间维度看，t 时刻与 $t±1$ 时刻参与的资源种类和数量是有差异的，即技术转移过程中技术知识与其他资源要素是动态交互的。东西部成功的技术转移的效率较高，技术转移参与多方均有较高的绩效表现，意味着技术知识与转移地的技术环境和技术资源动态匹配效率要高，这样的技术转移才是成功的。技术转移并非转移的数量越大越好。从单位时间截面上观察，技术转移的单位流量大，反映了技术交易活跃。但是，假如缺少与当地技术基础和资源的耦合，技术转移的活跃反而造成技术的"沙漏"，浪费许多技术和资源。在东西部非竞争性技术合作中技术转移可能通过前述四个途径和四种方式实现，各个途径之间并非独立的，而是并列或者是混合的，技术转移同时也是某一技术水平的知识群从较高知识梯度发送到较低知识梯度的经济体中，技术转移方式和数量具有一定的时序性，反映在技术转移数量的时间截面不一定均匀分布，但是以技术成功转移为对象，则过去的技术水平、技术进步空间、外部环境因素等与技术成功转移存在某种时间函数关系。

在对国内外技术转移与其他因素之间的关系进行探究的过程中成功地建立

了许多研究模型，其中较为典型的模型包括"传染"模型、戴维模型、时间模型等。由于技术具有生命周期性，"传染"模型将技术生命周期中技术层次特点与传染病传播相拟合，利用传染病模型研究技术转移，其计算方法与经验数据耦合较好。但是注意到该模型的前提是技术、资源、环境因素都是静态的而非动态的，并且忽略了外部资源定向匹配行为，因而无法对技术知识动态变化深入探索。戴维引进了时间因素并借用临界值将技术转移行为定义为在临界点的溢出。当新技术足够强大并且超过了旧技术知识在经济系统中的作用时，新技术会取代旧技术发展技术转移。戴维模型考虑到了时间作用，并且形成了技术引进的时间函数，技术引进时间函数的一阶导数就代表了技术转移的速度，分析技术转移的速度可以考察技术转移过程的不足和障碍影响，但是进一步分析并解决障碍由于模型缺少相应的作用关系而无法开展。巴兰森函数模型从影响技术转移的成功因素出发，构建了一个包括影响因素的关系结构，如：

$$T = f[M, sp, re, td, ta] \qquad (6-1)$$

其中 T 为技术转移的成功水平，$f[\cdots]$ 为技术转移成功与影响因素之间的关系结构，M 为技术转移的方式或者途径，sp 是技术输出方因素，re 是技术接收方因素，td 是转移的技术知识与接收方技术基础的差异性，通常表示为技术之间的相似性程度，ta 是知识本身的属性。巴兰森模型给我们有益的启迪，如果将时间纳入到模型中，则可以实现技术转移与影响因素的动态交互作用。

（1）技术成功转移的动态模型估计。参考 Porter 对技术扩散的研究，大多数情境下技术跨越和技术升级必须依托一定的技术基础，而且需要有足够的技术延伸空间。在创新驱动条件下，某个时刻既有的技术水平正向影响技术升级的速度，而且技术升级的延伸空间也正向相关技术升级速度，资源和环境的支撑匹配协调也与技术升级速度正相关。由此构建技术成功转移模型可以表示为：

$$\frac{\mathrm{d}f(t)}{\mathrm{d}t} \propto f(t)(F - f(t))[\mu(e_t)] \qquad (6-2)$$

以上定义的模型中 $\mathrm{d}f(t)/\mathrm{d}t$ 为东西部非竞争性技术合作中技术成功转移的效率或者是速度，$f(t)$ 为 t 时刻的技术成功转移水平，F 为一段时期以来可实现的技术成功转移的累计最优值，$[\mu(e_t)]$ 表示资源和环境对于技术成功转移的支撑和配置。考虑受援地区的技术成功转移还与技术输出方的技术转移效率正相关，因而引入模型后可表达为：

$$\frac{\mathrm{d}f(t)}{\mathrm{d}t} \propto \alpha(t)f(t)[F - f(t)][\mu(e_t)] \qquad (6-3)$$

其中 $\alpha(t)$ 为技术输出方技术转移的效率时间函数。假设正相关关系为线性倍率 A，则技术成功转移速度（单位效率）可表示为：

$$\frac{\mathrm{d}f(t)}{\mathrm{d}t} = A\alpha(t)f(t)[F - f(t)][\mu(e_t)] \qquad (6-4)$$

其中 A 为正相关倍率常数。考察 t 和 $t\pm1$ 时刻技术成功转移可以对式（6-4）进行积分求解，得到技术成功转移的数学表达式：

$$f(t) = \frac{f([\mu(e_t)]_{t-1}^t)\exp(AF\int_{t-1}^t \alpha(\xi)\mathrm{d}\xi)}{\dfrac{1}{f(t-1)} + \int_{t-1}^t A\alpha(\xi)\exp(AF\int_{t-1}^t \alpha(\xi)\mathrm{d}\xi)\mathrm{d}\xi} \qquad (6-5)$$

其中 $f([\mu(e_t)]_{t-1}^t)$ 为技术接收方资源环境的支撑水平。

式（6-5）说明了东西部非竞争性技术合作中技术成功转移是某一特定时间 t 的动态的非线性函数。其中 A 可以通过回归分析给出，当然，严格意义上 A 可能并不是常数，但是当控制时间间隔，在某个特定时间，技术输出和技术接收行为是连续的。只要进行足够的东西部非竞争性技术合作发展进程分析，就可以截取影响因素互动作用也保持一定的规律的时间间隔，回归分析所得结果是常数可以实现。同样，对于技术接收方资源环境支撑水平也可以通过上述方法得到。$\alpha(t)$ 为技术输出方转移效率函数，代表在技术转移过程中技术输出方对技术接收水平的改善效率。在东西部跨区域技术转移过程中，接收方可利用的外部资源主要来自发送者和接收者之间的技术差距。技术差距越大，技术转移中可用的资源越多，然而跨区域技术转移效率不一定高。这是由于在跨区域技术转移的第一阶段中，由于区域发展差异性，技术转移接收方吸收能力有限，技术选择和要素禀赋并不完全匹配，尽管双方技术差距较大，拥有较多的可转移外部资源，但是技术转移效率受到接收者与转移者的相对技术地位限制，效率不高。在第二阶段，随着跨区域接受者学习能力提高，新技术的投入产出得到改善，技术转移效率提高。第三阶段，转移双方的技术差距逐步减少，接收者本身能力变得强大，同时转让者现有的可转让的资源减少了，这使得其中的技术转移效率减少，整体符合倒 U 形趋势，但是接收方的自主创新能力增强，接收方更加注重技术创新，由此也可以相应得到创新能力提升的变化。另外，根据技术输出方转移效率趋势，还可以进一步判断跨区域技术差距的增加意味着具有较大的技术吸收潜力。基于足够的技术基础和资源配置，技术差距扩大会促使转让速度加快。当技术差距增大到技术基础和资源不能支撑新技术时,技术转移的绩效(技术成功转移水平)会呈现出指数形式的衰退。这说明基于技术接收方的技术基础,存在一个最佳技术距离。东西部技术合作中通过技术转移来促进区域创新能力的提升存在必要的保障因素,而且保障因素应该在技术基础和资源方面。在资源约束下,最简单有效的保障做法是进行组织创新,面向技术成功转移和创新能力的提升,可以调整组织结构,比如设置专门的技术转移协调机构,并且由具有资源调配能力很强的地方政府来主导,是一项有力措施。

上述公式包含了技术成功转移的内外部重要因素之间随着时间推移动态互动的作用,只要适当截取时间间隔,就可以在一段时间内描绘出东西部技术转移的动态特征图,从而实现技术转移对创新能力的提升的动态影响分析。然而式(6-5)考虑的影响因素并不全面,比如技术基础和技术距离以及文化惯习和既有的合作经验对于技术成功转移的作用也是显著的,但是以上影响目前无法用准确的数学表达来一一刻画。然而可以试图找到一个综合性代理变量,将上述难以准确测度的因素集成并随着时间的变化显示出可比拟的变化。在本章研究中资源环境的匹配支撑作用实际是一个综合集成变量,借鉴有关技术与环境的关联耦合度研究,可以对模型进行修正和完善。

(2)考虑技术基础、技术距离和资源匹配等因素修正技术成功转移模型。技术与环境的研究认为技术具有较强的嵌入性,技术并不能独立于资源环境结构而对经济社会产生重要的作用。对于不同的技术类型,存在相应的产业环境。在时间 t 下某个区域的产业环境是一定的,技术总是在一定的产业结构中进行流转。当新技术进入另外一个区域时,首先是与相应技术类别的产业既有技术群直接发生互动,而后需要适应新的产业环境。技术的成功转移意味着在技术接收区域新进技术与当地产业环境完全结合并且发挥新的作用。技术与环境的相互作用已经有成熟的研究,技术与产业环境的耦合度(以下简称为技术环境耦合度)被用来测度技术与环境的匹配。东西部技术合作中技术跨区域转移要求技术输出方和接收方有足够的资源配置,技术与产业环境的耦合同时也说明资源实现了配置,因而可以用技术与产业环境耦合度来代表技术转移的资源配置。结合技术转移的前述分析,将技术与产业环境耦合、技术距离、技术转移前技术输出和接收方的技术水平等影响因素引入模型进行如下修正。

$\alpha(t)$ 为技术输出方技术转移效率,基于前述分析,它与技术环境耦合度、基于一定的技术基础和资源配置下的技术差距、潜在的技术距离正相关，因而得到：

$$\alpha(t) = C_i(t)\exp(-D(t))G(t) \tag{6-6}$$

其中 $C_i(t)$ 为技术环境耦合度，$D(t)$ 为技术转移双方潜在的技术距离，$G(t)$ 为技术转移双方的技术差距。根据前述说明及定义：$G(t) = S(t) - R(t)$，其中 $S(t)$ 为时刻 t 技术输出方技术水平；$R(t)$ 为时刻 t 技术接受方技术水平，因技术发展遵循"S"形曲线，因此，

$$S(t) = \frac{1}{1+a_S e^{-bt}}, D(t) = \frac{1}{1+a_D e^{-bt}}, \text{其中} a_S, a_D, b \text{为常数;}$$

$$D(t) = \frac{S(t)-R(t)}{R(t)} = \frac{G(t)}{R(t)} \tag{6-7}$$

$$\alpha(t) = C(t)\exp(-D(t))G(t) = C(t)\exp\left(-\frac{S(t)-R(t)}{R(t)}\right)(S(t)-R(t)) \tag{6-8}$$

将式（6-6）代入式（6-4），整理得到：

$$\frac{df(t)}{dt} = AC(t)\exp(-D(t))G(t)f(t)[F-f(t)] \tag{6-9}$$

利用复合函数原理，我们可以将技术环境耦合度、技术差距和潜在的技术距离等时间函数代入式（6-9），从而得到资源匹配下的技术成功转移速度，相同的变换后可得出技术差距和潜在技术距离下技术成功转移的速度，例如资源配置（用技术环境耦合度代理）下的技术成功转移速度为：

$$\frac{df(C,t)}{dt} = AC(t)\exp(-D(t))G(t)f(D,t)[F-f(D,t)] \tag{6-10}$$

将东西部技术转移双方潜在的技术距离时间函数代入式（6-9），可以得到在潜在技术距离下的技术成功转移的速度：

$$\frac{df(D,t)}{dt} = ACe^{-D(t)}G(t)f(D,t)[F(D)-f(D,t)] \tag{6-11}$$

式（6-11）中，除了 $F(D)$ 均是时间 t 的函数，$F(D)$ 为复合函数。根据定义，东西部非竞争性技术合作经历一个较长时间间隔后，任意跨域技术成功转移的最大值（累计值）是不同的，但是固定技术输出和接受方后，技术转移双方的潜在技术距离和转移累计最大值之间有内在关系，当 $D(t) = \infty$ 时，$F(D) = 0$；当 $D(t) = 0$ 时，$F(D) = F$。$F(D)$ 与 D 之间存在递减关系，可以假设

$\dfrac{\mathrm{d}F(D)}{\mathrm{d}D}=Be^{-D(t)}$，其中 B 为常数。积分得出：$F(D)=-Be^{-D(t)}+\beta$，其中 β 为积分常数项。代入边界条件，则有 $\beta=0$，$F=-B$，因此 $F(D)=Fe^{-D(t)}$。代入式（6-11）并积分，得出：

$$f(D,t)=\dfrac{\exp(ACF\int_{t-1}^{t}G(\xi)e^{-2D(\xi)}\mathrm{d}\xi)}{\dfrac{1}{f(D,t_{t-1})}+\int_{t-1}^{t}ACG(\xi)e^{-D(\xi)})\exp(ACF\int_{t-1}^{t}G(\xi)e^{-2D(\xi)}\mathrm{d}\xi)\mathrm{d}\xi} \tag{6-12}$$

式（6-12）表明在 t 时刻技术成功转移与技术资源配置、技术差异、潜在的技术距离、技术转移预期等之间的关系，即可以进行有关动态影响分析。但是以上要素也是时间函数，要实际应用需要进一步对式中 C、D、G 化简。研究证明任何区域的技术引进消化吸收基本符合 Logistic 增长模型，呈现"S"形曲线。尽管东西部地区在经济、技术、资源甚至思想观念和文化惯习方面存在差异，但是由于经济增长方式基本上相似，东西部技术差距和经济增长差距具有对应关系。因而随时间变化的技术差距和潜在技术距离在某个时间间隔的均值接近 $G(t)$ 和 $D(t)$ 值。如下所示：

$D=\dfrac{\overline{S}-\overline{R}}{\overline{R}}$，$G=\overline{S}-\overline{R}$，其中 $\overline{S}=\dfrac{1}{t_2-t_1}\int_{t_1}^{t_2}S(t)\mathrm{d}t$，$\overline{R}=\dfrac{1}{t_2-t_1}\int_{t_1}^{t_2}R(t)\mathrm{d}t$ 整理得出：

$$G=\dfrac{1}{t_2-t_1}\left(\int_{t_1}^{t_2}S(t)\mathrm{d}t-\int_{t_1}^{t_2}R(t)\mathrm{d}t\right) \tag{6-13}$$

$$D=\dfrac{\dfrac{1}{t_2-t_1}\left(\int_{t_1}^{t_2}S(t)\mathrm{d}t-\int_{t_1}^{t_2}R(t)\mathrm{d}t\right)}{\dfrac{1}{t_2-t_1}\int_{t_1}^{t_2}R(t)\mathrm{d}t}=\dfrac{\int_{t_1}^{t_2}S(t)\mathrm{d}t-\int_{t_1}^{t_2}R(t)\mathrm{d}t}{\int_{t_1}^{t_2}R(t)\mathrm{d}t} \tag{6-14}$$

将式（6-13），式（6-14）代入式（6-12）求解，得出：

$$f(D,t)=\dfrac{Fe^{-D}}{1+\left(\dfrac{Fe^{-D}-f(D,t_0)}{f(D,t_0)}\right)e^{-AFCGe^{-2D}(t-t_0)}} \tag{6-15}$$

化简如下：

$$\dfrac{f(D,t)}{Fe^{-D}-f(D,t)}=\dfrac{f(D,t_0)}{Fe^{-D}-f(D,t_0)}e^{-AFCGe^{-2D}(t-t_0)} \tag{6-16}$$

进一步化简,得到:

$$\ln\left[\frac{f(D, t)}{Fe^{-D} - f(D, t)}\right] = \ln\left[\frac{f(D, t_0)}{Fe^{-D} - f(D, t_0)}\right] + ACFGe^{-2D}(t - t_0)$$

还可化简:

$$Y = \varepsilon + \gamma t \tag{6-17}$$

其中 $Y = \ln\left[\dfrac{f(D, t)}{Fe^{-D} - f(D, t)}\right]$,$\varepsilon = \ln\left[\dfrac{f(D, t_0)}{Fe^{-D} - f(D, t_0)}\right] - ACFGe^{-2D}t_0$,$\gamma = ACFGe^{-2D}$。

式(6-17)即东西部非竞争性技术合作动态技术成功转移数学表达式,是否符合实际情况需要进行进一步的验证。据常识,已知当 $t \to +\infty$ 时,$f(D, t) \to F_{max}e^{-D}$;当 $t \to -\infty$ 时,$f(D, t) \to 0$。将 t 的边界值代入式(6-15),计算得出:$f(D, +\infty) = \dfrac{F_{max}e^{-D}}{1 + [\cdots]e^{-\infty}} = F_{max}e^{-D}$;$f(D, -\infty) = \dfrac{F_{max}e^{-D}}{1 + [\cdots]e^{+\infty}} = 0$。上述边界条件验证通过,说明模型是正确的。

式(6-17)具有清晰的含义和意义。东西部技术合作中技术转移的效率是一个动态复杂的过程,内外部因素的交互作用也是时间的动态复杂过程,很难辨析出各个"作用力"大小和作用趋势,很难实现过程管理。本研究所得到的数学表达式,可以将技术成功转移效率或者水平描述为符合线性时间函数。这样的重要意义在于可以实现对东西部技术合作中技术转移实现实时的动态管理,因此也对技术转移促进创新能力的提升有了即时的认识和把控,尽管上述的动态管理也是近似模拟,但是至少有了一个动态的分析工具。本研究得出的数学关系式还得出了一个有用的结论:东西部技术合作中技术成功转移最为关键的影响因素是资源配置、技术输出与接受双方间的技术差距和潜在的技术距离,而其他一些内外部影响因素分别和上述因素进行作用,因而可以将上述因素归类为一级指标,其他因素归类为作用于一级指标的二级指标。一般情境下,资源配置情况越好则越有利于东西部技术合作,但是动态模型说明资源配置存在适宜和最优问题,并不是越多越好。如果在某个时间间隔,测度出有关数值,则可以利用数学求导方法求解出最优数值。密集的时间间隔,求解结果可以描述资源配置的动态过程,便于即时采取有力措施进行修正。上述动态数学表达还说明了在技术转移过程中,东西部潜在技术距离的作用比技术差距有更强更显著的影响。较大的潜在技术距离不利于成功的技术转移。当东西部的技术结构具有很大差异时，非相似性技术转移的效率不高，不利于创新能力提升。这说明技术合作中技术转移首先面临技术的选择。最有效促进创新能力提升的技术不一定是高精尖技术，相对于西部而言，东部一些"技术势差"的技术，有可能并非先进技术，技术成功转移的效率高于先进技术，对创新能力的提升作用也更强。因而，上述研究提示我们，东西部非竞争性技术合作需要关注技术能力和专业化。对于企业来讲更强的专业化虽然技术能力不高，但是它不但代表研发能力强，而且表明了与技术转移双方技术距离之间的微妙关系，这为下一步深入研究技术合作与创新能力提升之间的关系提供了方向。上述研究用技术环境耦合度代表资源配置。技术环境耦合度为东西部技术合作提供了技术与环境要素的测度，同时在技术转移过程中也对技术差距和潜在技术距离两个主要影响因素进行了补充说明，这一测度非常有用。此外，资源配置的重点还有资源互补性。实际上，东西部技术合作中参与主体的合作目的除了"帮扶"外，从经济利益角度，主要是寻求跨域资源重组，合作双方的资源互补性是技术合作重要目标之一。此外，技术差距和潜在技术距离在技术转移中也是动态变化的，西部技术接收方对输入技术知识的整合效率直接影响技术差距和技术距离的动态性，因而知识整合效率也需要在技术合作中特别予以关注。

(3) 动态方程的应用算例。为了实际检验技术成功转移的动态模型，并且试图对目前正在进行中的东西部技术合作中技术转移进行指导，研究验证当地技术水平对技术成功转移的动态影响。本研究选择东西部技术合作中相对频繁的江苏、陕西、甘肃、广西和广东为技术转移研究样本，假定江苏具有较强的技术势能，作为输出方向陕西、甘肃、广西和广东转移技术。数据来源于《中国城市统计年鉴》《中国科技统计年鉴》《中国工业经济统计年鉴》和EPS数据库。鉴于东西部大面积技术合作始于1999年西部大开发政策的实施，考虑合作的时滞性和技术转移数据的易获得性及稳定性，限定时间间隔为2007年、2009年和2011年，搜集东西部在设备制造业技术交易活动数据。借鉴生产系统技术改造中广泛应用的增加值分析，选取各省在设备制造业的增加值指标来识别技术能力决定因子。具体数据处理的次序是技术水平的确定、技术环境耦合度、确定技术水平表达式系数、技术成功转移回归验证。

① 各个省设备制造业技术水平的确定。对于区域来讲，技术水平受到来自区域、行业和特定行业三个层面的影响。因此，对区域技术水平具有重要决

定的指标从三个层面建构：地区层面技术影响因子（包括从业人员人均 GDP 和人均 GDP）；制造业层面技术影响因子（包括制造业人均产出增加值；制造业平均从业人员的增加值）；特定行业的技术影响因子（包括电子设备制造业平均产出增加值和平均从业人员的增加值）。参考刊载于《中国工业经济》的论文《产业技术选择与产业技术生态环境的耦合效应分析》的研究成果，对于制造业技术水平 M 的二级指标选取新产品产值比重、研发经费投入强度、创新项目的数量和有科技活动的企业占比。对于制造业技术环境 E 二级指标选取制造业总产值、全员劳动生产率、制造业产业增长率、从业人员平均工资和利润率指标。

② 有关数据处理。因子分析需要对所搜集的数据进行标准化处理，采用（原始数据-均值）/标准差进行标准化。因子分析的工具选用 SPSS16.0 软件，根据主要因子和因子得分矩阵得出各省的因子综合值。计算结果如表 6-3 所示。

表 6-3　2007 年的数据进行因子分析主要因子的得分矩阵

	Component	
	1	2
ZScore（RJGDP）	0.226	-0.251
ZScore（CYRJGDP）	0.109	0.734
ZScore（ZZRJCCZJZ）	-0.172	0.422
ZScore（ZZRJZJZ）	0.236	0.029
ZScore（DZCCZJZ）	-0.198	-0.36
ZScore（DZRJZJZ）	0.223	-0.128

其中 RJGDP 为人均 GDP，CYRJGDP 为从业人均 GDP，ZZRJCCZJZ 为制造人均产出增加值，ZZRJZJZ 为制造人均增加值，DZCCZJZ 为设备产出增加值，DZRJZJZ 为设备人均增加值。

因子计算得到主要因子的特征值分别是 $\lambda_1 = 4.203$，$\lambda_2 = 1.078$，大于 1。因子对技术水平的解释率达到了 88.027%。

表 6-4　2007 年各省样本因子得分

样本	F1 得分	F2 得分	综合得分	(0, 1)
江苏	1.484664	-0.99962	0.97755	0.65981
广东	1.000928	0.800149	0.95994	0.653313

表6-4(续)

样本	F1 得分	F2 得分	综合得分	(0, 1)
广西	-0.36599	1.104353	-0.19168	0.26944
陕西	-0.56354	0.35976	-0.44469	0.185105
甘肃	-0.88961	0.033896	-0.77777	0.074076
宁夏	-0.91649	-1.28954	-0.9926	0.002467

表6-5 2009年各省样本因子得分

样本	产业技术水平	产业技术环境	耦合度	耦合效应等级
江苏	0.5781	0.5665	0.7563	良好耦合
广东	0.6447	0.4886	0.7385	良好耦合
广西	0.3037	0.1581	0.4327	勉强耦合
宁夏	0.2685	0.263	0.5154	勉强耦合
甘肃	0.0401	0.255	0.1805	严重失调
陕西	0.3037	0.1581	0.4327	失调

表6-6 产业技术水平与环境耦合度

样本	F1 得分	F2 得分	综合得分	(0, 1)
江苏	1.350069	-1.02408	1.118221	0.706074
广东	1.189619	0.87856	1.107332	0.702444
广西	-0.27447	1.292839	0.04546	0.348487
陕西	-0.50485	0.039123	-0.3938	0.202067
甘肃	-0.78978	0.157308	-0.5965	0.1345
宁夏	-0.72054	-1.35249	-0.81141	0.062863

产业技术水平和环境耦合度采用刊载于《中国工业经济》的论文《产业技术选择与产业技术生态环境的耦合效应分析》的研究成果。具体为：技术环境耦合度采用离差系数分析，$C_V = \left\{ \dfrac{X(t) - Y(t)}{[X(t) + Y(t)]/2} \right\}^2$，其中 C_V 为离差系数，$X(t)$，$Y(t)$ 分别是某产业技术水平和技术环境的综合指标。

化简得 $C_V = 4 \left\{ \dfrac{X(t) - Y(t)}{[X(t) + Y(t)]} \right\}^2 = 4 \left\{ 1 - \dfrac{4X(t)Y(t)}{[X(t) + Y(t)]^2} \right\}$。

令 $L_i(t) = \left\{ \dfrac{4X_i(t)Y_i(t)}{[X_i(t) + Y_i(t)]^2} \right\}^\varphi$，$M_i(t) = X_i(t)^\varphi \times Y_i(t)^\psi$，则技术环境耦合度定义为：

$C(t) = \{L_i(t) \times M_i(t)\}^{\tau}$,$\varphi$、$\psi$为权重,$\varphi + \psi = 1$,$\tau$为调节系数,可取值 $\tau = 1/2$。

表6-7 技术环境耦合度

省(区)	产业技术水平	产业技术环境	耦合度	耦合效应等级
江苏	0.5781	0.5665	0.7563	良好耦合
广东	0.6447	0.4886	0.7385	良好耦合
广西	0.3037	0.1581	0.4327	勉强耦合
宁夏	0.2685	0.263	0.5154	勉强耦合
甘肃	0.0401	0.255	0.1805	严重失调
陕西	0.3037	0.1581	0.4327	失调

综合表6-4、表6-5、表6-6、表6-7计算结果,可以得出各省区技术水平的函数:

江苏 $T(t) = \dfrac{1}{1 + 0.517029e^{-0.21674(t-2007)}}$,

广东 $T(t) = \dfrac{1}{1 + 0.53066e^{-0.22533(t-2007)}}$,

广西 $T(t) = \dfrac{1}{1 + 2.711401e^{-0.33177(t-2007)}}$,

陕西 $T(t) = \dfrac{1}{1 + 4.402339e^{-0.10871(t-2007)}}$,

甘肃 $T(t) = \dfrac{1}{1 + 12.49965e^{-0.66396(t-2007)}}$,

宁夏 $T(t) = \dfrac{1}{1 + 404.3506e^{-3.30041(t-2007)}}$。

③ 技术成功转移的动态模型回归分析。本课题中假定江苏省向广东、广西、陕西、甘肃和宁夏进行定向技术转移,表6-8所列回归参数可知技术成功转移模型是适用的。江苏对广东、广西、宁夏的相关系数大于0.9呈现出高度相关的情境,这个结果与江苏省的实际情况相符合。截距项反映了技术转移水平从广东到宁夏递减趋势也符合实际情况。斜率大小说明了技术转移的速度,广西的斜率值最大,说明其技术转移有很大潜力。

表 6-8　东西部技术成功转移效率回归参数

地区	截距	斜率	相关系数	决定系数
广东	0.364	0.03	0.992	0.984
广西	0.117	0.108	0.982	0.965
陕西	0.12	0.05	0.887	0.787
甘肃	0.062	0.029	0.789	0.737
宁夏	0.03	0.065	0.983	0.965

综上，东西部技术合作中的技术成功转移是多因素参与下的动态复杂过程。东西部技术转移双方的技术水平（技术差距）、技术距离和原有的资源环境及其资源配置能力是影响转移效率的主要因素，同时也是影响创新能力提升的主要因素。研究得出的技术成功转移动态方程为实现即时技术合作管理和提升创新能力的管理提供了工具，弥补了目前技术转移依靠调查问卷实证研究的局限性。此外，在已知某区域技术水平和产业技术水平及技术环境耦合度情况下，技术成功转移动态模型还可以用来测度某一时刻东西部任意区域的技术转移总量，这对跨域技术转移的制度安排和政策制定与调整具有重要意义。但是技术转移动态模型有局限性。例如文献综述和前述分析得出的作用于技术水平、技术差距、技术距离、资源配置的知识整合、技术专业化、技术伙伴选择、信任和关系治理等二级变量指标未能在动态模型里体现。有关上述二级指标变量需要在随后的研究中进行探讨。

在实际管理中实现即时"敏捷"响应很重要，同时也需要即时的效果刻画。这意味着在东西部技术转移的动态过程中，拥有动态模型工具可以实现动态协调与管理，另外还需要对某一时刻的技术转移进行准确的评估，二者结合才能实现即时调控的完整过程。因此，下一节将重点解决东西部技术转移对创新能力提升的影响测度与评估。

6.3　东西部技术转移提升创新能力的系统特征

本节对技术转移提升创新能力的影响进行了分析，并构建了动态模型，实现了东西部技术合作中技术成功转移的即时协调与管理，明确了技术水平、技术差距和技术距离以及资源配置对创新能力提升的影响。要实现技术转移的即时过程管理，不但需要认识和了解各个关键因素在某一时点的交互作用，而且需要及时评估与反馈和再协调，完成过程"闭环"管理。本节基于技术转移系统的特征分析，揭示技术转移对创新能力提升的系统化约束机理。

从技术层面看，西部地区面临的问题通常是与先进地区比较而言，技术能力势差较大，人才、资金困乏和设施设备老化陈旧，技术转移过程中的技术选择、技术消化、技术运用、技术再创新面临多重困难。由于技术、技术本身嵌入在经济社会系统中，不同区域对于技术的支撑系统不同。因而技术从东部原有的技术系统中输入到西部区域，面临适应性、系统支撑性和重新组合配置，涉及组织结构、人才引进、培训与学习、资金投入等许多方面，技术转移禀赋仅仅是技术知识的时空位移，技术转移应是技术与其关联因素的移动与重组，并且重新嵌入到经济系统中，因此需要从系统的角度出发，构建技术转移系统。

东部和西部技术转移系统因为技术输出和接收的行为差异而有区别。东部作为技术输出方，对西部技术转移是为了实现价值链的延伸和资源互补与优化配置，转移的技术具有一定的先进性和发展潜力。然而也存在东部把即将淘汰的技术转移出去，获取额外的租金，低成本地扩大西部目标市场。西部地区作为技术接收方希望引进技术整合吸收并带动原有技术结构升级。为了规避"劣质"技术，有效促进西部地区技术进步，应构建面向西部技术能力提高的技术转移系统，并从技术选择、技术位移和技术消化吸收再创新三个方面归纳具体内容并分析有关影响。如表6-9所示。

表6-9 技术输出方技术转移系统、子系统及主要内容和影响要素

技术转移系统	子系统	主要内容及影响
技术选择	技术生命周期	市场饱和度、市场集中度、比较优势、NR资源需求
	技术势差	技术差距、知识特性、企业特性
	对外投资	OEM、技术许可、技术设备升级改造
位移系统	技术转移方式、合作联盟界面	组织特性、社会资本、社会网络、中介、过去的经验意愿
技术消化吸收创新系统	技术升级	技术创新能力、新产品、新服务、产研合作
	技术整合	后向一体化、兼并、知识管理
	隐性知识转化	技术指导及帮助、人才流动、制度结构、吸收能力

西部技术接收方首要依托现有技术特性和认知结构对外部技术环境进行技术扫描，深刻理解技术适用性，预测技术发展方向。当出现行业替代性技术时，能够把握技术机会，升级技术结构。

对于技术接收方，技术选择和位移系统包括技术环境扫描、技术转移方式、技术转移费用和社会资本等子系统。技术消化吸收再创新的一级系统和具体二级子系统如下：引进技术的吸收、引进技术的适应、隐性知识的显性化、在技术系统的整合运用和再创新。如表6-10所示。

表6-10 技术接受方的技术转移系统、子系统及主要内容和影响要素

技术转移系统	子系统	主要内容及影响
技术选择、位移系统	技术扫描	技术机会、认知框架、企业绩效、技术战略、市场了解、消费需求
	技术转移方式	购买专利、技术引进、反向工程、OEM、ODM、OBM、技术战略联盟、外部人才引进、产研合作、资源对外依赖性
	资金	企业绩效、融资能力、引进成本、政策支持
	社会资本	嵌入性、资源配置、分工协作、创新网络、认知沟通信息、交易成本、合作信任、外部联结
技术消化吸收创新系统	技术同化	易模仿性、技术成熟度、知识积累整合、技术改造、R&D、产研合作、文化、员工联结
	知识吸化	合作联盟、研发投入、组织结构、知识管理战略、技术知识网络嵌入、相似技术知识、员工学习、人力资本、文化政策环境
	隐性知识转化	沟通交流、人才交流聘任、技术转移机构与平台、组织关系、个人学习动机、社会网络、企业创新网络、技术指导及帮助、人才流动、制度结构、技术转移方式
	技术应用及创新	模仿、知识整合、研发合作、研发投入

东西部技术转移是技术在东部和西部之间定向流转并被吸收、加工、整合、应用与再创新过程，是东部技术输出系统和西部技术接受系统相互作用的过程。上述分析表明，东部技术转移系统和西部技术转移系统的主要子系统及其内容与影响因素不同。这个结果提示我们，对于技术转移的绩效评估应该首先确认技术输入与接收的角色，而后引入相应的子系统及其指标，而且技术转移绩效是技术本省、技术输出方、技术接收方三方面绩效的综合与集成。从技术流转来看，西部作为接收方历经四个阶段实现技术的再创造，每个阶段对于创新能力的提升均有不可缺失的作用。技术转移对创新能力的提升影响也被嵌入到四个阶段中。技术转移对创新能力的提升影响的测度与评估，实际上等价

于四个阶段的绩效测度,即用面向西部技术接受方系统的技术转移绩效测度可以很好地对应技术转移对创新能力的提升影响测度。

6.4 东西部技术合作中的资源内涵及假设

6.4.1 概念界定与假设

东西部技术合作中行为主体的内外部资源可以分为有形资源和无形资源两类。有形资源包括人、财、设备等体现在公司的资产负债表中的金融资产和实物资产,可以通过对外交易获得。无形资源包括知识产权资产、组织资产及声誉资产。有学者认为无形资产还是能力与技能,无形资源的特殊性如默会性和复杂性、独特性都能够产生和维持竞争优势。RBV理论认为,如果资源可以很容易地在要素市场获得或者可以被竞争对手轻易模仿,那么它们并不代表有意义的资源。与有形资源相比,无形资产例如特许经营权对企业的作用更显著。Michalisin和Teece等一些学者认为,能力在本质上是嵌入组织的经验,与学习和实践密不可分。在过去的十年中,资源基础观(RBV)的竞争策略演变成为一个用理论框架来解释的异质性企业绩效。企业的异质性资源是有价值的,稀缺的,独特的,不可替代的,是企业间绩效差异的原因[234]。经分析,东西部技术合作中的资源及内涵见表6-11。

表6-11 东西部技术合作资源内涵及内容

有形资源	实物资产	金融资产(体现在资产负债表中的人财物)		
无形资源	知识产权资产	组织资产	声誉资产	特种技能

基于技术合作网络,将网络中分散的资源、知识和能力在一定范围内嵌入企业并促进提升企业的创新能力是一项重要课题[235]。在企业技术合作中需要平衡创新和非创新活动的资源分配。区域和跨区域合作网络出现了技术和非技术创新的依赖关系,这样的依赖因为企业的生产力发展水平、行业特性和技术特性而体现为资源偏好。这也意味着一个公司的创新活动必须考虑到在网络上其他的互补性创新活动,如IT、生物技术和化学纤维行业供应商容易影响其他公司的创新方向。研究表明,强大资源互补性可以获得重大创新价值。东西部技术合作中合作伙伴将业务中的生产程序、员工、设备等共享并进行必要的位移实现资源重组,但是一般性资源由于很容易复制很难形成创新性资源。假

如东部合作伙伴将知识产权资产引入西部合作伙伴，则会带动西部的学习和知识更新，甚至引致技术跨越，迅速提升创新能力。因而围绕知识产权的资源组合，特别有利于创新能力。因此，我们得到假设：H1 东西部技术合作中资源围绕知识产权进行组合比有形资源显著促进区域创新能力的提升。

资源基础观认为竞争优势来自多层次资源整合。企业组织资产往往是企业不断优化积累的操作程序和标准化指导方针以及工作流程和经验教训，还包括企业文化和人力资源管理企业内部管理等，其作用相当于企业成长指南。Kramer[236]案例研究证实组织资产是企业创新驱动器。Dow 强调合作区域的精神（包含文化、语言、制度）之间的距离已被确定为合作模式选择的主要决定因素之一[237]。东部向西部共享提供组织资产可以帮助西部企业在操作程序、工作流程、人力资源配置等方面比照改进，进而缩短东西部合作主体在文化、制度等方面的距离，并且可能引发西部企业积极寻求不同类型的合作伙伴进行组织学习，获取关键性资源，这可能引起有关创新的深刻变革，因此我们得到假设：H2 东西部技术合作中基于组织资产的共享会引致企业资源使用的革新比有形资源更能提升创新能力。

声誉资产是大量的企业信息、客户、供应商和竞争对手的反应总结。营销学指出声誉是企业长期生存的筹码。建立了大量的客户信息和供应商信息后，企业能够不断提供更有价值的产品，而且容易获得 VC 直投。信号理论认为声誉资产可以通知外部机构和客户信任并接受企业的产品和创新。东西部技术合作中围绕声誉资产进行资源组合将帮助企业提高产品质量并促进产品的更新换代，保持持续性创新。在网络环境下，购买方减少产品信息不对称的重要手段是考察企业和产品声誉，例如，中华老字号就是声誉资产，顾客对新产品的认同首先是对声誉的认同。声誉资产与信任密切相关，信任则有助于合作伙伴之间隐性知识转移，并且有效降低不确定性可能导致的机会主义和风险。因此得出假设：H3 基于声誉资产的东西部资源组合与互补比有形资源更好促进创新能力的提升。

此外，无形资源还包括特种技能与能力，因此得出假设：H4 基于能力的东西部资源组合与互补能够提升创新能力。

上述假设提出是基于 RBV 理论一般理论观点，需要针对东西部不同类型不同行业技术合作进行深入探讨。

6.4.2 假设验证的方法

参照 Fahy 的观点：基于资源基础观选择普通样本并使用不同的企业规模和行业是适宜的。本节使用调查问卷选择东西部的 MBA 教学合作地点 56 位中层管理人员进行了测试。受访者代表了不同的企业规模及不同行业，例如制造业和化工业，如表 6-12 和表 6-13 所示。

表 6-12 描述性统计

项目	Mean	SD	Min	Max
员工人数	4333.2	12208.50	1	64000
年龄	36.02	39.79	1	160

表 6-13 行业及代表

项目	制药业	纺织业	化学品工业	通讯设备制造	电力设备制造	其他	散失
频率	11	4	18	1	4	16	2
百分比	19.6	7.1	32.1	1.8	7.1	28.6	3.6

采用李克特式五点量表收集各种资源数据。要求受访者比较评估每一个资源对企业创新能力的提升的贡献，用五点量表选择 0—5 分值（0—比较没有影响，4—比较高的影响）。有关资源用斯蒂芬·霍尔资产能力标准进行确定，以此确保分析中的收敛和判别的有效性，如表 6-14 所示。

表 6-14 可靠性因子分析

结构	变量说明	可靠性分析			探索性因子分析（项目负荷）
		初始项目	最终项目	α	
能力		4 个项目	3 个项目	0.71	
	管理人专业知识				0.439
	员工诀窍				0.823
	外部关系				0.738
知识产权资产		5 件	5 件	0.92	
	持有保密技术				0.692
	商标				0.888
	设计				0.884
	专利				0.916

表6-14(续)

结构	变量说明	可靠性分析			探索性因子分析（项目负荷）
		初始项目	最终项目	α	
	版权				0.908
组织资产		4个项目	4个项目	0.62	
	合同契约				0.227[a]
	操作结构				0.728
	文化				0.743
	人力资源管理政策				0.217[a]
声誉资产		4个项目	3个项目	0.65	
	公司信誉				0.723
	客户服务的声誉				0.717
	产品/服务信誉				0.56
有形资产		6件	5件	0.77	
	财政资本				0.614
	现金				0.58
	投资				0.762
	基础设施				0.658
	土地				0.8

[a] 为合同契约变量与能力和有形资源交叉加载，人力资源管理变量与能力交叉加载

从问卷调查者的选择与判断上，可能受到既有能力和资源排序的影响而出现跟从的选择性偏差，因而采取Fahy的建议，对于资源和能力问题题项按随机顺序给出。

6.4.3 统计结果及说明

虽然本课题构建资源变量架构体现了理论分析和推理，然而因为每个概念没有在研究中先行测度并确认，例如一些无形资源或能力等变量之间是可观察变量，也可能是潜变量。因此需要进行资源结构可靠性和有效性的探索性检验。用SPSS进行可靠性分析和主成分因子分析与因子分析旋转。以项目分为五个因素确定因子负荷，可靠性和因子分析如表6-14。

测度结构可靠性使用SPSS进行分析的Cronbach α。表6-14显示可靠性系数从0.62到0.92均在可接受的范围内。结构有效性、主成分因子分析和方差

旋转采用 SPSS，项目分为五个因素决定的因素负荷，大部分在 0.50 或更好是非常重要的。因此，收敛的有效性得到了证实。对于有效性判定大部分预期项目结构荷载比交叉荷载高，然而交叉负荷之间的结构还需检测。用 t 检验验证假设，结果支持所有的假设。这说明能力、技能结构的贡献有形或无形资源。平均贡献评级能力的建构，是显著较高（$p=0.000$），无形资产或有形资产。因此，H4 证实了许多学者的论点，默契的技能和知识的基础上的资源是其中最重要的在公司的资源组合，如表 6-15 所示。

表 6-15　假设结果

假设	Mean[a]	SD	均值差异	t 值	df	Sig.（p）
（H1）知识产权资产 >	1.414	1.164	0.475	3.044	56	0.004
有形资产	1.889	0.903				
（H2）组织资产 >	25.820	0.799	0.693	5.627	56	0.000
有形资产	1.889	0.903				
（H3）声誉资产 >	3.357	0.596	1.468	9.638	56	0.000
有形资产	1.889	0.903				
（H4）能力 >	3.185	0.713				
无形资产	2.290	0.648	0.894	8.320	56	0.000
有形资产	1.889	0.903	1.295	90.68	56	0.000

H4 调查结果值得探讨。当声誉资产与能力单独比较时有一个较高均值，差异显著（$p=0.096$），这也说明了早期 Hall 研究发现声誉资产对企业的贡献最重要。组织和声誉资产评价显著高于有形资源（$p=0.000$），表明东西部技术合作组织资产共享和基于声誉资产的资源组合与互补是东西部技术合作提升创新能力的重要因素，其作用大于有形资源的非定向组合。然而，有形资产的得分大于知识产权资产（显著性 $p=0.004$），这与预测 H1 相反。这个结果与我们选择的样本区域整体情境有关，在西部地区，知识产权的重视程度与东部地区是有差距的。

6.4.4 研究结论及分析

RBV认为某些特殊的资源对公司的成长影响非常重要，缺乏相应的资源，企业将面临退市的风险。企业之间和区域之间围绕资源的矛盾及竞争是普遍的和显著的，企业和区域之间通过合作共享互补资源要求资源跨区域进行组合，这是解决资源约束困局的良好途径。在建设创新性国家战略和西部大开发背景下，东西部技术合作能够为西部欠发达地区带去先进的技术和工作流程与规范，结合资源优势和技术优势，促进西部提升生产率和经济增长，尤其是技术与资源有效结合会加快区域经济社会发展，推动创新活动。我们的研究指出，东西部技术合作中定向资源共享与资源的定向重组互补将促进区域创新能力的提升。相比有形资源来说，东部地区企业和机构将自身无形资源比如组织资产等与西部合作方进行共享，能够提高西部企业和机构的创新水平；围绕声誉资产的资源共享和重组对区域创新能力的提升效果最为显著，这是因为声誉资产不但可以提高技术水平和资源配置能力，而且还是创新产品获取市场认同达成较高绩效的一个有力保障。一定意义上，我们的研究部分回答了东西部技术合作中哪种资源（包括什么样的、什么类型、什么方式）对于区域创新能力的提升最有效的问题。

另一方面，研究也提示我们东西部技术合作中应高度重视无形资源的作用。

（1）应注意组织资产（例如文化、人力资源管理政策、流程和企业结构等）规划和发展，特别是与企业开发和利用有形资源方面的协同。

（2）应注意声誉资产，维护在社会和市场中的良好信誉。我国曾经的奶粉生产和食品加工等方面的案例已经足够深刻。

（3）将有形资源与无形资源结合起来综合考虑，并让有形资源围绕无形资源形成定向"集中"。

此外，研究结果也表明，资源变量之间存在的交叉关联，无形资源与有形资源并非独立考虑。东西部技术合作中，建议管理决策层的资源投资应同时考虑有形资源和无形资源，而且可能最好将无形资源的开发置于第一的位置。

需要指出，本研究还存在局限，例如由于总体样本较小，受访者知识能力经验的局限，回答问题并不客观，可能与实际情境不符。

7 东西部研究开发合作对创新能力升级的约束影响

研发合作的主要目标是知识创造、新产品制造和科技成果产出，是与吸收能力和创新能力最直接联系的创新行为。大量的研究将专利申请和出版物作为一个研发项目的产出，而创新研究惯例是将专利新产品数量视为考察对象创新能力高低的代表。因此，东西部研发合作及其合作关系是西部地区创新能力提升的首要内容。本章分析了东西部研发合作的决定因素及组织结构，运用随机前沿函数模型，从区域层面对东西部研发合作提升创新能力的影响进行深入研究。

7.1 东西部研发合作对创新能力升级的影响分析

东西部研发合作的目标可分为两种：取得创新（学术）成果和获取发明专利。国内外大量理论和实证文献提到最常见的研发合作动因：① 知识外溢效应；② 成本/风险分担。东西部研发合作基础条件是资源、能力基础和知识存量。因此，从研发合作项目投入产出角度，研发合作项目大小、合作持续时间、伙伴关系、研发强度、资金和人力资本投入与专利申请和科研成果（学术出版物）之间具有内在的匹配关系。专利申请和出版物被用来作为研发项目的创新产出，衡量研发合作的创新绩效。在研发合作联盟参与主体中，大企业参与的主要目的在于专利申请的数量，高校参与项目的创新产出指标为代表科研成果的出版物的数量方面，而不是专利申请。在一般情况下，研发项目的资金衡量项目的大小，也是一个重要的合作研发项目创新产出的预测依据。另外，研发合作伙伴的数量、研发伙伴的资源和能力互补性、伙伴之间的空间距离、之前的合作经验量等均是研发合作项目的影响因素。许多有关研发合作的理论与实证研究，可以从组织因素、环境因素、资源因素和能力因素等四个方面进行归纳总结。

(1) 环境因素。包括以往的经验和合作伙伴的声誉、开放性和创新性。衡量一个组织的声誉通常是围绕其业务方面的知识和学术。开放性和创新性则反映了东西部合作主体所处环境的创新氛围。

(2) 组织因素。东西部研发合作联盟具体可以分为与竞争对手合作、与供应商或客户合作和与研究机构合作三种组织模式，合作主体的规模和技术诀窍是企业 R&D 合作中积极的决定因素。一般情境下，大型企业具有较丰富的内部知识，更积极地参与对外联系的战略组合，有大型企业参与的研发合作具有较强的组织稳定性。此外，沟通、承诺和信誉等非研发活动也是重要的，因为可以用来揭示过程创新中的驱动力并解释创新成果。在创新面临的高风险和高成本以及技术溢出，减少私人收益，无法依靠市场力量获得补偿时，政府干预和参与是必要的积极的。政府支持形式包括直接资金支持、补贴、对于研发合作企业的税收优惠和给与金融信贷支持，鼓励更多的创新和与创新有关的活动促进企业技术创新。

(3) 能力因素。公司（机构）参与东西部研发合作的三大类动机是成本、风险分担互补或技能共享，都关系到知识流动和吸收能力。首先，合作研发协议可用于企业为高成本和风险设置成本和风险分担规则。因此，当成本和风险方面成为重要创新的阻碍因素时，企业会倾向于合作研发。其次，合作研发使企业从他们的合作伙伴那里学习技能和提升能力。因此，越大的公司内的技术诀窍，越有可能通过与方面研发合作伙伴之间的合作实现互补性。最后，另外一个决定性因素是与知识流动和互补密切相关的吸收能力。吸收能力源于企业自身的研发力度，是衡量企业从其他公司的研发活动中获益的能力。吸收能力越高的企业，从研发合作中获取的好处越多。许多研究指出企业的吸收能力取决于研发强度（R&D 支出/营业额），并与企业规模有关。

(4) 资源因素。获取互补性资源是组建东西部研发合作联盟重要的目的。一个公司的内部资源是从事研发合作创新活动必不可少的要素。基于资源的观点，企业是概念化的特质资源组成的异质性实体，企业的资源是珍贵的，稀有的，独特的。在创新研究领域，RVB 已被主要用来分析企业的创新合作绩效和竞争优势的影响。研发合作重点在于创新成果。在这种情况下，内外部人力资本、R&D 支出、知识资本、关系资本等资源，被认为对创新绩效具有关键性影响作用。跨越不同生产部门进行的研究证实，研发资源和企业的创新绩效之间显著正相关。

此外，政府参与和支持也是推动研发合作联盟的重要因素。政府通过财政支持企业的研究开发，激励研发活动过程中各组织之间的合作行为，并通过产业政策调整研发合作，具有投资者和推动者的双重角色。近年来，东西部产业研发合作联盟、东西部校企合作和产学研合作的政府资助计划越来越受欢迎，政府对研发合作项目鼓励和支持有助于地区创新能力和经济增长质量提高。

有关研究合作的决定因素实证调查显示，企业正在执行的产品或工艺创新可能正相关企业的研发合作创新活动，并负相关技术外溢确定其他公司所制造的 R&D 投资的加权总和。Berchicci 探讨异质性和 R&D 合作强度在何种程度上影响企业的创新成果。他的研究表明，拥有更大数量的异构类型的合作伙伴的公司显示出更好的创新绩效表现。不同类型的 R&D 合作和内生性问题，使得 R&D 合作与知识之间溢出效应互相依赖。研发合作在技术创新网络中的地位和网络依存关系也决定了研发溢出效应，关系分析还认为，类似的其他公司 R&D 项目及其投资也会对研发合作产生重要影响。

7.2 东西部研发合作过程对创新能力提升的影响研究

根据东西部研发合作行业特征，本研究调查了东西部服装、能源、医药、制造、汽车、航空、化工、电子、建筑、食品、科研等 11 个行业研发合作情况，并搜集有关数据。借鉴现有的研发合作研究，东西部研发合作过程对创新能力的影响，可以看作东西部技术合作情境下研发变量与创新变量之间的函数关系，由此构建研发和创新两个模型。

研发合作支出模型为 $I_t = f(x_{1t}, \cdots, x_{nt})$，其中 x_{nt} 为 t 时期研发合作投入变量。

创新产出模型为 $I_{ct} = f(x_{1t}, \cdots, x_{nt})$，其中 x_{nt} 为 t 时期创新产出的影响变量。

目前，国内外研发合作大多研究是基于 D'aspremont 和 Jacquemin 提出的研发合作博弈模型和某些方面的拓展。本课题研发合作是在东西部技术合作中基于更多具有帮扶和支持情境下进行的，研发合作本身偏向于合作促进创新能力的提升，而较少有博弈竞争行为，因此，本课题未运用研发合作博弈分析模型。

（1）变量选择分析。本课题通过访谈调研东西部企业有关研发合作，针对研究需要将研发合作导致的创新作为因变量,使用调研数据进行模拟分析。Fritsch 和 Hiroyuki 用虚拟值(1/0)表示研发合作的程度。本课题研发合作是基于东西部技术合作前提下的合作,即正在进行当中,由于研究的局限性,对于即将发生的研发合作和并不积极的研发合作没有考虑。由此,本课题研发合作的测度即等价于研发合作与创新影响因素投入与产出之间的关系。创新能力是创新水平的能动反映,一般研究认为在既定的生产关系下,创新产出的多寡反映了创新能力,因此可用创新产出数量多少代表创新能力强弱。关于创新产出研究,普遍的做法是将专利、新产品产值和新产品销售额作为创新产出。有关研发活动的产出惯常的做法也是将专利、学术论文及新产品作为最终的研发成果,对于研发活动而言,有关 R&D 投入可以被看作创新活动的输入。需要说明的是,实际上创新的数量并不反映创新经济价值,创新有时是为了改进现有产品增强能力"存量",其他创新有可能是激进的创新,但即使这样,并不能保证在经济效益上的成功,但可能作为存量影响下一期的创新。因此本课题有关指标采用存量值,使用永续盘存法计算,折旧系数为 15%。

东西部研发合作过程与创新能力的决定因素包括以下几个。

① 企业规模。借鉴 Bauer、Vonortas、Fritsch 的研究,研发和企业规模之间具有一定的联系,大公司可以承担更多的研发成本和更大的研发风险。另外相对而言,大公司的社会资本比较大,在研发合作与创新方面具有人才、信息、资金等优势。

② R&D 强度。R&D 强度往往被认为是产业创新的基本决定因素。因此,它经常被列入创新实证研究。研发投入与收入比是国内外学者经常采用的研发强度的代理值。东西部研发合作中 R&D 强度大小衡量了合作的强弱。高 R&D 强度可能代表更多的 R&D 项目的数量。这个数字越高表示东西部研发合作机会越大。此外,R&D 资本也衡量了吸收外部知识的能力,并因此可以增加与其他研发主体建立新关系,从而获取新技术,增强创新能力。Kleinknecht 研究指出,对于中小企业,尽管受到资金来源的限制,其研发强度较低,但是人力资本却可能较高。相对东部地区而言,西部地区的研发企业更加缺乏资金,在人力资本方面可能具有一定的优势,因此,选择人力资本作为研发强度的补充。借鉴 Bauer 的做法,研发人力资本用技术人员与员工总数比来代表。

③ 市场力量。占有较大市场份额的企业能够更好地把握创新优势并拥有较多的技术与研究方面的关系资本。对于技术密集性企业,市场份额占比较小

反而促进其倾向于外部联结而不是持续独立研发。有关研发的博弈研究文献也强调，拥有市场势力的企业可能会积极寻求研发合作创新，市场份额对研发合作的影响可以概括为以下两方面：一方面具有较大的市场份额可能对合作伙伴更具吸引力；另一方面，公司占有一个小的市场份额可能会尝试研发合作，加快自身发展或者分享高研发成本。

④公共补贴。创新活动以及合作项目常常受益于政府机构的支持。东西部合作下，中央财政和各地方财政有资金对合作行为进行扶持。我国高校和科研机构的绩效考评机制使得高校和研究机构之间的合作及与企业间的合作对政府补贴比较敏感，因此将补贴作为研发合作过程的影响要素之一。

⑤技术机会。技术机会与研发开放性有关。当有研发的知识产权获利保护以及研发获利性补贴时，研发企业更倾向于外部技术获取。

⑥东部企业对东西部研发合作直接投资、西部地区企业研发设备及其他支出、专利许可和专利使用等也是研发合作与创新的决定因素。

(2) 实证方法和结果。根据研发与创新过程决定因素的分析，构建研发合作与创新产出模型如下。我们的目标是构建一个包括经济变量的研发模型，可以解释东西部研发合作支出对创新产出的影响，从而反映研发合作对创新能力提升的影响。因此选取双对数形式的随机函数模型。

研发合作投入函数 $Ic_{it} = f(S_{it}, RD_{it}, Np_{it}, WI_{it}, IM_{it}, Fr_{it}, Ns_{it}, Wr_{it})$

创新产出函数 $I_{it} = f(S_{it}, RD_{it}, H_{it}, Sh_{it}, WI_{it}, Ic_{it-1}, Np_{it}, IM_{it}, Wr_{it}, Fr_{it}, P_{it}, Kf_{it})$

t 为时间，I_{it} 为创新产品的销售额，Ic_{it} 为研发合作的投入，RD_{it} 为研发强度，S_{it} 为销售额，H_{it} 为人力资本，WI_{it} 东部在西部直接研发投资，IM_{it} 为研究设备引进，Wr_{it} 西部企业对东部企业的研发支出，Fr_{it} 为研发补贴，P_{it} 为技术引进及专利使用，Kf_{it} 研发的开放性。

首先进行模型截距和斜率系数假定均匀 F 检验。如表 7-1 所示。第一阶段 F 值大于临界 F，因此需要调整变量。调整后 F 小于临界 F，说明两个方程变量没有显著性差异，可以进行双对数回归分析。

表 7-1　两阶段 F 检验

	第一阶段 F		第二阶段 F	
	计算 F 值	临界 F	计算 F 值	临界 F
Ic	17.79	2.266	1.231	1.924
P	(0.000)		(0.000)	
I	13.14	1.74	1.14	1.901
P	(0.000)		(0.000)	

重复检测发现，始终具有显著影响的变量：对于 Ic_{it} 为 RD_{it}、Wr_{ir}、IM_{it}，对于 I_{it} 为 RD_{it}、Fr_{ir}、P_{it}。

① 测试固定效应和随机系数模型。对于截面和时间序列数据回归，运用 Eviews 进行固定效应模型和随机系数模型选择检验。结果如表 7-4 所示。固定效应模型的零假设拒绝，存在随机效应。LM（拉格朗日乘数）检验两个方程 Rao 值得分较高，另外 Hausman 检验 χ^2 大于阈值，如表 7-2、表 7-3 所示。结果表明，属于同一行业的公司往往遵守类似的行为模式，同时观察到相当大的变化，各部门之间具有差异性（F 检验的 11 个行业的系数平等，被拒绝），OLS 估计将导致有偏估计。对此，可以将各部门数据进行归类，分部门进行回归。但是这样不能得出整体结论。因此进行综合回归。

表 7-2　Rao 检验

	LM
Ic	246.91（0.0000）
I	186.50（0.0000）
THETA	0.47101

表 7-3　Hausman 检验

Ic	$\chi^2 = 127.10$（0.0000）
I	$\chi^2 = 116.26$（0.0000）

临界值分别为 18.31 和 16.92

表 7-4 Ic 与 I 固定效应与随机效应检验

内生变量	I(创新产品销售)				Ic(R&D 合作投入)	
	固定效应	随机效应	固定效应	随机效应	固定效应	随机效应
截距	—	0.0478(0.012)	—	−1.570(0.139)	—	−0.876(0.039)
RD	0.3802(1.986)	0.3028(2.094)	0.1473(1.735)	0.1298(2.516)	0.1367(1.985)	0.1198(3.536)
St	0.1024(3.897)	0.1231(7.328)	0.1154(2.871)	0.1090(2.697)	0.1054(3.876)	0.0689(2.673)
Ic	−0.0783(1.259)	0.0257(2.389)	—	—	—	—
IMC	0.0508(3.627)	0.0607(2.132)	0.0593(0.128)	0.0980(1.029)	0.0409(0.068)	0.0610(0.902)
P	0.0253(1.901)	0.0786(2.019)	0.1481(4.894)	0.1640(3.918)	0.1358(5.894)	0.1564(3.791)
WI	−0.0014(0.492)	−0.0176(1.843)	0.1063(1.578)	0.0901(2.014)	0.0638(1.718)	0.0871(2.194)
St.-1	0.5140(2.753)	0.3090(3.479)	0.0598(1.811)	0.1183(1.273)	0.0498(1.989)	0.0183(0.927)
H	0.2872(2.483)	0.3281(2.831)	—	—	—	—
Fr	—	—	0.0719(1.931)	0.1021(2.983)	0.1142(4.814)	0.07421(3.78)
Kf	0.0943(3.071)	0.1036(2.537)				
观察数	199	199	199	199	199	199
期间	2009—2012					
R^2	0.7694	0.7697	0.7314	0.7361	0.7303	0.7346

( ) 表示 5% 显著水平的 t 值

表 7-3 中 Hausman 统计检验表明具有相关性，模型存在固定效应。表 7-2 中 Rao 计算表明存在随机效应。鉴于此，应用 Tobie 进行回归分析。根据经济理论，经济变量随时间变化，随机效应模型符合经济理论。因此选择随机效应模型分析和 Tobit 回归共同分析。

如表 7-5 中 Tobit 回归系数估计相应的固定和随机效应模型表现出同样的迹象。估计的统计学意义是相似的，Tobit 估计值大约是随机和固定效应系数 2 倍，这意味某种程度上研发合作过程对创新能力有更大的响应。

表 7-5 Tboit 回归

	I	Ic	I	Ic
截距	1.3870 (0.893)	0.9831 (1.321)	1.704 (1.091)	1.083 (1.225)
RD	0.5893 (2.196)	0.2839 (2.901)	0.4900 (2.091)	0.3439 (2.809)
St	0.2234 (4.919)	0.3012 (2.763)	0.2443 (3.199)	0.2912 (2.567)

表7-5（续）

	I	Ic	I	Ic
Ic	0.0930 (2.069)	—	0.0974 (2.369)	—
IMC	0.2285 (2.272)	0.1967 (0.868)	0.1452 (2.787)	0.1567 (1.683)
P	0.1672 (2.927)	0.2301 (4.091)	0.1892 (2.026)	0.1901 (5.032)
WI	0.08329 (3.592)	0.1618 (5.871)	0.1039 (4.580)	0.1718 (4.071)
$St.-1$	0.8429 (2.056)	0.0980 (2.989)	0.7490 (2.569)	0.1090 (3.909)
H	0.5673 (3.458)	—	0.5903 (2.958)	—
Fr.	—	0.1721 (3.672)	—	0.1542 (4.072)
Kf	0.1991 (2.901)	—	0.2011 (2.191)	—
调整因素		0.371	0.429	0.421	0.41
观察数		199	199	199	199
期间	2009-2012			
R^2		0.6557	0.6331	0.6542	0.6241

( ) 表示5%显著水平的 t 值

② 结果分析。模型显示 R&D 合作的很多决定因素同时也是创新产出的决定因素，本研究将共性因素进行了验证，通过比较每个决定因素的系数对应在研发合作方程和创新方程中的值，获得有价值的结论。对于研发合作方程，政府补贴的系数0.1大于西部对东部合作者研发支付的系数0.09，证实了政府对促进东西部研发合作的积极作用。研发强度在研发合作与创新方程中的系数分别为0.12和0.3，说明研发投入能力既能促进研发合作联盟的组建，同时也对创新能力具有积极影响。因此，东部大公司与西部高技术中小企业或者研究机构之间的研发合作对创新能力的提升作用最为显著。这一论点同时在市场份额（销售额）方面也得到佐证。市场份额越大，对研发合作的程度越强，对创新能力的提升也比较显著。

研发合作方程的结果也表明，无论是企业规模和研发强度，其决定的投入都积极促进研发合作（系数分别为0.10和0.20左右），但是 R&D 强度的作用比企业规模作用更大。因而，如果政府研发补贴投向研发强度大的企业，而不是规模大的企业，那么其作用将是"一石二鸟"，不但促进东西部研发合作，而且显著影响创新能力的提升。

创新方程表明人力资本系数较大（0.32），说明引进人才与开展创新项目正相关。另外，人力资本也凸显吸收能力的作用，提升吸收能力，能够增强企业从事创新的能力。

7.3 东西部研发合作提升创新能力的绩效测度

（1）东西部研发合作关系联结。大量的横截面研究调查得出结论，外部 R&D 合作有利于企业创新表现。东西部 R&D 合作伙伴关系是以降低交易成本为基础的市场交易行为和以探索和吸收新知识为基础研发行为，嵌入区域技术创新系统和经济社会发展对创新和技术进步产生重要影响。

近年来的研究和开发已被广泛认可为推动创新和经济增长的一个重要因素。东西部企业之间、高校之间、企业与高校之间建立联盟研究与开发的关系，对于西部地区整体研发水平和科技成果产出都具有重要的推动作用，而且各种研发合作联结，实现了资源、人才、技术和资金面向创新的重组，不但直接推动了创新能力，而且产生的研发溢出效应，对中低技术企业的技术转移、技术改造和升级也产生深远影响。需要注意的是，竞争对手之间 R&D 合作关系联结不能很容易地扩展到其他类型的合作伙伴中。例如，公共研究机构的合作伙伴关系管理是困难的。许多研究特别强调研发合作关系联结中的结构性因素和组织因素，包括组织的规模、资源的互补性、合作组织联盟的经验或联盟范围和关系治理。其他一些研究集中在研发合作关系的"个体"方面，例如团队合作、人际网络、项目领导和创新合作文化方面。

东西部研发合作主体所处的工作环境和文化氛围需要在研发合作关系联结中重点关注。第一，学术界科学家和产业界科学家的工作环境大不相同，高校和公司也有根本不同的文化，都被认为具有独特的社会、文化和经济作用。高校的首要目标是创造和传播知识，公司的目标是提供产品和服务。在激烈的竞争环境下，企业需要考虑满足短期获利目标。相反，对学术研究则需要一个长期的渐进的科技累积，其科研成果并不能立即带来经济效益。第二，高校和产业界之间的文化差异有可能偏离合作研发目标。例如，许多高校科研人员追求科学界的知名度和美誉度而不是新产品新技术产出。此外，通常情况下，高校考核制度促使研究结果向公众开放，将公开发表出版物作为科研成果加以确认，而公司的强烈需求是对研究成果知识产权化。第三，合作伙伴的工作性质和内容有很大差异。学术研究的主要目的之一是编纂的理论和模型，解释和预测自然现实。工业研究的主要目的在于具体应用的产品、生产过程或服务的形式。因此，不同类型的研发合作关系是复杂的，需要对研发合作关系首先进行不同知识层面区别分析，分析研发合作项目目标，并从学术和企业不同视角关注知识及有关的影响因素。

（2）东西部研发合作的生产函数分析。在经济增长的过程中研发合作具有重要作用。大多数经济学家都认为，经济持续增长与密集的R&D活动相关。大量文献专门调查经济与研发投资的影响，来自不同国家的不同行业经验证据表明，研发合作可能会产生更好的生产技术，提高生产力和创新能力，研发合作活动是一个组织严密的知识创造、生产、传播和应用过程，涉及科学创新、科技管理和制度安排等多方面作用和影响。在有关生产效率系统测度方面有两种方法。一种是非参数数据包络分析（DEA），运用决策单元的思想和线性规划技术测度效率边界，例如在区域层面研发作为一个决策单元（DUM）参与区域的生产过程，可通过构建研发前沿面来比较不同的研发合作效率。另一种是随机前沿分析（SFA），用计量经济学的方法来估计各种生产/成本前沿。SFA和DEA都已经被广泛应用到经济学和管理科学各种问题的研究。本课题中创新能力是一个"行动力"，其大小可以用旧知识和技术转化为新知识新产品的绩效来衡量。针对东西部研发合作对创新能力的提升，可以用研发合作的生产效率测度代表创新能力的绩效测度。

① 研发生产函数模型。由于东西部研发合作是政府参与和支持的创新过程，政府支持和研发管理经验等是研发合作的决定因素之一，DEA方法不能专门研究研发系统外部管理"干扰"，因此，本课题选用随机前沿方法研究R&D合作投入及产出。

R&D生产函数，R&D合作视为完整的生产过程，东西部跨区域研发合作可以用生产函数来刻画。跨区域生产函数的一般形式如下：

$$y_{kt} = f(x_{kit}) \quad k = 1, \cdots, k(\text{reginal}); i = 1, \cdots, N(\text{inputs}) \quad (7-1)$$

式中 y_{kt} 为第 k 个区域研发合作在时刻 t 的产出，x_{kit} 为第 k 个区域在时刻 t 的投入，假定投入产出是均匀的、连续的。

研发合作的作用用较宽泛的函数形式 $f(\cdot)$ 表示。具体研究中常用超越对数生产函数形式，在时间 t 的超越对数生产函数表示为：

$$\ln y = b_0 + \sum b_i(\ln x_i) + \sum b_{ii}(\ln x_i)^2 + \sum \sum b_{ij}(\ln x_i)(\ln x_j) \quad (7-2)$$

式中 y 为研发合作输出值，x_i，x_j 为研发合作输入值，b_i，b_{ii}，b_{ij} 代表不同区域的研发生产函数。

R&D 合作的随机前沿方法。借鉴 Battese 随时间变化的评估技术效率的随机前沿生产函数模型，本课题应用随机前沿生产函数模型评估跨区域研发合作效应。研发合作效率受到每个区域研发决策单元（DMU）的影响，其函数估计服从截断正态分布随机变量分布。模型可以表示为：

$$y_{kt} = f(x_{kt}) + (V_{kt} - U_{kt}) \quad k = 1, \cdots, k(\text{reginal}), t = 1, \cdots, t(\text{time}) \tag{7-3}$$

式中 y_{kt} 为第 k 个区域在 t 时段的研发合作产出对数值，x_{kt} 为第 k 个区域时段 t 的输入向量，$f(x_{ki})$ 为对数函数，V_{kt} 为随机变量，独立同分布于 $N(0, \sigma_V^2)$，

$$U_{kt} = \{\exp[-\eta(t-T)]\} U_k \tag{7-4}$$

U_{kt} 为非负随机变量，考虑到研发合作生产中的研发效率有可能低下，假定服从独立零截断分布 $N(\mu, \sigma_U^2)$，η 为一个未知的待估计标量参数。此外，面板数据也可以是不完整的。

式（7-4）为第 k 个决策单元在时段 t 的面板数据。当时刻为 T 时，$U_{kT} = U_k$，指数函数可以写为 $\exp[-\eta(t-T)]$，$t = T$ 时值为 1。U_k 因此可以认为是 t 时刻面板数据决策单元的研发合作效率。对于较早时期面板数据，研发合作效率是第 k 个决策单元近期面板数据的指数函数值，$\exp[-\eta(t-T)]$ 大小取决于参数 η 和时刻 t。当 $-\eta(t-T) \equiv \eta(T-t)$ 非负，$\exp[-\eta(t-T)] \geq 1$，这意味着 $U_{kT} \geq U_k$。如果 η 为负，那么 $-\eta(t-T) \leq 0$，则 $U_{kT} \leq U_k$。

参数 σ_V^2 和 σ_U^2 可用 $\sigma^2 = \sigma_V^2 + \sigma_U^2$ 和 $\gamma^2 = \sigma_U^2/(\sigma_U^2 + \sigma_V^2)$ 代表，其大小可通过最大似然估计（ML）确定。γ 值为（0~1），可以在这个范围采用最大迭代计算。

研发合作决策单元将输入转化为输出，必然受到外部环境因素的影响。Battese 提出了技术效率前沿模型，其因素可能影响生产单元的效率。

Battese 和 Coelli 前沿模型为：

$$y_{kt} = f(x_{kt}) + (V_{kt} - U_{kt}) \quad k = 1, \cdots, k(\text{reginal}), t = 1, \cdots, t(\text{time})$$

式中参数与 Battese 相同。U_{kt} 服从 $N(m_{kt}, \sigma_U^2)$ 分布，其中 m_{kt} 为 $m_{kt} = z_{kt}\delta$，z_{kt} 为环境变量的向量，可能会影响生产单元的效率和待估参数向量 δ。

综上，本课题选择超越对数随机前沿模型为：

$$\ln y = \beta_0 + \beta_1 \ln k_{it} + \beta_2 \ln l_{it} + \beta_3 (\ln k_{it})^2 + \beta_4 (\ln l_{it})^2 + \beta_5 \ln k_{it} \cdot \ln l_{it} + V_{it} - U_{it} \tag{7-5}$$

模型中 y 代表研发产出，K，L 为研发投入，β_{1-5} 为弹性系数。

② 数据选取和实证结果。样本包括 22 个东西部省区 R&D 合作的投入与产出指标，东西部研发合作主要投入为研发经费投入和研发人力投入。本课题通过检索专利发现，同一个专利，发明人属地分别是东部地区和西部地区的专利占比非常少。以陕西为例，分属东西部地区共同持有同一专利数量如表 7-6 所示，2000—2011 年的 12 年中，累积数量最大为北京—西安 67 件，最小为 0 件。因此本课题借鉴 Giovanni 的做法，选择合著出版物，利用文献计量作为东西部研发合作产出指标。对于投入指标的选取是难点。由于删去专利计数，投入指标仅仅需要与出版物匹配，这使得指标选取难度降低。有前述分析高校参与研发合作，投入的是高校教师和高校试验室等，企业与高校或者高校与科研单位合作可以用西部地区研发经费内部支出费用代表东西部研发合作资金投入，用永续盘存法转化为存量值。用研究与开发机构研发人员全时当量代表研发人员投入。

东西部研发合作产出指标合著出版物来自 CNKI 数据库，统计 2000—2011 年期间，第一作者和第二作者分属东部和西部地区的自然科学与工程技术文献和人文与社会科学文献包含的学术期刊数据库、重要会议数据库和国际会议数据库中的总计数，东部地区海南和西部地区西藏因合著较少略去。值得注意的是，在抽取作者所属省区时发现，有许多文献并没有标注省区，却标注了城市。为数据达到一定的精确性，本课题将东西部地区省会城市作为属地对文献进行统计，为避免重复，选取省区统计和省会统计二者最大值作为输出值。数据来自《中国科技统计年鉴 1999—2012》《中国统计年鉴 1999—2012》《中国经济社会发展数据库》《中国知网数据库》等。以陕西为例，统计结果如表 7-6 所示。

表 7-6　2000-2011 年陕西与东部地区属地合著出版物和共同持有专利数

2000—2011 年	合著出版物		共同持有专利	
	陕西	西安	陕西	西安
北京	9416	12649	16	67
上海	2574	4163	13	50
天津	897	1250	2	12
江苏	2711	2388	12	26
浙江	1744	954	8	3

表7-6(续)

2000—2011年	合著出版物		共同持有专利	
	陕西	西安	陕西	西安
广东	2646	2128	1	7
福建	663	348	1	4
山东	3166	871	5	0
河北	1742	830	0	2
辽宁	1301	1036	0	4

采用极大似然估计和 Frontier4.1 软件计算。

表 7-7 OLS 估计结果

项目	系数	标准误	t 值	p 值
$\ln y$	728.69162	307.55488	2.369306	0.026879032
$\ln k$	-140.4888	52.651044	-2.6683	0.04590486
$\ln l$	53.96566	16.075782	3.3569539	0.028384954
$(\ln k)^2$	11.947305	4.2038895	2.8419646	0.046774501
$(\ln l)^2$	-1.498211	1.0628581	-1.409606	0.031457031
$\ln k \ln l$	-5.552046	1.9759006	-2.809881	0.048322769
σ-SQUARED	0.0162895			
对数似然函数			10.978237	
σ^2	0.0111761			
γ	0.655			
Iter = 0	对数似然函数 = 11.057277			

表 7-8 极大似然估计结果

项目	系数	标准误	t 值	p 值
$\ln y$	728.75614	1.0324857	705.82687	0.000000
$\ln k$	-140.4126	0.7514961	-186.8441	0.000000
$\ln l$	54.035016	0.972877	55.541467	0.000001
$(\ln k)^2$	11.89812	0.7348253	16.191766	0.000085
$(\ln l)^2$	-1.568567	1.3323005	-1.177337	0.004330
$\ln k \ln l$	-5.456454	1.8301833	-2.981371	0.040684
σ^2	0.0178151	0.0996636	0.1787522	
γ	1	0.0000000	301556.03	

表7-8(续)

项目	系数	标准误	t值	p值
$\sigma_u^2 =$	0.0178151			
$\sigma_v^2 =$	0.000000			

对数似然函数 LLF = 12.25153446

表7-9 东西部研发合作产出效率汇总

时段	效率估计值
2002年	0.9390737
2003年	0.9521707
2004年	0.8612422
2005年	0.7229092
2006年	0.9996786
2007年	0.8753062
2008年	0.9450645
2009年	0.9679851
2010年	0.8748453
2011年	0.8591214

平均效率=0.89

由表7-7最小二乘估计迭代过程的初值进一步分析得到随机前沿模型的极大似然估计，如表7-8所示。采用中间格点搜寻0到1之间的γ值，使对数似然函数的函数值达到最大，并用这些估计作为初值进行迭代最大化过程。

表7-8结果中p值均小于0.01，说明东西部研发合作共同著作与研发合作的经费存量和研发人员投入关系非常显著，表7-7中OLS所示结果也说明东西部研发合作投入产出是有效的。利用SFA进行本研究，也可以得出东西部研发合作的效率评价。表7-9显示了2002—2011年东西部研发合作产出的效率估计值。2004年、2005年、2007年、2010年、2011年的效率估计值小于0.89，因此这些年度的东西部研发合作的效率有所下滑。东西部研发合作效率最大值发生在2006年和2009年。

总体来说，模型实证分析与理论分析及实际经验相一致，东西部研发合作与创新能力之间存在显著关系，研发合作直接促进了创新能力的提升。从实证分析中可以进一步得出研发合作的创新效率。基于创新本身的内涵，东西部研发合作在2002年到2011年期间，合作效率最高值为0.99，发生在2006年；

最低值为 0.72，发生在 2005 年，这说明东西部研发合作的配置能力和调整能力比较强，西部地区的吸收能力保持比较平稳的增长波动。

研发活动可以直接产生的新知识和新技术，R&D 是经济增长和创新能力提升的主要推动力。由于研发活动存在高成本高风险性，组建研发合作组织可以降低风险和成本，并在更大范围优化资源配置。因此，在具体研发活动中，无论企业、科研单位层面还是区域层面，普遍采取合作方式进行研发，东西部研发合作是直接推动我国东西部科技创新的重要组织方式，也是直接提升创新能力的关键性技术合作内容，本章研究为以上论点提供了实证依据。

本章基于 SFA 研发合作研究结果还可以为政策制定提供良好的建议。第一，R&D 效率的高低直接影响到一个国家和地区的经济增长和发展前景。效率和人均收入水平之间已被证明存在一个显著的正相关关系。因此尽可能地提高 R&D 资源利用效率是政策设计与制度安排的首要方面。第二，需要对每个研发计划建立适当的机制，提高研发活动效率。包括：① 进行微观层面的评估和使用效率分数来识别低效的项目；② 对低效单元进行内部调查；③ 重组的组织和引入先进的管理文化。第三，对研发环境及影响进行效率评估，实现更合理的研发资源配置。

8 东西部技术合作主体行为对创新能力升级的约束影响

8.1 创新战略、多维合作关系分析及研究假设

Lööf、Aschhoff、Belderbos 研究发现,与研究机构的技术合作可以促进创新能力的提升并影响创新绩效。但是,并不是每个合作关系都成功地驱动了创新能力提高。技术合作伙伴关系往往由于内外部原因而中途停滞。交易成本经济学强调合作伙伴追求自身利益是伙伴关系不稳定的一个重要原因,而且为防止这类机会主义行为需要额外的较高的费用成本。博弈论强调合作伙伴对未来收益预测的不确定性和信任缺失,鼓励了合作伙伴的机会主义行为。资源基础观点认为,拥有资源能力差异给合作关系带来先天不平等并最终产生权力的不平衡,导致双方的合作关系提前终止。从战略行为来看,企业间的竞争和竞争的可能性增加了伙伴关系的不稳定性。技术合作伙伴关系的动机是共享 R&D 的风险和成本,以获得新的技术和新的市场,创造协同效应。然而,成功的竞争者之间的合作伙伴关系是罕见的,因为实现这些目标往往被证明是不现实的,导致提前终止伙伴关系。由于合作与竞争并存,合作伙伴往往同时也是某个时期某个市场的竞争对手,当合作伙伴的出发点是获取竞争优势时,则其行为是最大限度发挥个体目标,这也是最大限度地忽视了合作利益。此外,合作伙伴间的协调成本沟通成本是必需的,如果成本较大,合作关系也面临困境。东西部技术合作是跨区域的合作,地理距离和交通运输成本是合作关系面临的现实问题。而且,包括以上分析及原因,东西部技术合作主体间还存在着文化因素、经济因素、管理因素等多方面多层次的差异和不同,种种非相似性将增加沟通交流认同的障碍,因而也面临较大的合作关系失稳甚至失效的可能。

若企业具有清晰的战略和发展动机,则以上面临的种种困难将有所改变。当企业有一个较长期的合作发展规划时,会接受眼前的某些利益损失,而将主

要精力放在关系的维系和改进上。尤其是连续的创新战略能帮助企业识别潜在的技术并发展潜在的技术合作伙伴，因而建立在新产品开发持续创新基础的合作关系比较稳定。由此得到假设：H1 新产品开发持续创新战略巩固了东西部技术合作伙伴关系。

创新的重要目的是工艺创新，降低生产投入成本和能源消耗，其对于创新面临的风险和可以承担的利益损失预期要小于新产品创新。在持续的工艺创新战略指导下，工艺创新不断提升效率降低成本的过程实际上也是持续减少不确定性和争取利益的过程，合作伙伴选择数量具有一定的局限性。因此得到假设：H2 工艺创新持续战略也有利于东西部技术合作关系的稳定性，但是强度弱于新产品开发。

在技术合作关系中，企业创新战略有助于合作关系的稳定性，企业的关系能力也对合作稳定性有作用[238]。关系能力和关系资本需要某个时间区间内的学习积累和总结而成，与过去的经历经验有关，受到学习能力的影响。企业过去建立或者参与的合作联盟，并从联盟中获得经验和知识经学习吸收转化为处理内外部的规范，具有内隐性特性。一般情况下，关系能力的养成需要多样化实践，在加强各种因素的协调能力和沟通能力的同时，关系能力也将增强。企业较强关系能力能够对多样化伙伴合作关系进行有效的管理和协调。因而企业主动对外发展各种联系，包括参加行业协会、沟通讨论会议等非投资性关系，还包括纵向上游、下游和横向投资关系组合等培养关系能力。此外，公司积累的经验和关系能力管理不同的合作伙伴关系组合，更有效地获取各种有价值信息和技术，促进了创新[239]。研究表明，通过建立多样化的伙伴关系组合，提高工作效率[240]，更广泛的协作关系，形成不断构建合作关系的组织惯例，从而将不断提升创新能力也固化在组织行为中。

此外，多个合作伙伴关系的建立，有利于公司获得多领域的技术机会和知识，使得组织能够在不同的合作伙伴战略之间进行协同[241]。研究发现，具有多元化伙伴关系组合的企业，其创新能力通常都比较强[242]。因此得到假设：H3 拥有多样化的合作伙伴关系投资组合的公司，其东西部技术合作伙伴关系稳定性强，对区域创新能力的提升有正向作用。

某些条件下，东西部技术合作中企业可能组建更多的合作关系，合作关系可能面临更多或者更少不稳定性，需要一定的时间过程来稳定巩固新旧关系，这可能导致创新绩效的不确定性。在一般情况下，技术合作有益于创新[243]，对于缺少资源和技术的企业，建立外部技术合作伙伴关系是获取知识和资源互补的重要途径。也有研究指出，跨界获取知识是复杂的，并可能存在较大风险，当较多知识来源于非学习行为过程，企业有可能被兼并。伙伴关系对于企业来说至关重要，企业如果对组建多个合作伙伴关系不适应，获取的知识需要较长消化吸收应用创新周期，延迟了创新产品的开发，反而不如原来较少的正常的技术合作伙伴关系有利于企业创新绩效。因此，多技术合作伙伴关系的"波动性"将迟滞新产品开发，也不利于工艺创新迅速革新，因而得到假设：

H4 合作关系波动性与创新绩效负相关。

8.2 研究变量选择与构建

8.2.1 样本选择和描述性统计

数据来自 2019 年调查的东西部 IT 企业和制药企业，其中 243 家企业属于东部地区，346 家企业属于西部地区，上述调查数据在后续章节研究也将应用。问卷调查和数据收集参照经合组织奥斯陆手册。为适应本研究，问卷具有一个多层次的结构。我们首选遴选从事创新的公司（例如，引进新产品或新的流程或组织上的创新）完成整个问卷。为得出主要合作伙伴关系措施，参照奥斯陆手册重点调查问题，如公司属于何种组织类型，对创新活动的伙伴关系如何看待并和哪些企业和机构建立了伙伴关系。为得出伙伴关系经历的波动性，重点调查问题：企业创新项目由于伙伴关系困难导致：① 严重延误（时间），② 停止（时间），③ 没有开始（时间）。为得出合作伙伴的类型，重点调查问题：① 经常与大学科研机构保持合作关系，② 经常与同行业其他"竞争对手"保持交流与合作，③ 经常与营销策划或者咨询服务机构保持交流。

表 8-1 为本研究中使用变量及含义描述性统计。

8 | 东西部技术合作主体行为对创新能力升级的约束影响

表 8-1 变量描述性统计

序号	变量名	定义	Mean	SD
1	波动性/不稳定性（Vol）	=1如果企业正常运作的研发因为伙伴关系导致一个或多个创新项目停工、严重延迟或无法启动，否则=0	0.05	0.21
2	产品重点（Pf）	替换旧产品、提高产品质量、扩展产品市场和扩大产品范围的总和	12.15	11.13
3	成本重点（Cf）	包括效率，在生产过程中劳动力、材料和能源的使用的重要性	29.97	37.21
4	合作伙伴投资组合多样性（Div）	Blau's index 的异质性指数	0.89	0.25
5	研发强度（R）	内部创新支出占销售总额	0.04	1.26
6	垂直合作（Cv）	=1，否则=0	0.04	0.21
7	横向合作（Ch）	=1，否则=0	0.01	0.06
8	混合的合作（Cm）	=1纵横合作关系	0.01	0.11
9	合作（C）	企业有技术合作伙伴关系则为1，否则为0	0.22	0.42
10	企业规模（$Size$）	员工人数对数	4.37	1.18
11	基础设施（$Infra$）	=1与咨询顾问合作，否则=0	0.11	0.32
12	大学合作（U）	=1与大学合作，否则=0	0.07	0.26
13	知识流动倾向（S）	来自客户、供应商、竞争者的知识占有企业开展创新活动比重	6.03	3.75
14	知识流动公开来源（Pub）	来自专利、会议和公开发表刊物的知识占比	2.85	2.21
15	组织的限制，相关组织僵化（$H8$）	由于缺乏知识、缺乏合格的工作人员导致创新项目没有启动，被遗弃或延迟的比率	0.55	1.04
16	组织限制的相关费用（$HAMP9$）	由于短期融资成本高导致创新项目没有启动、放弃或延迟占比	0.32	0.69
17	组织限制的相关风险（$HAMP10$）	创新项目没有启动，被遗弃或延误的原因是经济风险，由于不确定的市场的占比	0.46	0.86
18	东部公司（D）	=1东部企业，否则=0	0.75	0.43
19	分支机构（Dg）	=1分公司，否则=0	0.74	0.44
20	发明专利（p）	=1企业有专利，否则=0	0.17	0.37

8.2.2 波动方程变量

(1) 因变量。波动方程的因变量可以确定为二进制变量，表达在东西部技术合作中是否经历不稳定。波特指出一个合作关系表现出不成功的时间很短，LaVie 研究给出技术合作伙伴关系的平均持续时间为 1.82 年。Das 指出合作伙伴关系协议对公司创造价值的作用存在不稳定性，我们继承 Das 的思想，定义在创新合作项目中由于合作伙伴关系致使项目停滞、延迟或者未能正常开展的关系为波动伙伴关系。还有一些技术合作由于其他的无法解决的原因而停滞下来，但是最终完成了创新项目，这类情境也归于波动性。也存在一些技术合作本身就注定很少成功或者仅仅是暂时性的合作关系，因为在东西部技术合作中，此类合作对于提升创新能力毫无意义，这类情境略去不考虑。为研究波动性与创新能力提升的关系，弄清是什么因素和企业什么样的战略伙伴关系波动（稳定），重点研究在东西部技术合作中普遍存在的以资源知识整合和技术知识转移及知识创新并实现创新绩效为共同期望的合作关系。

在东西部技术合作背景下，企业要决策组建合作伙伴联盟，首先要对伙伴进行一定的评估与选择。因此，在模型中，引入选择公司模拟企业的合作样本选择问题。选择方程因变量设计为二进制的指标，用 1 来代表决定合作。可以从企业信息知识输出和获取有序性变化来估计，使用最大似然估计方程测度波动概率。

(2) 独立变量。

① 关于持续的创新战略。东西部合作是在国家长期战略指导下进行的，东西部合作创新将持续较长时间，逐渐成为常态。从这个角度，"持久战略"具体操作可用"连乘或者变化差"表示。比如，A 公司和 B 公司分别连续两年实行了持续化战略，则用 $A \times A$ 和 $B \times B$ 来表示，也可以用战略连续两年未变化来标记，比如 $A-A=0$，和 $B-B=0$。考虑书写便捷和不宜混淆，本课题采用乘法形式表征持续战略的实施状况。在测度前，还需要搞清楚两个假设变量，关于企业创新战略的具体目标指向新产品还是成本，这将反映出企业行为的优先级和关注的合作关系重点。以产品为重点变量构建重要性，得分用 1 来标度，涉及有关更新旧产品、提高产品质量、扩大产品范围和扩展产品市场等四类计算总分数。以成本为重点是构造节约成本的目标分数，并以 1 来标度，具体包括在生产过程中提高效率，降低劳动成本、材料成本，减少能源消耗，符合政府规定的产品标准和减少对环境的影响，以计算的总分数衡量。

② 关于投资合作伙伴组合多样性。考虑合作伙伴的产品组合，涵盖了不同的伙伴关系类型，包括行业合作伙伴（竞争对手）以及非行业内的合作伙伴（客户、供应商、高校、研究中心、咨询顾问和关注联盟的公司）。对于每一个公司计算组合多样性采取如下计算方法。令 $x_{m,n}$ 为 0 或者 1。m 表示七个合作对象类型，n 表示东西部共计 21 个省市区（西藏因数据原因略去）。

$$\lambda_{i,m} = \sum_{n=1}^{21} x_{m,n} / \sum_{m=1}^{7} \sum_{n=1}^{21} x_{m,n} \quad (m = 1, \cdots, 7; n = 1, \cdots, 21)$$

其中分子为 21 个省市的特定合作关系的计数值，最小为 0，即没有合作关系，极大值为 21，即与 21 各省市的企业都建立了合作关系。分母表示双向累计合作关系，$\lambda_{i,m}$ 代表每个合作类型 m 关系在总量关系中的比重。测度合作多样性采用公式 $d_i = 1 - \sum_{m=1}^{7} \lambda_{i,m}^2$。这样的测度方法经常被有关异质性的文献测算使用。

（3）波动方程的控制变量。东西部技术合作中的企业在包括创新能力、创新性等许多方面存在差异。研究表明，企业积极维护技术声誉可能帮助减轻合作中的摩擦，确保稳定的合作伙伴之间的关系和合作关系成果。按照通常的做法，用构建的 R&D 强度（内部创新的总支出占销售额的比例）来代表创新声誉。

研究指出，如果企业在战略指导下经过一段时间的坚持，则容易成功。这反映了企业沿着连续的系统的发展轨迹更容易带来成功，因为相似的发展轨迹容易进行协调决策。系统策略也容易促成企业的核心技能固化在组织中。对于企业来说，可能有结构性偏好某个类型的合作伙伴，并且积累了一定关系经验。当面对一个熟悉类型的新公司组建合作联盟，过去的经验立即被照搬，而且只需要微调就可以用来进行关系协调。此外，系统策略和合作经验也可以增加预期和信任，减小合作关系波动。

因此，持续战略作为波动方程的控制变量之一，用持续的在各自纵向横向水平上具有固定的合作伙伴关系来代表。

多数文献认为内外部环境因素是合作关系不稳定的原因。本课题用基础设施代理环境，具体由企业与非业内的咨询顾问公司之间是否有联系沟通判定。

最后，控制了"企业规模"，用员工人数的对数表示。表 8-2 显示了波动变量之间的相关性。

表 8-2 波动模型变量相关性

	1	2	3	4	5	6	7	8	9	10	11	12	13	14	15	16	17	18	19	20
1	1																			
2	0.13	1																		
3	0.12	0.54	1																	
4	-0.07	-0.25	0.14	1																
5	-0.07	0.13	-0.07	0.17	1															
6	-0.00	-0.02	-0.01	-0.07	0.01	1														
7	0.03	0.17	0.1	-0.29	-0.25	-0.00	1													
8	0.04	0.01	0.03	-0.13	-0.10	-0.00	-0.01	1												
9	0.05	0.12	0.07	-0.06	-0.03	-0.00	-0.02	-0.01	1											
10	0.05	0.19	0.21	-0.11	-0.12	0.01	0.09	0.05	0.15	1										
11	0.09	0.15	0.18	-0.10	-0.21	-0.00	0.2	0.1	0.2	0.24	1									
12	0.07	0.16	0.14	-0.11	-0.11	0	0.12	0	0.29	0.22	0.59	1								
13	0.13	0.28	0.24	-0.36	-0.15	0.01	0.27	0.05	0.32	0.27	0.28	0.3	1							
14	0.08	0.34	0.33	-0.11	-0.13	0.01	0.13	0.01	0.11	0.24	0.31	0.29	0.22	1						
15	0.09	0.27	0.28	-0.06	-0.06	-0.01	0.1	0.02	0.08	0.14	0.18	0.2	0.13	0.56	1					
16	0.05	0.17	0.09	-0.08	-0.12	0.01	0.09	-0.01	0.1	0.15	0.15	0.17	0.15	0.2	0.15	1				
17	0.12	0.14	0.11	-0.06	-0.09	0.03	0.1	-0.01	0.12	0.05	0.014	0.18	0.1	0.19	0.18	0.43	1			
18	0.13	0.21	0.16	-0.09	-0.12	0.02	0.11	0.02	0.11	0.12	0.18	0.18	0.15	0.25	0.24	0.46	0.62	1		
19	0.02	-0.10	-0.09	0.07	0.07	0.01	-0.02	-0.02	-0.01	-0.16	-0.07	-0.05	-0.07	-0.14	-0.04	-0.08	-0.03	-0.06	1	
20	0.03	0.09	0.08	-0.05	-0.05	0.01	0.02	0.03	0.02	0.23	0.04	0.03	0.1	0.13	0.06	0.07	0.03	0.05	-0.13	1
21	0.08	0.29	0.19	-0.11	-0.12	-0.00	0.11	0.06	0.11	0.2	0.18	0.18	0.18	0.23	0.22	0.16	0.15	0.22	-0.15	0.1

注：序号 1~20 分别对应表 8-1 变量序号，序号 21 代表专利

8.2.3 合作偏好方程变量

借鉴产业组织和战略管理研究，指定选择方程表达企业的参与技术合作倾向。之前的文献认为在合作安排中能够主动自愿地共享交换知识，有助于合作伙伴关系的稳定。在模型中，以时刻 t 收到信息的来源，比如来自企业的创新活动的行业合作伙伴（客户、供应商、竞争者等），作为控制知识转移合作的倾向。参照 Cassiman 的做法，知识信息来源还包括获得专利、会议和出版物的信息，作为类似偏好控制措施。

有关科技合作研究建议，企业可以尝试管理知识转移通过伙伴关系在同一时间限制信息流出和知识溢出。有效保持企业的创新是企业与外部合作关系持久的重要因素。我们用专利来部分代表这种效果，拥有专利为 1，否则为 0。

Belderbos 实证研究表明，企业的规模和偏好与组建合作伙伴关系有内在的关联性，规模较大的企业一般拥有丰富的资源，可能会更容易发现合作伙伴，管理多个技术合作伙伴关系。因此本研究用企业员工人数取对数来衡量。另外也控制了公司是否东部地区企业和集团公司的一个子公司，用虚拟变量表示。

此外，技术合作的动机也影响了技术合作伙伴的关系，企业面临的成本、风险以及组织因素阻碍了创新进程，则企业也有内在动机寻求外部合作伙伴，因此，将以上因素作为组建伙伴关系的偏好变量。

8.2.4 创新绩效方程变量

（1）创新绩效方程的因变量。为了测度关于波定性与企业创新绩效的影响，选取新产品销售额来作为方程的因变量。尽管创新绩效还有其他影响指标比如单位创新成本、创新总数量、创新对环境的贡献等，但考虑技术合作中数据的可获得性和可靠性，本研究认为新产品销售指标具有相对的优势，也具有普遍性和代表性。

（2）创新绩效方程的解释变量。影响新产品销售额的因素一般主要有合作研发投入、企业规模、企业声誉和主要销售市场的创新需求等。参考 Belderbos 和 Cassiman 的研究，企业的归属地及是否集团公司的子公司，还包括是否有技术知识溢出效应等，也对新产品销售有较大影响。

绩效方程中的变量也可能是潜在内生的。管理能力不易从有关数据中体现，但是却能够对波动性施加影响，对于创新绩效的达成也有重要作用。综合以上因素，波动方程还不能以上数据变量准确反映实际波动的"数值"，而应该是发生的拟合值，起到预测作用，因此本研究采用最大似然估计方程。表8-3 显示了创新绩效变量相关性。

表 8-3 创新绩效模型变量相关性

Variable	1	2	3	4	5	6	7
1	1						
2	−0.22	1					
3	0.14	−0.48	1				
4	0.21	−0.26	0.31	1			
5	0.12	−0.22	0.09	0.16	1		
6	0.08	−0.15	0.16	0.04	0.02	1	
7	0.05	0.08	−0.02	0.01	0.01	−0.72	1
8	0.15	−0.23	0.21	0.29	0.11	−0.06	0.01

注：表中 1 为新产品销售额；2 为波动性；3 为企业规模；4 为合作；5 为研发强度；6 为子公司或分支机构；7 为属于东部公司；8 为来自外部的外溢效应。

8.2.5 建模方法与结果

（1）模型建立。东西部技术合作伙伴关系的"波动性"描述了合作关系的形成、运行、停顿、终止等一系列非连续性，波动情况在合作伙伴选择时就已经表现出来了，也就是说在东西部技术合作背景下，东西部企业都需要选择新伙伴，有可能是既有的合作关系领域内合作数量，也可能是合作关系的重组，还可能是新型合作伙伴。因此，存在两个波动概率：选择性和运行性。我们用两个赫克曼概率模型来描述上述波动，通过最大似然估计法估计这两个方程：

$$V_i = \alpha + \beta_1 Pf_i + \beta_2 Cf_i + \beta_3 Div_i + \beta_4 Div_{i,\,t-1} + \beta_5 R_i + \beta_6 Cv_i + \beta_7 Ch_i + \beta_8 Cm_i + \beta_9 S_i + \beta_{10} Infra_i + \beta_{11} U_i + \beta_{12} C_i + \kappa X_i + \varepsilon_i \quad (8-1)$$

式（8-1）为波动方程，其结果是一个二进制：假如 $V_i > 0$，则波动性 = 1；否则为 0。波动方程的具体变量及计算见表 8-1。V_i 被观察到的前提是合作伙伴关系的确立，即完成了合作伙伴的选择，伙伴选择方程如下：

$$T_i = \begin{pmatrix} a + \varphi_1 S_i + \varphi_2 Pub_i + \varphi_3 Size_i + \varphi_4 R_i + \varphi_5 D_i + \\ \varphi_6 Dg_i + \varphi_7 P + \sum_{n=8}^{10} \varphi_n Hamp_{n,\,i} + \xi X_i + \mu_{i_i} \end{pmatrix} > 0 \quad (8-2)$$

T_i 为选择方程,当 $T_i > 0$ 时,合作关系发生。ε_i 和 μ_i 通常被认为是正态分布和相关的,相关参数 $\rho \neq 0$。

对于"波动性"对创新绩效(创新能力)的影响,增加以下创新绩效方程,与式(8-1)、式(8-2)构成系统方程:

$$NS_i = a + \xi_1 \hat{V}_i + \xi_2 C_i + \xi_3 R_i + \xi_4 Size_i + \xi_5 Dg_i + \xi_6 S_i + \psi X_i + \delta_i \quad (8-3)$$

NS_i 为新产品市场销售额。上述方程中 X_i 为研究企业属于高级技术或中级技术或低技术的虚拟变量。

(2)结果。表8-4为式(8-2)对应统计分析结果,说明选择技术合作伙伴的偏好或者倾向。当企业需要更多的外部知识流入时($\varphi_1 = 0.05$, $p < 0.01$),容易对外建立技术合作伙伴联盟;对比来看,公共信息知识对合作倾向影响不大;规模较大的公司更有可能组建技术合作联盟($\varphi_3 = 0.2$, $p < 0.01$),这与其他学者的研究判断相一致;R&D 投入较大的企业也容易组建技术合作伙伴($\varphi_4 = 0.01$, $p < 0.01$);企业在 R&D 的相关经验和市场的不确定性风险,可能缺乏知识和成本较高更能积极影响合作决策($\varphi_{10} = 0.09$, $p < 0.01$),还有企业类型的限制和不足,例如组织僵化、缺乏财务资源等也积极影响企业组建或者参加合作联盟,但是不显著;对于专利变量是代理创新知识的保护,也显示出积极和显著特性($\varphi_7 = 0.26$; $p < 0.01$),证实了先前的调查结果,当企业的核心知识或创新知识是安全的和受保护的,则企业愿意与其他企业建立技术合作联盟。

表8-4 合作关系决策的选择概率模型

因变量	First-stage model 行业竞争性变量	First-stage model 行业虚拟变量
S	0.05 *** (0.01)	0.05 *** (0.01)
Pub	0.00 (0.01)	0.00 (0.01)
Size	0.20 *** (0.03)	0.20 *** (0.03)
R	0.01 *** (0.00)	0.01 *** (0.00)
D	0.06 (0.06)	0.05 (0.06)
Dg	0.10 (0.07)	0.10 (0.07)
Patent	0.24 *** (0.09)	0.26 *** (0.09)
Hamp8	0.01 (0.03)	0.02 (0.03)
Hamp9	0.06 (0.05)	0.05 (0.05)
Hamp10	0.08 *** (0.03)	0.09 *** (0.03)

表8-4(续)

因变量	First-stage model 行业竞争性变量	First-stage model 行业虚拟变量
行业虚拟值	包括	包括
企业数量199	199	199

( ) 为稳定标准偏差；

* 为10%显著水平，* * 为5%显著水平，* * * 为1%显著水平

表8-5是"波动性"式（8-1）的分析结果。当企业坚持产品为导向的持续创新战略时，其变量系数为负而且显著（$\beta_1 = -0.02$, $p < 0.01$），说明对外技术合作关系不太可能面临"波动性"，支持假设 H1。另外一种情况是东西部技术合作伙伴双方均共同追求产品战略，可以预期，也支持假设 H1；对于成本创新战略，其变量系数为零，表明企业是否进行了持续成本创新战略对于技术合作关系是微不足道的，也就是说追求成本战略不能对技术合作提升创新能力产生显著影响，结果拒绝假设 H2。原因是降低成本的作用路径是清晰的，外部合作的不确定性很低，风险也很低。如果技术合作的目的是坚持持续地降低成本，那么对创新能力的提升作用的影响是有限的，如果成本很难降低，那么技术合作对创新能力的提升作用为0。研究结果还表明，增加技术合作伙伴关系的多样性有助于减少"波动性"，多层次伙伴关系的系数是 $\beta_4 = -0.41$; $p < 0.01$，支持假设 H3。

表8-5 伙伴关系的 Probit 模型

自变量：波动方程	Second-Stage model	
	Model 1（行业竞争变量）	Model 2（行业虚拟变量）
Pf	-0.01 * * * （0.00）	-0.02 * * * （0.00）
Cf	-0.00 （0.01）	-0.00 （0.00）
Div_t	-0.41 * * * （0.14）	-0.41 * * * （0.14）
R	-0.03 * * * （0.01）	-0.04 * * * （0.01）
Cv	-0.26 * * * （0.09）	-0.26 * * （0.11）
Ch	-0.11 （0.25）	-0.10 （0.26）
Cm	-0.08 （0.16）	-0.06 （0.17）
$Size$	-0.16 * * * （0.04）	-0.14 * * * （0.05）
$Infra$	0.16 （0.13）	0.18 （0.15）
U	0.01 （0.14）	0.03 （0.17）

表8-5(续)

自变量：波动方程	Second-Stage model	
	Model 1（行业竞争变量）	Model 2（行业虚拟变量）
行业虚拟变量		包括
两个方程相关性（ρ）	-0.87（0.07）	-0.82（0.11）
Wald test（p-value）	14.97（0.00）	
企业数量	199	199
Log likelihood	-1536.62	-1543.85

（ ）为稳定标准偏差；

* 为10%显著水平，**为显著水平，***为1%显著水平

观察控制变量，发现基于研发的合作关系趋于稳定性（系数为 $\beta_5 = -0.04$；$p < 0.01$），统计意义说明，基于研发的战略技术协作建立合作伙伴关系有助于研究和创造，相同类型的合作伙伴关系具有稳定性。从合作的类型来看，横向合作和混合型技术合作都没有垂直型技术合作显著（系数 $\beta_6 = -0.26$；$p < 0.01$）。持久的合作伙伴关系只有垂直类型说明纵向上游知识创造合作与纵向下游创新的市场效益合作均是稳定的，可以对区域创新能力提升形成积极影响，但是由于纵向横向技术合作涉及因素较多，有待于进一步探索，上述稳定性的结论为我们进行深层次研究提供了很好的平台。公司规模也影响合作关系的稳定性，在合作中，小公司容易在受约束资源方面形成对伙伴的依赖，容易被大型合作伙伴兼并。然而，这种规模上能力上非对称性合作在东西部技术合作中数量较大，应该引起重视，关于非对称性研究将是有意义的研究课题，限于篇幅，未能在这方面深入。

表8-6是合作关系波动性对创新绩效方程的影响结果。结果支持假设H4。合作关系波动性显著负面影响企业创新绩效（系数 $\xi_1 < 0$；$p < 0.05$），合作关系不稳定使新产品市场推广和客户认知面临较大困难。另一方面，有些技术合作（$\xi_2 > 0$，$p < 0.01$）能够积极影响创新绩效，表明这是企业关键的伙伴关系。控制变量中，外部会议市场知识流入（$\xi_3 > 0$，$p < 0.1$）对企业创新绩效产生积极的影响，而企业规模在统计上并不显著。企业从市场获取的知识（例如客户需求和市场需求知识等）越多越有利于创新绩效。

表 8-6　波动性与创新绩效

自变量：NS	Performance model
v	−1.41** (0.71)
C	0.11*** (0.71)
R	1.14 (1.30)
Size	0.08 (0.08)
Pub	0.06** (0.03)
S	0.17 (0.23)
Dg	−0.06 (0.21)
行业虚拟变量	Included
地区虚拟变量	Included
R^2	0.13
N firms	199

综上，合作稳定性与创新能力影响研究支持 H1、H3、H4 假设，未支持 H2 假设。东西部技术合作主体持续的新产品开发战略、外部多元化合作关系战略等，有助于技术合作伙伴关系的稳定，并且显著提升创新能力。持续的成本战略对创新能力和合作关系持续稳定没有显著效果。

8.3　东西部技术合作关系稳定性研究结论

研究结果为东西部技术合作中合作伙伴关系可能面临的延迟、停滞和间断等"波动性"提供了解决之道。毋庸置疑的是，合作伙伴关系缺乏稳定性和持续性，东西部技术合作对区域创新能力可能的提升作用将受到严重冲击。东西部技术合作关系可能的"波动性"将严重影响创新绩效，对新产品新技术的活动带来额外的困难。因此，确保技术合作关系的稳定性，采取有力措施杜绝可能引起的关系波动性因素负面作用是东西部技术合作促进区域创新能力影响的重要课题。本章有关合作稳定性研究为合作伙伴关系管理提供了系统的分析方法及关系调控依据。采取数项措施减少"波动性"的可能性。

第一，为减少"波动性"应坚持依靠以产品为中心的创新战略。坚持持续的产品及市场开发战略积极对外交流沟通，减少组织面临不确定性，避免合作关系的波动性问题，将有更大的成功机会。通过新产品创新和市场创新战略与东部或者西部地区企业建立有效的合作联盟促进区域能力提升，比追求成本降低的合作联盟的作用更强更显著。此外，企业良好的创新声誉，能够构建理想的合作伙伴关系。良好的声誉能够限制潜在技术合作关系中的"摩擦"，因而东西部企业应该主动选择与创新声誉较好的企业组建合作联盟，或者加入到较好声誉的合作联盟中。

第二，多样化的伙伴关系获得的经验对技术合作有积极帮助。研究结果证实了企业过去的经验和经验学习能够避免未来合作关系的障碍。特别是，企业多领域多层次的合作关系组合也有利于东西部技术合作顺利推进。一个多样性的合作伙伴关系能够提供较大范围的知识共享，这也提示我们，东西部技术合作应和非东西部的技术合作建立某种连接。研究结果表明，从过去的多元化投资组合关系管理中学习获取经验可以对当前和未来的技术合作进行预测，这无疑有助于合作关系的稳定性。但是如果目前产品组合包含了多种不同类型的伙伴关系，可能增加了关系"波动性"。这提示我们，在东西部技术合作背景下，专业化与技术多元化需要谨慎对待。

第三，东西部技术合作中，将企业间的已经存在的良好的伙伴关系进行组合，可以方便吸收更有价值的知识技能，促进合作各方创新能力的提高。一方面，伙伴关系组合也是知识信息相应的重组，可以发展发现新的知识和技术；另一方面，也可以避免可能的过度依赖；再者，与新建合作关系相比，关系组合（重组）面临更少的不确定性，所付出的成本较少。伙伴关系组合获得的技能可以方便地应用到创新活动中，提高创新能力。另外，"老关系新组合"也可能有助于创新扩散，进而提升区域创新能力。

9 东西部非竞争性技术体系合作的知识整合

东西部非竞争性技术合作知识整合效率影响创新能力。知识整合效率越高，创新能力提升越快。目前，有关研究证实参与技术研发合作和聘任专业人才能积极影响研发创新能力[244]，但既有研究忽视了知识整合过程的时间效率因素[245]。东西部非竞争性技术合作联盟如何提高整合知识的效率从而影响创新能力的快速提升是一个重要问题。整合内外部知识资源无疑与能力关联，整合本身需要能力，整合后知识升级能力跃升。前述研究我们谈论了东西部非竞争性技术合作联盟存在的资源能力不对称性，从知识流动角度来看，这种不对称性与技术合作联盟知识整合效率具有密切关系，技术合作联盟过程中资源与能力不对称性具有外生内生双重特征。如何减少技术联盟合作伙伴资源能力不对称性的负外部性？提高知识整合效率是一个良好途径。以往研究表明，企业整合外部资源信息所花费的时间取决于知识来源的属性和企业自身的内部能力，知识整合的速度依赖于知识源的类型和转移的知识的熟悉程度。东西部非竞争性技术合作联盟背景下，技术合作的开展和专业人才的引进对知识整合与创新是有效的，我们需要关注什么情况下可以更快地进行知识整合，知识属性和组建合作联盟及引入人才之间的影响关系需要进一步深入研究，同时研究也可以揭示如何更快地提升创新能力。

9.1 技术合作背景下的知识整合及影响因素

为了迅速获得外部知识，许多企业组建多元化合作联盟或从其他公司挖掘人才。Tzabbar 和 Al-Laham 研究证实，多元研发技术合作和人才引进积极影响知识获取和知识整合与集成，进而作用于创新能力。传统的理论认为企业更快地熟悉和整合临近的知识[246]，而对于什么因素影响跨区域非临近性知识整合却不甚了解。尽管 Cohen 提出的吸收能力解释了外部信息来源提升公司创新能力的基础，也就是以往的学习经验在新知识整合中的作用，然而，合作联盟背景下理论未明确合作经验对知识整合速度的影响。Gulati[247]认为知识整合的速度与联盟合作伙伴知识相似的熟悉程度和主要科技人员素质之间有某种关系。但是，企业通过东西部技术合作联盟整合知识与个人学习知识过程根本不同，另外，不相同知识源的知识整合速度也不同，既有的研究通常只检验公司以往的经验和获得外部信息来源对创造新知识的独立影响。Zollow[248]研究指出，企业整合非邻近性知识应更多来自技术合作联盟，知识整合率取决于公司的有关能力经验积累和合作联盟的专业科研人员。因此，洞察知识流动和内部能力如何相互作用，从而影响企业内外部知识整合，需要技术合作联盟的形成和人才引进围绕结合公司的能力，充分利用知识特点和类型进行知识资源整合，从而拓展吸收能力理论并深刻理解创新能力的提升。

9.1.1 技术合作中知识的来源

在以知识为基础的产业中，公司整合外部知识为成功技术创新发挥了重要的作用。专业化分工和经济区域划分决定了产业链的层次与完整性。企业作为产业链中的一个单位，其知识范围一般限定在所在产业链中，并由其在产业链中的位置与作用相应地进行知识积累。因此，企业所在的产业链的知识总体决定了企业知识积累。企业的规模和行业地位也反映了知识积累程度。对于大型企业来讲，从原料到市场均有完整的运营与管理，其知识来源的渠道既有纵向上游的高校、研究机构等知识创造的主体，也有纵向下游的市场营销企业的客户服务知识，还包括与之竞争的企业。大型企业知识来源丰富，但是知识获取缺乏灵活性。比如大企业的供应商和 OEM 商一般不轻易撤换，这有可能导致失去一些新的技术机会及新知识。比较而言，中小企业具有更大的灵活性和选择性，可以积极加入各种协会构建社会关系网络，以及参加各种合作联盟扩充知识来源，并访问可能并不成熟和未加推广的知识。在改革开放中，在西部地区建立的"义乌城""温州城"就是中小企业积极开拓渠道搜集信息的典型。

在东西部技术合作中，东西部企业间、高校、研究机构包括各级政府均可组建或参与合作联盟，这样的合作既有正式的也有非正式的，因而知识来源既有正式的合作伙伴，也有非正式的交流、学习和访问。非正式合作往往是不熟悉的对象和领域采取的临时性知识获取方式，对深入跨域学习和消化吸收知识具有积极作用。东西部技术合作中大量知识流动还是源于各个合作联盟，因而，如何组建联盟及分析相关影响是很重要的。LaVie指出与熟悉的合作伙伴结盟，意味着利用现有的知识，而与不熟悉的合作伙伴结盟，可以探索新的机会。同样，与熟悉的知识领域内的科技人员合作可以推动渐进式创新，而与跨区域非同构知识领域科技人员合作可以促进突破式创新。在开发模式下，基于能力基和知识基，西部企业寻求利用其现有能力改善现有的知识基础，凭借经验与特定的合作伙伴或在特定的专业领域，聘请类似知识基础的专业人员参与技术合作，重点应在于能力方面的超越和提升；东部企业更加注重探索整合外部知识与资源，积极发现新的东西，超越现有技术的界限，因而必须在协调、沟通和控制等知识整合管理方面予以强化。因此，东西部技术合作的知识整合的起点重点应具有差异：西部重在能力，东部重在整合，这样双方在各得其所中实现东西部技术合作中知识整合的最佳状态。

9.1.2 知识整合中知识熟悉程度及整合速度

认识、吸收和利用外部知识的能力取决于公司现有的知识与新知识的整合，通过新旧知识的有效整合，技术创新能力会获得提升。例如，企业参与技术合作，专业科学技术人员一起继续拓展现有知识，尤其是隐性知识的传播和转移，可以提高合作伙伴的学习能力，显著增加技术知识同化和知识创造，消除或者缩小能力差。在技术合作中，专家和科研人员融洽的关系和足够的技术基础将提高沟通效率，加快隐性知识转移。对于在知识能力方面彼此熟悉的合作伙伴，可以方便地利用现有的合作关系促进知识流动及整合。相反，不熟悉的合作伙伴联盟的合作知识探索，存在一定风险和机会主义行为。具有相似性资源知识基的技术合作主体更有强烈动机在专业知识领域继续保持相互联系和影响，知识交流速度较快。由此，实现渐进性创新的能力在东西部相似性技术合作中容易获得较快提升。此外，相类似的知识可以减少跨区域非邻近性技术转移和整合的沟通、交流和知识管理成本，知识非兼容性差异巨大或者因果模糊性较大是知识转移整合的障碍，因此，知识资源的距离并不是知识整合的关键性困难，促进跨区域知识整合应该从新知识学习及专业领域的知识储备（类似的知识源）着手，熟悉的合作伙伴可以更快地整合知识。东西部非竞争性技术合作也存在三个问题：一是技术联盟不可避免潜在的搭便车和从事投机性尝试；二是存在知识获取、知识保护和关键竞争优势领域的合作程度问题；三是合作资源重组、匹配、协调、沟通和控制需要额外的成本；四是不同专业技术、能力和治理结构在合作结构下实现合作绩效和能力提升具有某种不确定性。

9.2 研究假设的提出

（1）专业知识与人才引进。东西部技术合作联盟可以帮助一些企业吸收或学习一些重要的信息或能力，而另一些参加资源共享的企业可能失去一些关键的竞争优势。因此东西部技术合作联盟需要组织资源分配的协调、沟通和控制。此外，东西部技术合作联盟参与主体不同的专业知识、技术能力、激励制度和治理结构增加了创新的不确定性，不确定性增加了组织之间的关系管理成本，减缓了知识的集成速度。

与熟悉的伙伴组建合作联盟，在信任基础上可以促进联盟知识转移，但是合作联盟不能避免非共享的核心技术泄漏，需要建立相应的控制机制。伴随西部地区人才引进，企业可以在较少时间内获取其他组织的隐性知识，增强了企业在技术、规范和程序等方面的认识和经验。具有跨界知识背景的人才引进还有利于企业进行探索性创新。西部欠发达区域引进人才，特别是跨界知识型人才需要协调新旧知识并且配置相应的资源。对于组织来讲，西部引进人才能够更快地建立组织内部成员的个人关系并形成频繁的互动交流，组织成员也更愿意付出更多的努力共享并整合自己的知识。因此，我们预计：

H1：西部引进人才后的知识整合效率高于与熟悉的东部地区伙伴组建技术合作结盟。

（2）以往的经验和足够的背景知识。虽然获得新的知识来源可以为企业提供一个机会发展新的能力并且提高创新能力，但是知识整合集成可能需要更多的时间。企业提高新的知识获取和应用一方面需要一定的适合的组织机制，另一方面也需要许多知识能力基础和相应的经验。东西部企业组建技术合作联盟之前的联盟经验和人才招聘的效果会影响新联盟的组建及知识获取。

资源基础观（TVB）和知识管理（KM）表明企业较高的知识储备和资产存量具有获得更高层次知识的先发优势。路径依赖理论研究也表明先前的经验和学习过程使得企业获取知识和整合知识具有一定特定程序，通常导致企业适应环境变化和对待外部知识有一个固定的操作模式。因而，学习活动与之前经历相似度越高，企业也就有越大的预期激励吸收知识。企业的联盟经验和从其他企业引进人才的经验为企业带来特有的知识和社会关系，使企业评估和吸收外部知识更准确和更有效。获取外部资源的经验可以帮助企业开发出卓越的能力，选择最有前途的联盟合作伙伴和招聘引进专业人才。通过不断的合作积累经验和能力，可以实现快速的知识整合与集成。

成功的合作和引进人才的经历也能够使公司提升资源开发的能力。企业利用外部资源的经验、知识与能力很可能及时完成内外部研发项目。随着企业的这种经验的积累，它也能够更好地集成广泛的专业知识，实现新旧知识结合与转换，升级创新能力。相反，一味地追求外部资源信息，不注重企业内部经验与能力积累，其创新能力将降低。因此，我们预计：

H2：当企业有引进人才的经验和能力时，引进人才有利于知识整合的较高效率。

H3：当企业有合作联盟的经验和能力时，与不熟悉的合作伙伴组建联盟有利于知识整合的较高效率。

9.3 研究所需的数据和研究方法

为了检验这些假设，我们选取82个和117个东部企业共199个高科技企业在2005年和2012年之间以外部知识流动及获取整合为主线的数据，通过查阅企业文档、各级政府文件、邮件电话以及部分访谈搜集数据。另外，用企业的专利数据来全面衡量关键变量。在此期间，我们依据199个公司的发展历程，构建了一个包含公司基本信息、专利和创新的外部关系数据集。在这个数据集的基础上再次通过邮件、电话和访谈进行必要的信息核实和修改。参照Rosenkopf[249]的做法，建立一个二元的东西部高科技企业和知识源之间的专利数据结构。

（1）关于因变量。东西部非竞争性技术合作联盟知识整合与集成一般是指外部联盟伙伴和引进（聘用）专业人才的知识资源与企业现有的知识的结合。因此联盟知识整合就会使企业内部专业技术人员和外部专家进行知识交流并且实现新的发明创造和新产品开发。知识整合不但包括知识本身，还包括知识结构和相应的技术资源匹配,这也是结合现有生产方式的创新过程。新的知识往往产生新的应用并与其他知识结合提升创新能力。我们运用虚拟变量 0 和 1 表示原来的创新和联盟(聘任人才)后的创新,我们确定了 199 个企业的 286 个因引进人才实现知识整合的实例和 138 个联盟知识整合的实例。定义因变量为新产品(专利),是在时间 $t+\Delta t$ 内某个组织的新产品(专利)条件概率:

$$r_j(t) = \lim_{\Delta t \to 0} \frac{Pr_j(t \leq T < t + \Delta t \mid T > t)}{\Delta t}$$

式中 Pr_j 是 j 事件在时间 $t+\Delta t$ 的离散概率。

(2) 关于独立变量。

① 聘任专业人才。前述分析已经说明了跨界型专业人才对技术联盟知识整合的影响作用。要确定人才引进和其专业知识的临近性,参考 Tzabbar 和 Tzabbar 的做法,我们构建了 22 个技术领域使用聚类分析方法,将新知识(新产品或者专利)聚类到 22 个技术空间。每个新产品(专利)可以表示为某个技术领域的向量计数的百分比。例如,如果公司的新产品(专利)j 有 8 个应用技术(引用),其中 2 个属于技术 A 领域,3 个属于技术 B 领域,2 个属于技术 C 领域,则向量 M = (0.25,0.37,0.25,0,0,0,0,0)描述新产品(专利)组件的知识。给定的技术领域技术应用比例,矢量 M 代表新产品(专利)整合的知识源和技术空间位置。依据这样的方法,识别东西部选取的技术状况,汇总了企业的现有技术(专利引用)(前 3 年内),并计算得到向量。同法,对引进人才后有关技术(专利)进行统计,给定某个时间,聚合向量表示了引入人才的和技术位置。

我们测量企业 y(向量 a)和专业人才 j(向量 b)之间的夹角代表企业与引进人才的知识距离(新旧知识的跨度)。具体来说即令向量 $a = a_1 i + a_2 j + a_3 k$,$b = b_1 i + b_2 j + b_3 k$,则角 θ 为:

$$\theta = \cos^{-1}\left(\frac{a \cdot b}{\|a\| \cdot \|b\|}\right)$$

$$= \cos^{-1}\left(\frac{a_1 \cdot b_1 + a_2 \cdot b_2 + a_3 \cdot b_3}{\|\sqrt{a_1^2 + a_2^2 + a_3^2}\| \cdot \|\sqrt{b_1^2 + b_2^2 + b_3^2}\|}\right)$$

选择角距离而不是一个简单的测量距离是因为角度可以直观地认识到新旧技术知识的技术轨迹[250]。

由于企业倾向于寻找当地的专业人员，企业的大部分员工自身知识结构与企业相似，因此有较低的平均知识距离（19°）。我们构建了一个虚拟变量（0，1）区分引进人才的知识相似与否。当专业人才的知识距离大于标准差则标记为 1，否则为 0。因为平均距离是 19°，标准差为 $rj(t) - \exp(-X[t])$，专业人才的知识距离至少为 $rj(t) - \exp(-X[t])$ 才被认为是跨界知识。

② 熟悉的伙伴组建技术联盟。同样的方法，我们定义企业熟悉的伙伴组建联盟等虚拟变量值为 1，否则为 0。

③ 以往的经验。为了衡量公司以往的经验，我们使用之前的技术联盟和招聘人才的累计数。我们仅统计技术合作联盟而不包括其他如营销合作和物流合作等。估计以往的经验的调节作用有两个交互项：第一是之前的技术联盟和熟悉的伙伴组建技术合作联盟；第二是之前的人才引进和跨界专业人才。

（3）控制变量。需要比较跨界知识领域人才的引进和与熟悉伙伴组建技术联盟对知识整合的效率，则需要包括相同控制变量的两组模型。此外，知识整合的可能性受到联盟合作伙伴的各种属性或者企业之前聘任的人才的影响，所以我们控制了重点公司的属性。为了减少测度结果被其他联盟干扰的可能，而且技术联盟与其他企业进行知识整合的可能性也不高，因而我们有限地分析 13 个控制变量。

企业年限长短关系到企业的知识能力基础，对于知识整合是有影响的，因此把东西部技术合作联盟配对企业年限作为第一变量。企业的知识产权与企业经验和吸收能力有关，用时间 t 之前的专利数取对数表示。之前引进人才和之前的技术联盟可以扩大企业的知识领域，这个对数越大，代表企业的知识整合基础越强。t 时间之前企业引入人才会影响知识积累，因此企业发明人数量也是控制变量。专利授权和专利许可以及技术相似性也影响联盟后的知识整合。如果企业核心技术与技术联盟的知识创新具有相似性，则赋值为 1，否则为 0。东西部企业的地理地缘邻近性也是控制变量，例如浙江和广西之间可以实现比浙江和青海、新疆更便捷的交通连接，物流相对较为方便，因而地理距离也影响了技术联盟的知识整合效率，同样交通便利赋值为 1，否则为 0；异质性的研发合作经验，也可能影响公司的吸收能力，因此，我们控制了合作伙伴的异质性（例如，IT 和生物技术、制药企业和研究型高校的合作），使用 Blau 指数测度。最后影响联盟合作的是联盟合作的经验和聘任人才的经验。

（4）模型与方法。我们统计挑选企业的发展历程进行分析。选用估计风险率模型并以边缘强度函数作为因变量分析显著的技术重新定位的概率。强度函数 $r(t)$ 表示过去可观测的时间 t 内显著的技术更迭发生的极限概率。知识整合的速率是一个对数线性函数的自变量，如：其中 $X[t]$ 表示内影响自变量在时间 t 的速率的向量参数。独立变量反映了 $rj(t) - \exp(-x[t])$ 条件概率的影响因素。系数为正号表示一个相对风险较大的知识集成，例如，是由于某些变量的兴趣导致知识整合加快。

企业发展历史数据提供任何时点比较完整的变量定性信息，企业发展历程分析也可以排除与时间顺序数据相反的因果关系，例如在时间 t 联盟可能会导致在 $t+1$ 时间的知识整合，在时间 $t+1$ 的知识整合并不能促使时间 t 的合作联盟。相对于负二项分布和 Logit 模型，故障率模型可以处理右截尾、依时变动协变量、异方差和观测到的异质性等问题。

运用 STATA 运行最大似然生存模型，指定 Huber-Whites Sandwich Estimation 估计，用稳健标准误差校正重复观测的公司之间的相关性。使用 F 检验评估单个变量系数的意义，引入 Akaike 信息准则评估嵌套模型。

9.4 统计分析及结果

如表 9-1 和表 9-2 所示，引进人才和知识整合后，技术联盟与知识整合分别相关联的均值、标准差和相关性。表中，有些变量是相关的，但没有严格共线（$r<0.6$）的结果出现。要确保多重共线性无偏差，计算有变量的方差膨胀因子（VIF）均低于 10，传统阈值为 2.16（VIF=2.16）。为检验潜在的模型估计的问题，添加一个主要的独立变量，检查是否有任何不稳定的系数或标准错误。参考 Ahuja 的建议，避免过度采样权重的多条记录对应到同一个联盟或企业，计算未出现显著的差异，因此不存在多重共线性建模问题。

表 9-1 均值，标准差，两两相关引入人才知识整合

	变量	Mean	SD	1	2	3	4	5	6	7	8	9	10	11	12
1	知识整合	0.01	0.11												
2	跨界知识人才引进	0.02	0.15	0.11											
3	引进人才的经验	5.76	12.1	0.14	0.03										
4	企业 i 年限 b	1.62	0.84	0.01	0	0.42									
5	企业 i 年龄 b	2.83	1.14	−0.15	−0.02	−0.02	0.26								
6	企业 i 知识产权 c	2.44	1.52	0.08	−0.06	0.62	0.69	0.17							
7	公司 j 知识产权 c	4.38	2.57	0.11	−0.01	0.31	0.15	0.38	0.2						
8	企业 j 在 $t-1$ 时刻专利引用 c	4.77	1.7	0.07	−0.03	0.26	0.43	0.16	0.6	0.46					
9	企业 j 聘请的发明者 c	0.03	0.19	0.18	0.04	0.23	−0.01	0.07	0	0.04	0.12				
10	企业 ij 有相似技术	0.55	0.5	0.12	0.05	0.42	−0.01	0.04	−0.01	0	0.08	0.09			
11	公司 ij 地理交通便利	0.65	0.48	0.09	0.01	0.28	−0.09	0.06	−0.13	−0.03	0.05	0.08	0.04		
12	联盟经验异质性	0.76	0.1	−0.01	0	0.32	0.03	−0.03	0.2	0.04	−0.02	0.02	0	0.01	
13	技术联盟的经验	5.6	7.02	0.05	0.02	0.57	0.46	0.16	0.6	0.06	0.14	0.06	0.03	0.02	0.2

企业 i 为引进人才公司；企业 j 为之前聘任公司；b 是引进人才知识整合实例 286 个；c 为取自然对数

表 9-2 均值，标准差，两两相关的联盟知识整合

	变量	Mean	SD	1	2	3	4	5	6	7	8	9	10	11	12
1	知识整合	0.01	0.09												
2	与熟悉伙伴联盟	0.11	0.32	-0.1											
3	技术联盟的经验	5.36	8.05	0.11	0.13										
4	企业 i 年限 b	2.38	0.5	0.02	0.04	0.46									
5	企业 j 年龄 b	1.96	0.86	0.09	0.07	0.12	0.32								
6	企业 i 知识产权 c	3.91	1.5	0.01	0.03	0.23	0.57	0.21							
7	公司 j 知识产权 c	2.73	1.66	0.12	0.08	0.38	0.14	0.29	0.3						
8	企业 j 在 t-1 时刻专利引用 c	4.6	1.63	0.09	-0.06	0.17	0.31	0.09	0.4	0.38					
9	企业 j 聘请的发明者 c	0.04	0.2	0.07	-0.01	0.08	0.03	0.04	0	0.08	0.07				
10	企业 ij 有相似技术	0.66	0.48	0.1	0.08	0.14	0	0.05	-0.1	-0.01	0.11	0.12			
11	公司 j 地理交通便利	0.76	0.23	0.06	0.12	0.08	-0.03	0.09	-0.04	-0.02	0.03	0.09	0.08		
12	联盟经验异质性	0.22	0.12	0.04	0.03	0.37	0.05	0	0.1	0	-0.03	0.05	0.03	-0.03	
13	引进人才经验	5.78	11.4	0.13	0.05	0.19	0.12	0.08	0.7	0.03	0.12	0.08	0.06	0.02	0.31

企业 i 是关键公司；企业 j 是联盟的伙伴；b 是调查东西部技术合作联盟；知识整合实例 138 个；c 为取自然对数

考虑决策引进人才或组建合作联盟也可能存在变量内生性,参考 Blossfeld[251]的建议,引入伽马混合(a gamma mixture)指数模型。模型假定未发展或者被忽视的常数可以表示为随机变量,独立观测变量均匀分布。这个误差项与交互转换速率有关。而随机变量可以体现合作伙伴之间的异质性和持续状况偏差。

表9-3为跨界知识人才引进后知识整合效率的发展历程分析。模型1包括控制变量主要影响因素的交互作用,模型2添加人才引进的虚拟变量,模型3添加跨界知识人才引进和企业聘任人才的经验的交互作用。比较三个模型的符号和系数均有一致性,但似然对数对比表明,模型3最为适合。表9-4为技术联盟知识整合效率的企业发展历程分析,其中模型1包括控制变量主要影响因素交互作用,模型2增加了组建技术联盟的虚拟二进制变量,模型3添加熟悉伙伴和技术联盟经验的交互作用。比较三个模型的符号系数具有一致性,似然对数检测表明模型3最优。

表9-3 实例发展历程分析引进人才的知识整合效率

变量	M1	M2	M3
引入跨界知识人才(H1)		1.25*	2.14*
		(0.09)	(0.13)
引入跨界人才×聘任经验(H2)			-0.03*
			(0.01)
引入人才经验	0.01*	0.01*	0.02*
	(0.00)	(0.00)	(0.00)
企业 i 年限 b	-0.08*	-0.09*	-0.11*
	(0.01)	(0.01)	(0.01)
企业 j 年限 b	-0.11*	-0.11*	-0.10*
	(0.00)	(0.00)	(0.00)
企业 i 知识产权 c	0.04*	0.03*	0.02*
	(0.00)	(0.00)	(0.00)
企业 j 知识产权 c	0.05*	0.05*	0.06*
	(0.00)	(0.00)	(0.00)
企业 j 在 $t-1$ 时刻专利引用 c	0.07*	0.05*	0.03*
	(0.00)	(0.00)	(0.00)

9 | 东西部非竞争性技术体系合作的知识整合

表9-3(续)

变量	M1	M2	M3
企业j聘请的发明者c	0.09*	0.14*	0.12*
	(0.02)	(0.02)	(0.03)
企业ij有相似技术	0.04*	0.04*	0.03*
	(0.00)	(0.00)	(0.00)
公司ij地理交通便利	0.01*	0.01*	0.01*
	(0.00)	(0.00)	(0.00)
联盟经验的异质性	0.00	0.00	0.00
	(0.00)	(0.00)	(0.00)
技术联盟的经验	0.07*	0.07*	0.06*
	(0.01)	(0.01)	(0.01)
In_Theta	-6.66*	-6.72*	-6.89*
常数	-15.47*	-15.13*	-15.10*
似然对数	-4808.5	-4725.4	-4692.1
实例数	286	286	286

企业 i 是引进人才的公司；j 是对应之前聘任人才公司；

( ) 标准误差；

c 为取自然对数；

$*p<0.05$

表9-4 实例发展分析联盟合作知识整合效率

变量	M1	M2	M3
		(0.08)	(0.08)
熟悉的合作伙伴联盟			0.02*
×经验（H2）			(0.01)
技术联盟经验	0.18*	0.15*	0.13*
	(0.06)	(0.06)	(0.06)
企业i年限b	-0.06*	-0.06*	-0.05*
	-0.02	-0.02	-0.02
企业j年限b	-0.10*	-0.09*	-0.07*
	(0.03)	(0.03)	(0.03)
企业i知识产权c	0.08*	0.05*	0.05*

表9-4(续)

变量	M1	M2	M3
	(0.01)	(0.01)	(0.01)
企业 j 知识产权 c	0.14 *	0.15 *	0.15 *
	(0.04)	(0.04)	(0.03)
企业 j 在 $t-1$ 时刻专利引用 c	0.17 *	0.17 *	0.19 *
	(0.00)	(0.00)	(0.00)
企业 j 聘请的发明者 c	0.03 *	0.04 *	0.04 *
	(0.01)	(0.02)	(0.02)
企业 ij 有相似技术	0.09 *	0.09 *	0.09 *
	(0.01)	(0.01)	(0.01)
公司 ij 地理交通便利	0.05 *	0.05 *	0.05 *
	(0.00)	(0.00)	(0.00)
联盟经验的异质性	0.12	0.12	0.12
	(0.00)	(0.00)	(0.00)
引进人才的经验	0.11 *	0.11 *	0.11 *
	(0.01)	(0.01)	(0.01)
ln_Theta	-2.11 *	-2.11 *	-2.11 *
常数	-13.71 *	-13.71 *	-13.71 *
似然对数	-7677.08	-7701.01	-7717.92
实例数	138	138	138

企业 i 是引进人才的公司；j 是技术合作联盟的合作伙伴；

( ) 标准误差；

c 为取自然对数；

* $p<0.05$

前述分析表明，跨界知识人才的引进比与熟悉伙伴组建联盟对知识整合效率更好。为了检验假设，比较两个招聘和联盟系数，更高的风险率（系数）表示这个变量会导致更快知识整合，因而也更快地提升创新能力。如表9-3（模式3）和表9-4（模式3）所示，跨界知识人才引进的风险率为2.14，联盟伙伴的风险率为0.63，因而关于引进跨界知识人才更快地整合知识提升创新能力的假设成立。也可以在其他变量均值不变的情况下用单项F检验比较联盟和人才引进的标准化系数来验证假设H1。计算结果为F=3.28（$p<0.01$），

支持假设 H1。

进一步测度技术研发和创新的速度变化率。使用 $(\exp[\beta]-1)\times 10$ 计算，代入跨界知识人才引进风险率 2.14，得出知识整合的速度变化率是 750%，由 $7.5=(\exp[2.14]-1)\times 10$ 计算得出。联盟有关的风险率对应的知识整合变化率为 88%，其中 $0.88=(\exp[0.63]-1)\times 10$。比较引进人才的一般经验和聘用专业人才之间互动知识整合的效率。将引进人才的平均经验值为 5.76，标准差为 12.07（如表 9-1 所示），和交互作用的系数 -0.03 代入算式为：$6.15=((\exp[2.14]+([-0.03]\times 5.76))-1)\times 100$。上式结果显示，交互作用的平均经验值降低了知识的整合率，从 750% 下降到 615%，这与我们的预测相反。算式中考虑引入人才经验较强（均值加标准差），则进一步地降低知识整合效率：从 750% 到 398%，其中 $3.98=((\exp[2.14]+([-0.03]\times[5.76+12.7]))-1)\times 100$。引入人才经验不足，则知识整合的速度上升到 927%，其中 $9.27=((\exp[2.14]+([-0.03]\times[5.76-12.7]))-1)\times 100$。这是由于大部分企业人才引进相对集中在知名的专家学者，他们的知识在一段时间后在较多企业传播，掌握新技术和新知识的人才反而没有与企业合作，从而降低了新旧知识整合能力。考察技术联盟经验与知识整合之间的关系，我们发现结果支持假设 H3，较好的技术合作联盟经验提高了知识整合的效率。同样的方法，将技术联盟经验平均值 5.36、标准偏差值 8.05 和系数代入算式，得到 98%，其中算式写为：$0.98=((\exp[0.63]+([0.02]\times 5.36))-1)\times 100$。这意味着联盟平均经验与熟悉的伙伴联盟交互作用增加了知识整合速率。

当企业具有丰富的联盟经验时，知识整合效率从 88% 提高至 115%，具体可列出算式：$1.5=((\exp[0.63]+([0.02]\times[5.36+8.05]))-1)\times 100$。当企业非常缺乏联盟经验时，整合效率只有 82%，其中 $0.82=((\exp[0.63]+([0.02]\times[5.36-8.05]))-1)\times 100$。

从整体分析来看，一些相关的控制变量分析结果值得引起注意：第一，引进跨界知识人才后，与其他企业技术合作的经验并不增加知识整合效率，不能提升创新能力；第二，与熟悉的伙伴联盟和跨界知识人才引进经验交互作用可以提升知识整合效率和创新能力。人才引进和技术联盟模型分析均显示，企业年限长并不能增加知识整合效率。知识产权水平高可以增加知识整合的速度。企业之前的技术引进和地理交通的便捷性均正向影响知识整合的速率。当与熟悉伙伴组建技术联盟提升知识整合效率和创新能力时，联盟异质性经验有积极和显著的影响。为计量内生性使得我们的研究结果有正向增大的偏差,因此对Gammma混合效应在模型中需要重点关注。

对于假设H2,调查分析结果未予支持。这反映了企业倾向引进相同的知名专家并不能有效提升知识整合速率和创新能力,因而研究结果提示我们关注知识领域的发展动向,推动人才的更新是重要的。显然,人才的加快流动增长了企业引进人才的经验。模型分析说明具有人才引进的经验和引进跨界知识人才可以增加知识整合速率,从而提升创新能力。如表9-5所示,上述交互项正向显著影响知识整合的速度。为了进一步评估变化的影响,比较跨界知识人才在不同引进人才经验情境下的影响。引进人才经验的平均值3.2、标准差6.7,计算引进人才平均经验值增加互动的知识整合率从750%到762%,其中$7.62 = ((\exp[2.14] + ([0.04] \times 3.2)) - 1) \times 100$。当有丰富的经验并且标准差上浮时,内外知识能够进一步整合并提升创新能力,知识整合速率从7.5增长到7.8,其中算式可列$7.89 = ((\exp[2.14] + ([0.04] \times [3.2 + 6.7])) - 1) \times 100$,但是当经验不足,低于均值一个标准差时,它的整合率降低到6.85,其中$6.85 = ((\exp[2.14] + ([0.04] \times [3.2 - 6.7])) - 1) \times 100$。上述研究还可以清楚揭示关于经验和特定合作伙伴的对创新能力影响的作用程度,即检测企业之前与相同伙伴的合作对知识整合的速度的影响。如表9-6中的结果所示,与一个特定的合作伙伴合作的特定经验降低了重新组建技术联盟知识整合的速率。合作经验的平均值为2.36,标准差为1.87,计算得出知识整合率从88%降低到29%,其中,算式可列为:$0.29 = ((\exp[-0.035] + [0.25] \times 2.36) - 1) \times 100$;当均值加入一个标准差后,知识整合速率为76%,其中$0.76 = ((\exp[-0.35] + ([0.25] \times [2.36 + 1.87])) - 1) \times 100$;当但均值低于一个标准差时,知识整合率降低至-17%,其中$-0.17 = ((\exp[-0.35] + ([0.25] \times [2.36 - 1.87])) - 1) \times 100$。

表9-5 引入人才知识整合效率的发展历程分析

变量	M1	M2	M3
引进跨界专业人才		1.20*	2.14*
		(0.09)	(0.13)
跨界知识距离×引进跨界知识人才经验			0.04*
			(0.00)

表9-5(续)

变量	M1	M2	M3
引进跨界知识人才的经验	0.13* (0.02)	0.08* (0.02)	0.08* (0.02)
企业 i 年限 b	-0.08* (0.01)	-0.09* (0.01)	-0.11* (0.01)
企业 j 年限 b	-0.09* (0.00)	-0.07* (0.00)	-0.07* (0.00)
企业 i 知识产权 c	0.04* (0.00)	0.03* (0.00)	0.02* (0.00)
企业 j 知识产权 c	0.05* (0.00)	0.05* (0.00)	0.06* (0.00)
企业 j 在 $t-1$ 时刻专利引用 c	0.07* (0.00)	0.05* (0.00)	0.03* (0.00)
企业 j 聘请的发明者 c	0.09* (0.02)	0.14* (0.02)	0.12* (0.03)
企业 ij 有相似技术	0.04* (0.00)	0.04* (0.00)	0.03* (0.00)
企业 ij 有相似技术	0.01* (0.00)	0.01* (0.00)	0.01* (0.00)
联盟经验的异质性	0.00 (0.00)	0.00 (0.00)	0.00 (0.00)
技术联盟的经验	0.07* (0.01)	0.07* (0.01)	0.06* (0.01)
ln_Theta	-6.34*	-6.38*	-6.38*
常量	-1547*	-1513*	-1510*
似然对数	-4412.	-4434.5	-4463.9
实例数	286	286	286

企业 i 是聘任公司；j 是联盟合作伙伴；

( ) 标准误差；

c 为取自然对数；

* $p<0.05$

表 9-6 联盟知识整合效率的发展历程分析

变量	M1	M2	M3
熟悉的合作伙伴		0.60 *	-0.35 *
		(0.09)	(9.11)
熟悉的伙伴×熟悉伙伴经验			0.25 *
			(0.18)
熟悉的合作伙伴的经验	-0.41 *	-0.39 *	-0.53 *
	(0.09)	(0.10)	(9.11)
企业 i 年限 b	-0.06 *	-0.06 *	-0.05 *
	(0.02)	(0.02)	(0.02)
企业 j 年限 b	-0.10 *	-0.09 *	-0.07 *
	(0.03)	(0.03)	(0.03)
企业 i 知识产权 c	0.08 *	0.05 *	0.05 *
	(0.01)	(0.01)	(0.01)
企业 j 知识产权 c	0.14 *	0.15 *	0.15 *
	(0.04)	(0.04)	(0.03)
企业 j 在 $t-1$ 时刻专利引用 c	0.17 *	0.17 *	0.19 *
	(0.00)	(0.00)	(0.00)
企业 j 聘请的发明者 c	0.03 *	0.04 *	0.04 *
	(0.01)	(0.02)	(0.02)
企业 ij 有相似技术	0.09 *	0.09 *	0.09 *
	(0.01)	(0.01)	(0.01)
公司 ij 地理交通便利	0.05 *	0.05 *	0.05 *
	(0.00)	(0.00)	(0.00)
联盟经验的异质性	0.12	0.12	0.12
	(0.00)	(0.00)	(0.00)
引入人才的经验	0.11 *	0.11 *	0.11 *
	(0.01)	(0.01)	(0.01)
In_Theta	-2.4 *	-2.38 *	-2.36 *
常量	-12.41 *	-11.92 *	-12.17 *
似然对数	-2274.71	-2269.	-2263.73
实例数	138	138	138

企业 i 是引进人才的公司；j 是之前聘任企业；

（）标准误差；

c 为取自然对数；

* $p<0.05$

9.5 知识整合效率研究结论

东西部非竞争性技术合作是在国家开发战略和知识经济环境下，东西部共同发展建设创新性国家的具体实践。知识经济时代要求企业重点进行技术创新，不断提升创新能力，更高效率地整合各种资源。东西部技术合作从知识能力角度来看，合作的核心在于如何整合知识、资源、技术和能力，整合的效率与创新能力的提升具有密切的关联性。对于东西部企业面临的共同问题：如何提升创新能力，乃至如何提升区域创新能力，都可以通过加快知识整合的效率来积极地解决。显然，东西部非竞争性技术合作为知识整合和资源互补提供了良好的平台。本节重点考虑东西部非竞争性技术合作下问题知识整合的效率问题。知识整合本身涉及从知识获取、知识创造、创新环境投入支撑的一系列功能性过程，这实际上也是创新能力的提升过程。技术合作是一个复杂的经济行为。在中国特色的市场经济下，政府在技术合作中的作用不容忽视，甚至在一些区域和合作领域，政府的作用是关键性的和巨大的。许多研究从合作参与主体的相互作用出发，运用交易成本理论和博弈论来研究合作参与方的利益和行为决策之间的内在规律，揭示各个影响要素的作用机理，进而构建相应的适宜机制规范和管理技术合作行为。然而，一个重要问题是，东西部非竞争性技术合作是各个领域、各个行业、各个营利性企业之间以及非营利机构之间还包括营利与非营利机构之间的合作，其技术合作并不仅仅是现在发生的，也不是突然发生的，而且可能在下一时刻还会发生。那么，那些过去的合作经验和现在企业的人力资本建设对技术合作的影响如何？跨界知识领域技术合作与熟悉的知识领域技术合作哪一个更有效？是不是相互影响？企业的属性变量与外部环境变量在技术合作的某一时段如何作用？上述问题（不仅限于以上问题）需要全面研究和探讨。本节以知识整合为主线，围绕知识获取和知识创造对东西部企业的发展历史数据搜集和技术合作方面的访谈调研，试图解决合作经验、人才引进、合作伙伴之间与企业属性对技术合作中的知识整合的影响问题，同时也揭示了技术合作对创新能力的提升的影响问题。本研究得出的结论对于东西部企业或者机构在技术合作之前应该准备什么，技术合作的伙伴选择和技术合作的知识距离以及专业人才聘任均有显著的指导与帮助作用。

技术合作联盟可以方便地进行资源互补，有利于知识整合与创造。企业知识整合的较高效率和获取外部知识的能力是持续竞争优势和提升创新能力的重要保证之一。我们研究了东西部非竞争性技术合作的两种权变因素：一是知识来源的属性，包括企业（机构）的熟悉程度和类型，以及企业（机构）可能在以往的技术合作中形成特有的吸收外部知识的能力，和从其他公司招募科学家。二是技术合作联盟的专业人才引进。

与熟悉的伙伴组建技术合作联盟，引进跨界知识人才可以提高知识整合的速率。知识整合的速度不仅取决于获取知识的类型和知识来源，而且取决于过去的经验（或者知识存量）。成功的技术合作联盟经验增加了知识整合的速率，但是一般的引进人才经验与引进跨界知识人才并不能提高整合效率。这是因为之前的引进人才，多数企业往往聚焦引进知名的专家，使得企业之间的知识具有相似性，过去的经验事实上阻碍了跨界知识的吸收。与此相对比，引入跨界知识人才的以往的经历和经验能够实现提高整合效率的期望。实际上这意味着企业更广泛的知识基础和快速响应外部环境可以更快更好地获取外部资源。我们的研究结论也说明了提高企业的创新能力和知识整合速率是相辅相成的对应关系，企业引进跨界知识人才实际上增强了突破式创新探索。以上研究结论说明高效率地获取外部知识和资源，不仅仅取决于知识类型本身，还和企业之前的经验经历或者知识存量有关，这也部分反映出创新能力的提升具有一定的路径依赖性，另外，研究结论也指明了技术合作下怎样提升创新能力。

本章研究进一步拓展了以下几个方面的关系和认识。

第一，目前研究往往集中通过增强研发能力和引进专业高级人才来更好地参与技术合作联盟，而不是怎样更快获取和利用外部资源和信息。在知识经济和全球经济一体化环境下，资源已经实现全球配置，技术创新极大地提高了产品更新换代的速度和绩效，既有的研究计划和专业投资面临越来越大的压力和风险。因此，东西部非竞争性技术合作联盟应该高度重视企业知识、资源和能力的效应，更加注重外部知识获取与整合的速度，这比培养研发能力和进行生产运营管理更迫切。此外，组建技术合作联盟和专业人才引进等措施来提升创新能力的过程其本质上是动态时变的，增加时间维度进行研究是必要的。

第二，研究结果拓展了对外部影响知识整合速度和创新能力的提升的一些因素与条件的认识与理解。现存的研究往往偏重于考虑新产品开发和绩效方面。本研究在技术合作联盟和人才引进加入时间维度，阐明如何快速利用联盟合作伙伴或者专业人才的经验和知识，以提高整合速度，加快提升创新能力。另外，我们选择技术合作联盟中最广泛最普遍的引进人才和组建联盟两个不同的过程，对东西部非竞争性技术联盟的实际发展历程进行分析，提取影响外部知识获取与整合的因素与变量。这两个过程知识获取的速率不同，从跨界知识人才那里获取知识的速度要快于熟悉的合作伙伴。

第三，通过考察知识存量和流动主要影响因素的交互作用，我们提供一个知识获取与整合和创新之间的关系"图谱"。之前关于知识流动的影响研究，过去经验以及外部资源整合的独立研究很可能不完整和有缺失。知识流动的影响取决于知识本身的类型和既有的知识存量。如果企业缺乏和未能对整合和使用知识的能力进行内部评估，那么企业很可能简单地重复利用现有的知识存量，这可能使企业面对外部新知识资源无法即时响应，技术合作联盟的资源得不到有效利用，那么技术合作联盟对创新能力的提升也变得僵硬起来。不依靠外部资源来提升企业内部整合知识的能力也不利于组织发展。这种封闭式的提升使得公司也可能会利用更多的知识，但是由于知识没有即时更新，其创新能力的提升将面临巨大障碍。

第四，考察企业之前的经验对知识整合效率与创新能力的提升所带来影响。一般来说，技术合作的经验对促进知识从熟悉的知识源溢出是有帮助的。我们研究证实，一般的引进人才的经验不能提高跨界知识的整合速度。也就是说过去一般人才的引进经历对于提升新知识整合速度和创新能力没有明显的作用，而且可能是某种障碍。只有特定的跨界知识同化经验才具有积极的影响。因此，我们的研究也说明了企业广泛的社会行为有利于知识溢出，而且企业也将受益于知识溢出效应。

研究提出了几种方法来实现东西部非竞争性技术合作中更快整合资源，东西部技术合作企业之间的特定关系组合能更快地提升创新能力。企业积极拓展外部关系网络，甚至是进入多个创新网络其重要性大于发展吸收能力。因为封闭情况下，缺少外部新知识信息的吸收能力不足以提升知识整合和创新能力的效率。我们的研究对东西部一些年轻的公司（没有足够的时间和机会开发联盟关系或者整合外部知识能力）有特别重要的实际意义。如果缺乏联盟经验和跨界知识人才，那么加入技术合作联盟对于提升创新能力可能没有预期的效果。这些企业应该尽快引进异质性人才，而不是急于组建或者加入技术合作联盟。聘请经验丰富的专业人才提供了一个比加入联盟更快的知识整合和创新的速度。东西部"年轻"的企业,尤其是西部地区的企业应尽早建立并扩大自己的人力资本。较强的人力资本将使这些企业更快地访问外部开发的知识和减轻其缺乏外部关系和内部能力。另外,东西部"年轻企业"也可以尽快发展对外技术合作联系,以弥补其有限的人力资本。

研究还表明,知识流的效果不仅与访问知识类型有关,也会伴随知识源的类型而变化。因此,可以设想探讨其他的知识源,可能有助于更快的知识整合。例如,由各自具有丰富知识存量和合作经验的企业发起组建东西部非竞争性技术合作联盟可能会帮助弱势企业加快知识整合速度;对非对称性伙伴技术合作,如果具备比较丰富的经验和聘任不同教育背景及专业知识人才,那么知识整合速度也可以加快。研究还揭示了在一定条件下人才聘任和联盟可以相辅相成,为下一步有关研究提供了有益的视角。

10 东西部技术合作对创新能力的可循环升级措施

10.1 政府补贴和激励机制

随着 IT 和信息技术的发展，工业生产已经向智能化和全面自动化迈进。从新技术转化为新产品到达消费者的过程越来越短。技术的不连续性与新的主导设计和技术标准之间的循环过程已经是企业面临的重要问题。大部分技术都被组织在多层次生产系统的子系统，组织系统的创新直接关系到技术如何被垂直和横向整合。不同类型的组织创新决定了不同的技术系统层次结构中的位置，区分企业内外系统的组织特性对了解和控制不同技术之间的融合是很重要的。成功的创新在本质上是一个组织系统技术系统的耦合，优秀的技术能力经组织安排集中在产品和工艺上，以满足用户的特定需求。因而截断组织现有生产系统和企业之间的联系，以市场和客户需求为方向研究技术创新和产业成果之间的关系，能够更清晰地显示创新的企业之间的技术合作系统，如何被现有组织所影响。在组织安排下技术系统之间必然存在新旧技术知识的融合，同时也是技术标准化的实施和更新过程。现代产业和技术发展研究证实技术标准化极大地影响了产业动态。例如，从 VCD 到 DVD 再到蓝光标准对中国生产企业的影响是深刻的。技术标准化和技术模块化打开了新的市场，技术标准化也可能变革较低水平的技术子系统，同时迫使企业参与技术合作进行技术升级。东西部非竞争性技术合作是多维多层次的多主体参与的具有选择性、转移性、扩散性、干扰性的复杂过程，但是技术合作过程始终具有技术和组织两条主线或者是两大关键元素。东西部非竞争性技术合作既有高科技方面技术合作也有技术升级和技术标准化的合作。从西部企业实际情况出发，东西部非竞争性技术合作中西部企业技术升级和创新能力的提升占比较大，因而技术标准化和组织创新也是保证东西部技术合作深入推进、有效提升创新能力的两大保障。

10.2 技术标准化对东西部技术合作提升创新能力的保障

全球化和区域化进程中，区域和全球经济发展趋势为单一、无缝的市场，技术标准化起着关键的作用。一方面，随着科技进步和社会进步，技术标准在不断发展；另一方面，技术标准作为催化剂和指南针，为技术创新带来极大的推进力。创新是推动经济和社会发展的关键因素。只有那些能够促进创新和管理创新过程中最好的企业可以在全球市场中生存[252]。Jakobs 指出标准化和创新之间有强烈的关系和依赖。Friedrich 说明技术标准通过编写某一特定技术的详细信息，传播新知识，促进新产品和服务之间的互操作性，在促进和推动创新中发挥着重要作用，并且有利于指定技术标准的企业占领市场进一步创新。

技术标准是指一个特定的被接受的技术解决方案，以满足特定的功能[253]。根据科技和知识整合与促进社会效益的目标，技术标准和技术解决方案使产品或服务符合特定要求或进入某些市场的需求。这提供了开展科技活动、产品生产或提供服务的坚定基础。

标准化过程中产生的竞争与合作很大程度上会激励技术发展[254]。标准化是一个动态的过程，传播技术和知识[255]。根据国家标准的活动，实际问题或潜在问题经重复比照有可能获得最佳技术状态。工业标准化可以提高经济活动的效率，提高产品的兼容性和互操作性，而且标准化的所有者获得直接的竞争优势。例如，如果一个企业拥有事实上的标准，它可以"锁定"市场技术而获取竞争优势。另外，政府还考虑将技术标准置于创新战略下，以帮助刺激创新，提升创新能力，创造价值，降低监管负担[256]。技术标准化过程也大量存在于多个企业技术合作过程，它对知识创造、知识获取等产生连锁作用，这个过程也是技术合作参与主体创新能力提升的过程。

东西部非竞争性技术合作体之间水平的或者垂直的技术资源、信息资源、金融资源和人力资源有相同的或者类似资源特性和较大量的可共享的资源，而且具有相当程度的互补性。既有的技术标准涵盖的技术要求和技术方案是技术创新的基础，发展和创新技术并且达成高绩效则应运而生新的技术标准。在现有的技术标准下，某些欠发达区域技术创新可以遵循已经制定的标准，在尝试新的标准之前，以现有的技术标准为方向。因此，技术标准作为技术创新的参考，技术标准对技术创新产生积极影响。标准促进和推动创新发挥了重要的作用。例如，初创企业或企业缺乏技术开发能力，更有可能以现有的技术标准为目标追求他们的技术成果。在这种情况下，技术标准有助于技术创新。新知识传播过程中技术标准化对促进创新具有稳定性，稳定、有用的技术标准化为组织技术合作很大的竞争优势。此外，社会经济组织之间技术标准化合作战略对于创新能力的影响是巨大的。技术标准化是涉及模仿、消化、吸收技术创新的复杂的动态过程。此外，制定技术标准、实施标准、促进和增加技术标准、补充和修订技术标准过程，有利于发现新的技术，增强市场适应能力和创新能力。因此，东西部企业之间具有相似的特征形式和较高的技术合作组合，甚至形成技术合作网络。研究表明，进行技术合作的公司对技术标准的实施和推动技术创新具有一定的影响力[257]。如果以某企业为出发点，技术标准化过程将通过技术、信息和资源路径移动，实现企业的技术创新。此外，东西部非竞争性技术合作还不可避免地存在技术选择性问题。哪些技术适宜西部地区，是一个最优技术合作问题。技术标准化部分解决了技术选择和最优化问题。技术标准化进程中，企业促进技术标准化中必须执行技术升级。因此，技术标准化可以看作创新能力提升的保障性原因之一。

技术标准化广泛存在一个周期性：从开始技术创新，到实现标准，继而扩散，最终被下一个标准替代，基本属于规范化发展模式。其基本模式包括技术专利化、专利标准化、标准等。掌握核心专利的企业或业务合作，在形成阶段处于先发优势，通常处于垄断地位，特别是在标准实施阶段的R&D投资远大于形成阶段，较强的创新能力使产品具有研发优势。通过标准扩散阶段的产品设计和工艺改进，创新能力不断获得提升，产品技术已完全成熟。产品销售增长，新标准形成和产品日趋完整，随之大规模定制生产，直至现有的技术标准不能满足消费者不断变化的需求，开始下一个周期的技术标准化，因而技术标准化客观存在知识创造能力、知识获取能力、企业技术创新能力、创新环境投入整合能力、创新绩效获取能力等不断提升、演化的周期，创新能力平台和技术标准平台很多情景下并不同步，实际上技术标准化周期也是创新能力平台提升的主要推手。因此，东西部企业客观存在非竞争性技术标准周期性更迭，也客观上存在东西部企业非竞争性技术标准合作，并影响合作双方的创新能力。技术标准周期互动合作还隐含了两个重要内容：一方面，政府或官方标准组织的法规和政策、标准、规范和合法化形成标准的主导性设计。政府或组织经常开展科研活动，定期根据市场和科技水平进步，不断提升、补充、校正既有标准，并定期替换。例如，通信协议、2G 和 3G 甚至 4G 网络。由于科学发展和市场需求的双重角色，公认的标准可能会逐渐变得不那么适用，在标准化后期阶段更换了一个新的标准，技术标准不断对创新能力平台施加"推动力"和"提升力"，因而政府的特殊"角色"不可缺失。另一方面，如果技术或产品处于领先地位，那么就会通过市场考验，成为领先的设计。很显然，一个事实标准，汇集产品的特点和所有技术细节，此时技术标准保障了企业技术创新能力的正反馈，保障了创新能力的绩效达成。因而政府和市场的双重作用均对技术标准、创新能力产生显著影响。

对于企业来讲，在标准和创新上存在一个问题，即谁处于领先地位？它直接关系到技术标准与技术创新对技术周期具有不同影响，技术标准对创新具有一定程度的促进，也有某种程度的制约。技术创新周期一般涵盖起步期、生育期和成熟三个阶段。在初期阶段，创新相对缓慢，需要许多资源的非市场导向性配置。在成熟阶段，技术的发展将放缓。技术创新正变得越来越困难，呈现倒"U"形[258]。一项技术的生命周期依赖于技术创新的周期。技术创新依赖于科学发展和市场需求协同的效果。企业是技术标准化的对象，新的技术标准，必须在企业实施。若企业创新平台和技术能力落后于技术标准，则技术标准化促进了企业的创新能力提升。

技术标准提供技术创新的发展平台，同时技术标准可能会负面影响技术创新[259]。有一个典型的例子显示技术标准阻碍技术创新：1911 年的手动打字机"QWERTY"键盘（雷明顿武器公司开发）被广泛接受，并成为"事实上的标准"。1936 年"德沃夏克"键盘出现，打字效率比旧的快 20%，并具有明显的优势，但它既不能被消费者所接受，也没有占据更多的市场份额。键盘的技术创新持续至今，但没有创新取代了传统的键盘，在原有的技术标准一直没有过任何技术创新。针对东西部非竞争性技术合作，更普遍意义上是技术标准化过程中对于创新的"正能量"作用，从知识创造、知识获取、企业技术能力、创新资源整合投入能力、创新绩效获得能力等五个能力方面推动提升，鲜有对技术合作主体的"副作用"。

一些外部因素影响技术的标准化，如领先的公司和企业合作，政府干预和支持协调标准组织。这些因素形成的"干扰力"有助于加速推动技术标准动态变化。也有其他影响技术创新的因素，如企业精神、企业技术创新资源、公司系统、科学的发展、技术、市场竞争环境、创新和技术创新的政策体系。Friedrich 指出，政府和公共当局应制定创新政策，支持社会和经济转型，创新不仅是一个企业的话题，而且是一个重要的政治问题。Krechmer 认为，政府应根据发生在信息时代的变化，改变创新和标准化政策。有关政府部门和机构应做出合理的规划，控制其发展进程，积极推动技术标准化，鼓励和支持技术创新，建立快速反馈机制，以便了解技术创新过程中及时控制技术的标准化率，保持促进创新能力提升的环境不断优化。Choung[260]认为政府控制起着关键的作用，标准化在初始阶段需要政府的大力指导。技术标准是技术创新的参考目标，技术标准和技术创新在不断动态变化的技术水平中进行相对运动，表现为动态协同关系。

技术标准是一个移动的参考框架，是促进技术创新的无形力量之一。技术标准和技术创新的持续发展，我们必须考虑它们的权重。如果一个技术标准的革新性强大，惯性也强大，市场接受程度强，意味着技术标准可行性强，具有较强的扩散力。相对于技术标准落后的区域，知识、技术、资源、能力等将主动和被动地重新配置和优化组合。由于创新绩效的驱动，技术标准化和产业技术创新之间的互动，政府、科研院所、企业和市场将对区域创新能力施加推力和牵引力，克服原来旧的技术标准的惯性和非技术优势路径依赖。当新的技术标准普及力度不足，或者既有"得利"集团阻碍，技术标准化将更多依靠外部有形的强制力，比如政府、标准化组织等的作用。一般来说，企业被迫采用的技术标准，在市场上获得了更好的性能[261-262]。他们也试图将当前先进技术塑造为即将到来的标准[263]。技术标准化可以降低生产成本，促进工业经济规模，促进形成企业合作和提高优势产业竞争力和区域创新能力。现实情况和文献研究表明，技术标准化和产业创新之间的关系很少被深入研究，尤其是针对先进区域与欠发达区域之间的技术标准化与创新能力之间的关系被忽略。技术创新是指设计、开发、生产和经营的过程中，知识的产生、扩散，并可用于生产。创新的目标是创造新的技术和功能，以优化当前的进程，通过整合现有的技术，增加知识技术相互关系。技术创新可分为渐进技术创新和突破性技术创新。前者指技术的演变基于现有的资产和能力；后者指那些需要不同的资产和能力。对于欠发达区域，大部分技术和能力处于等待激活和技术效率改进情景，不但需要承接发达区域的产业转移和产业链扩展与延伸，而且需要在技术方面实现先进技术的转移与进步，技术标准化进程是其中有效的手段：既有技术和能力本身的提升，又有技术合作各方的推动和牵引。由于欠发达区域本身的特性和技术周期阶段，技术标准化对技术创新的负面作用可以忽略。

此外，东西部非竞争性技术合作中，技术的标准化和产业创新之间的影响关系研究较少被理论研究关注和涉及。产业创新依赖于工业企业创新。工业技术创新是指利用先进的技术和方法开发新产品，提高经济效率，促进产业发展。事实上，产业创新往往以提升产业竞争力为实现途径。它充分利用产业技术创新组织，如企业、高校、研究机构、金融机构、中介服务机构和政府，推广先进技术，实现产业融合。产业创新与技术创新有密切的动态关系：企业在行业内创新和自身的技术创新中发挥主导作用。技术创新和产业创新因企业联结在一起。技术创新是产业创新的主要驱动力。技术创新在产业创新中扮演以下角色：第一，技术创新的行业可以降低运营成本；第二，技术创新促进产品差异化；第三，科技创新可以提高生产效率和产品质量；第四，以科技创新促进行业技术发展，提高产业竞争力。当企业技术创新获得突破并且成为一个技术领域的较高水平的参照，则企业可以通过网络将资源、信息和人力资本整合到新技术中，并由此可能成为新的技术标准的持有人，推动技术在产业的标准化。在整个产业网络中，技术的标准化将不可避免地导致其他企业的反应，它可以向外扩散并在行业内形成一系列创新性的反应，因此，技术标准化实际上扮演了产业创新的驱动器的角色，在产业网络中推行技术的升级。东西部技术合作组织也是跨界网络组织，网络中各个节点资源信息传播共享更加开放更加快捷，网络组织的技术标准化效率更高，因而技术升级的"动力"更强，技术的标准化为东西部非竞争性技术合作的创新能力提升提供了动力保障。

10.3 组织创新对东西部技术合作提升创新能力的保障

在过去的几十年里，探讨创新的性能和经济影响的大多数文献显著偏向制造业及其技术[264]。作为"非技术创新"的组织创新，一般扮演幕后角色。事实上，组织创新为技术创新提供了平台和基础，起到了"家"的作用。东西部非竞争性技术合作的参与主体之间性能差异明显，各种差异必须在完整的组织框架下相互作用，否则很难自我完善、协调发展。

组织行为观认为，企业间不只是新产品或服务的竞争与合作，也是各自组织的独特能力的竞争，强调组织结构对产品市场活动的对应支持[265]。特别是存在不同的组织创新，积极影响合作创新的绩效。创新能力、学习能力等往往被"捆绑"在企业内部相互关联的例程和组织结构中，用于执行特定任务的能力。能力不驻留在个别例程，但出现由多个相互关联的例程和流程的组织整合。这意味着，能力是建立在识别、开发和集成的套路和流程，通过组织安排采取具体的面向功能的行为。本研究认为，创新能力体现在创新相关的依托于一定的组织架构的业务流程（技术的和非技术的）中。社会技术系统理论强调企业可以组织自己的技术系统和社会系统，保障技术和非技术两种类型的创新，帮助维持和提高企业绩效[266]。技术创新通常也嵌入企业的惯例和流程，新的想法或行为需要组织创新支持和强化。

Tomala指出保持竞争力更多地依赖于组织如何发展和管理自己的创新能力。提升创新能力能够满足客户的要求，赢得新的市场，降低成本，提高生产的灵活性等。创新能力必然存在于各个组织系统中，如何对组织系统进行有效的创新管理、如何识别和衡量组织创新的各项决定因素便是对提升创新能力和有地域特征的区域创新能力的重要保障。熊彼特将创新划分为五种不同类型：新产品、新生产方法、新市场、新供应来源和新组织形式。Totterdell将创新视为复杂的现象，包括技术创新（例如新产品和新生产方法）和非技术方面（例如，新市场和新组织形式），以及产品创新（如新产品或服务）和过程创新（例如新生产方法或新组织形式）。OECD[267]区分四种不同类型的创新：①技术产品的创新；②非技术的服务创新；③技术工艺创新；④非技术工艺创新。创新是维持经济增长和良好表现的一个突出的路径，尽管非技术创新的组织创新在区域（企业）创新过程中不同阶段的影响不同，然而组织创新显著增加了创新的可能性。面对企业的商业行为实施新的组织方法，工作场所的组织或外部关系可以被定义为一种组织创新。特别是在业务实践中涉及在工作场所新的组织方法，员工之间分配的责任和分工决策的实施，以及新实施的组织工作常规和程序的新方法均是组织创新的具体内容。组织创新还包括企业的外部关系与其他公司或公共机构新的组织方式实施的新途径，是组织内部知识获取转移的重要来源[268]，也是组织的创新能力提升的重要保障。显然，组织创新并非技术创新本身，但是组织创新能够更好地理解创新及创新能力和企业竞争力，非技术创新发挥着越来越重要的作用。但是非技术创新的文献是多样的和分散的，最近的研究也鼓励组织中的非技术创新的模型和理论研究的发展，扩大现有的模型和理论，重视组织创新与组织学习[269]。东西部非竞争性技术合作的组织创新相当于将组织内外部因素进行某种形式的统一，内外部非技术创新因素对技术合作提升创新能力的问题研究正是当前众多研究所忽视的，对于这一空白领域研究意义重大。本研究理解组织创新包括组织结构的变化和组织中新的理念、新的文化、新的做法等。例如，团队精神与合作，供应链管理和质量管理系统。基于能力基和知识基的组织创新作为企业合作提升创新能力的支撑，尤其适用于区域、产业、企业资源和能力等均有明显差异的东西部技术合作。

经济学和管理的文献越来越多地关注组织要素之间的互补性[270]。东西部非竞争性技术合作的组织创新由特定系统生成，通常是一个复杂的社会系统，涉及广泛的参与者和主体之间的关系。组织创新作为非技术创新，具有独特的"能力"，能够建立并维持长期的持续竞争优势。组织创新已被一些研究证明积极影响创新绩效达成能力。首先，组织创新作为高效利用技术产品和工艺创新的先决条件和推动者，新技术的使用成功与否取决于组织结构和流程；其次，组织创新作为一种直接的竞争优势的来源，反映在组织创新显著提升生产力，缩短交货时间，提高产品质量和辅助敏捷制造；最后，组织创新是维持持续竞争能力的重要保障。因此，东西部非竞争性技术合作组织创新可以定义为新技术或新管理实践、新产品（有形产品和无形的服务）或新工艺（直接过程和二次加工）通过建立新部门或者新流程而在东西部合作组织进行运营。组织创新还包括引进其他东西部组织的技术和行政措施用以改善技术合作运作流程。东西部技术创新的管理理念甚至企业文化更新或进步也是东西部技术合作组织创新项目管理的重要步骤之一。此外，东西部技术合作要求组织持续的创新，以适应技术人才引进和技术资源环境的匹配。同时持续的组织创新是东西部技术合作中知识获取、转移、整合和创造的保证，也是创新理念和创新管理实践相结合的关键。

当企业规模和组织年龄增大，灵活性和创造力将减少，有必要重新调整组织结构，甚至重新推出一套新的组织。有效的组织结构利于组织中的各个实体（单位）之间的工作关系协调，提高工作效率。组织应保留一组命令和控制，监测外部技术变化，在支持组织内部知识技术变化、升级的同时，允许个人技能具有高度的灵活性和开放性。Wheelright定义了功能性和项目性两个极端组织，产品需要高水平的专业知识，需要一个功能组织结构，组织结构取决于待开发产品；项目组织以产品及研发为导向，组建项目团队。项目成员和设备、工具等离开自己原来的组织部门投入到项目中，并将组织技术和知识进行共享，形成新型技术和知识结构。传统的层级管理结构允许通过典型的命令链的垂直知识转移，但抑制水平的知识转移；若实现水平知识的传递，必须跨越组织的功能边界。组织需要重组为以知识为基础的结构，组建知识团队，提高组织的智力资本，利于整个组织的隐性知识转移和分享。理想的情景下，非竞争性技术合作组织成员来自不同的组织，拥有不同教育背景，给合作组织带来大量隐性知识和多样性技能。非竞争性技术合作组织中，新的组织结构或管理方法可能调整会计、市场营销和生产运营领域等组织功能结构，有利于组织内的"知识文化"的发展，支持知识型员工实现知识团队协作（真实的或虚拟）。优化的组织结构促进不同组织之间的知识与能力互动，促进隐性知识跨组织转移，同时也改善组织智力资本并且有效提升创新能力。因此以知识为基础的技术合作可以看作一个有机的不断提升创新能力的组织结构。

在东西部合作背景下，保持竞争力更多地依赖于组织如何发展和管理自己的创新能力。因此组织创新的关键决定因素需要被识别、分析。其结果显示每一个决定因素都会影响组织创新程度，决策者据此可以确定优化系统性能步骤和顺序。Wong开发了一个组织范围内的创新管理框架，可以用来分析组织创新的基础。该框架可进一步发展成一个评估系统，评估公司对内部组织创新的措施。为了促进这样的应用程序应用，必须有一个系统的方法来衡量组织创新的各项决定因素的重要性。Huang将组织创新关键成功因素分成三个部分：创新政策的组织架构、创新管理和知识管理。即从一个组织的相关方面包括公司文化、结构和人力资源问题，从管理方面包括创新部署的策略和扶持政策，从知识管理方面强调基础对创新支持。因此，组织创新可以归纳为分析三个部分在一定框架下优化系统性能，关键决定因素的分析和量化是研究的重点。文献研究表明，对于组织创新研究是不确定的和不一致的。组织创新研究一般运用传统的统计方法和现代人工智能（AI）技术来完成。统计方法一般运用多元线性回归分析，很容易解释因素间存在的线性关系。然而，简单的线性模型无法反映现实世界中的决策问题的复杂性。人工智能技术可以生成相对复杂的非线性回归模型，对复杂关系具有较好的揭示。

东西部技术合作的参与主体均使用特定的内部和外部资源。内部资源是指公司内部资源和能力，Gassmann发现一些中小企业使用技术、人才、创新能力等内部资源能够开发独特的产品和技术。外部资源往往指通过与供应商、客户和其他包括合资合作以及在国际价值链中的合作伙伴组织之间获取的可转移性资源。组织之间的网络若处在区域集群之中，则一般可以形成降低交易成本的互动密集的专业化外部资源，高效率的知识获取、转移、创新绩效的达成和创新环境优化促进区域创新能力的提升，成为组织之间创新学习与合作的主要亮点。目前，大多数关于创新与组织的研究往往侧重于产品或过程的创新成果，很少有研究探讨组织网络与组织创新之间的关系，及创新能力的表现。现实中，东西部技术合作的多数参与企业为确保避免某些创新对公司的内部、外部环境的不利影响，必须平衡输入和输出，可能会导致潜在的高成本负面影响。大部分中小型企业由于其可利用的人、财、物、信息、网络等资源有限，对待可能存在的风险不确定的耐受性导致存在一定的创新能力的提升障碍。因而，政府通过一定的政策促进东西部技术合作组织资源优化，在帮助中小企业的创新能力提升等方面具有较大影响力，有关中小企业创新的成本和收益的评价也需要转移至技术合作组织创新方面。此外，在东西部技术合作企业层面，公司规模、公司运营时间、创新类型与强度和业务部门组织创新之间关系的影响是特别重要的。大型企业主要在经济规模、金融资源、风险承担与分散、人员设备的专业化和容量方面具有相对强度，创新能力与创新潜力的持久性较强，可以主动实现跨区域合作。中小企业的"年龄""小规模"等赋予公司一定程度的灵活性和敏捷性，小企业更专注于渐进式创新和多个类型的创新，能更好地改进现有技术，更有效地缩短产品生命周期，迅速响应技术和客户的需求变化。部门和组织不同的类型、组织学习的动态性和组织生产的结构性等对创新的速度和方向施以影响，组织创新既是一个创新环境优化问题，也是一个创新行为问题。较高组织创新、组织学习的区域集群具有较高的技术机会和更加频繁的高科技活动从事创新。产业组织 R&D 创新水平和组织学习始终积极影响区域创新能力，成功的创新需要打破原有组织边界的不同技能的不同部门的技术合作。

Wengel 认为有结构创新和管理创新等两种不同的组织创新。结构创新涉及安排公司内部的劳动分工，而管理创新涉及具体操作和程序，如人员的职责、信息流及其处理方式。组织创新出现在三个不同的层次：单位的水平（其中创新被限制在一个特定的部门或职能）、组织级别（适用于整个公司）和超组织（适用于多主体合作组织）的水平。组织创新（管理及其他非技术创新）影响企业或者区域与其他组织之间的互动，影响知识获取和转移。Haml 认为，管理创新带来的好处远远超过了传统的产品和工艺创新及其技术创新的结合。人们日益认识到，有效利用新技术往往需要在管理、技术或组织结构方面具备适宜的支撑。Jansen 认为，过度集中于产学研合作、R&D 创新与政策的偏好，忽视了非技术创新方面的服务、流程、方法和管理的作用。NESTA 指出世界各地大多数创新政策的一个显著特点是它们的相似性，集中在高科技行业，如 IT、生物技术和纳米技术，相对忽视非技术创新，例如组织创新方面。然而，以英国为例，高科技关联产业总产值只占经济总量的 2.5%，非技术创新被人为"隐藏"。因此，重视、挖掘、开发"隐藏"创新具有重要意义。东西部由于存在产业结构和技术结构差异，西部地区高科技产业在经济总量的比重不高，东西部非竞争性技术合作需要更多关注非高新企业，在组织结构和管理方面采取措施，积极的组织创新为技术合作促进创新能力的提升提供了组织结构和管理保障。

10.4　东西部技术合作中大力发展技术服务机构

技术服务组织、融资和培训机构、技术转移促进机构和技术市场交易中介机构或者"合作贸易洽谈会"平台等技术服务机构进行的工作，包括诊断信息扫描和收集、知识处理和组合、商业化评估，等等，对东西部技术合作起到重要的服务和帮助作用。在技术合作初期阶段，面临合作主体之间的不完全信息交流，需要支付额外的成本。技术服务（中介）机构可以发挥信息扫描和收集的专长，根据合作主体间的特点，合理配置互补性，提高东西部技术合作的效率。技术服务（中介）机构也是企业创新的传播推广者，对于中小企业参与东西部技术合作具有重要作用。在中介机构外部关系联结下，中小企业新思想和新技术可以在创新主体之间及其更大市场范围被搜索，增加了参与各种合作方式的机会。从创新网络的视角来看，网络中大量存在的异质性机构，例如各种上游企业、下游企业和中介服务机构，形成了技术交流和知识转移扩散的网络化组织，网络中各个异质性机构的交互能力成为创新能力提升的决定因素。技术中心、技术推广组织、资助和训练机构等政府和非政府中介机构，可以利用其在创新网络中的位置优势和联结作用，将中小企业纳入到本地或者跨区域网络中，促进创新网络技术转移、扩散和创新合作行为，提升创新能力。从政策的角度来看，技术服务机构的目标是为东西部技术合作提供服务和支持,这与政府目标相一致。特别是一些中介服务机构还具有政府背景,作为政策的延伸,辅助政策的实施。例如,为了促进东西部技术合作,特别对中小企业的技术合作与创新活动,各地"生产力促进中心""技术转移机构""科技企业孵化器"等针对技术、知识、信息、资源等进行搜集和分析,对东西部技术合作过程提供必要的保障和支持。

技术服务组织,如咨询公司、研究机构和高校等对东西部技术合作活动有直接和间接的影响。在东西部技术合作过程中,技术服务组织具有双重作用,既充当东西部技术合作中参与主体的"参谋"和"向导",又是区域创新系统间合作的"桥梁"。并且技术服务组织经常作为政策的控制与调节作用的延伸,作用于技术合作活动。

并不是所有的政策都有利于创新。东西部区域差异要求政策应该具有一定的差异性和针对性。尤其是政策制定者应该更加重视东西部技术转移合作和研发合作方面的制度安排和政策支持。目前技术转移中心和生产力中心以及科技研发中心和孵化中心是我国技术服务的主要组织形式。四大组织对技术转移和研发合作均有服务职能。从区域差异来讲,并不是每个省区的上述组织都会受到政策扶持和重点激励。内蒙古和北京市建立技术扩散中心是一个很好的政府主导促进东西部技术扩散、转移合作的案例。

要发挥四大组织在东西部技术合作过程中的有效提升创新能力需要从四个方面着手。

(1)确定四大服务组织在技术合作中的作用和功能。这个作用和功能必须在东部和西部地区显示出足够的差异性。对于欠发达地区,四大服务组织机构设置和组织职能应具有地方特色,既要把握行业技术发展方向,又要选择适宜技术,巩固增强欠发达地区的技术基础和创新基础。四大服务组织应该经常性固定性地与本地企业、研发机构和高校建立联系,并建立走访制度、汇报制度、回访制度、信息收集和披露制度,等等,推动沟通交流过程管理。

(2)对四大服务组织设立专业专项基金。专业专项基金作为一种政策工具,能够降低服务组织的交易成本,促进服务组织对技术合作进行积极的主动的协调服务。具体可以将专业专项基金对应技术、知识、信息、资源等不同类型的创新要素的数量和质量浮动增减补偿补助。比照先进地区技术转移和研发合作的数量和投资金额增长率,设定本地区的增长幅度,分档次安排专业专项基金进行资助。

(3) 四大服务组织运作应该采取半事业化。四大服务组织的主要人员采取企业化制度管理，特别注重有技术开发经验和生产经历的人才担任主要负责人，其身份定位为国家事业单位人员，享受国家事业单位人员待遇。而且，由于岗位的特殊重要性，负责人员需要经常培训、学习，甚至可以考虑实行全国派驻轮训制度，实现四大服务组织内部的"知识流动与转移合作"，一定时间以后可以"交流互调"，负责人以下人员应该采取招聘制，同时设立人员转职通道，对于在考评优秀的人员，纳入到事业单位编制，享受双份待遇。

(4) 四大组织应该进行分工合作。将技术转移和研发合作分别匹配给固定的组织，提高服务效率。例如东西部技术转移合作中，适当的技术势差、可转移技术的支持配套、专利查询专利许可等等都是技术转移的具体问题。对上述问题的足够的充分的认识以及相应的准备，并不是一蹴而就的。它需要持续的信息搜集和较全面的分析。专业的技术服务机构在上述信息搜集和分析方面具有先天优势。比如"技术转移中心"对于技术跟踪和技术势差的评估具有优势，"生产力中心"能够提供全面的技术及应用分析，重点服务于企业应用技术，获取市场效益。"技术转移中心"和"生产力中心"分工协作，能够迅速对东西部技术转移合作中企业面临的实际问题加以解释和分析，帮助企业决策。东西部技术转移合作中，技术转移的有效性在很大程度上取决于参与人的能力和企业的业务策略。对这方面问题的分析与解决，"孵化中心"具有一定的优势，对应上述问题由"孵化中心"给予帮助。由此，四大服务组织分工协作能够提高东西部技术合作的效率和效益。

10.5 东西部技术合作中鼓励高校、科研院所与企业合作

高校和研究机构不但能够提供先进的思想、前沿的技术，还能对企业在技术合作中出现的问题和面临的障碍做出科学的诊断和评估，继而提供完善的整改措施。东西部技术合作过程中，由于经济结构、技术结构、文化惯习、资源环境、观念理念上存在差异，因此在具体合作中，必然面临种种矛盾、障碍和不适。有时，仅仅因为某些理念和处事行为不同，造成技术合作搁置，增加了额外的交流沟通成本。高校和科研机构不仅是科研和技术的发源地，也是人文关怀的驿站。高校和科研机构不仅能够传播知识和技术，也能够塑造文化素

养，包容各种思想。高校和科研机构积极加入到东西部技术合作中，有利于技术合作中的知识技术转移；有利于外部先进知识文化的吸收；其独有的润滑和包容作用有利于交流和沟通的畅通。在高技术领域，高校和科研机构的加入，能够帮助企业快速把握核心知识和技术，快速完成技术选择，加快各种资源的配置，引导合作企业的技术开发路径，帮助企业的创新能力快速提升。在应用型技术领域，高校和科研机构的加入，例如兴办产业研究院或者技术开发所或者研发实践基地等，能够帮助企业改造现有技术结构，识别关键技术路径，确定有关技术方面、管理方面、资源方面和环境等方面的关键影响因素，帮助企业进行内外部知识整合和资源组合。高校和科研机构的加入，特别有利于企业技术引进、消化和吸收以及再次创新。

对于高校和科技机构与企业直接参与的研发合作，高校与科研机构的重要作用不言而喻。与技术转移合作不同，研发合作的产出主要是专利和高新产品。此时高校和研究机构与参与合作的企业绩效实现的目标并不一致，可能会造成在技术合作中的矛盾和障碍。高校和科研机构的科技人员可能追求的绩效目标是国际论文的发表和在研究领域的声誉，往往将研发合作的成果刊载于公开发表的论文和出版专著当中。对于企业来说，研发合作的成果被企业用来获取高额的利润，因此第一时间会通过申请专利对成果进行保护。高校和科研机构与合作企业之间绩效目标的分歧，可能造成研发合作中，企业行为趋于保守，故意隐匿一些关键性资源，增加了研发合作的"关系成本"和"交易成本"，研发合作可能达不到预期效果。这一问题除了涉及知识产权的归属，还需要政府部门设立专门的研究项目计划，一种做法是对参加研发合作的企业在经济利益方面予以特别支持，补偿企业因成果披露而损失的垄断利润；另一种做法是由政府出资企业参与，其重要目的是保障高校和研发机构积极参与到东西部技术合作中，确保研发合作过程中参与主体的创新能力能够得到提升。相关研究证实，为了提升创新能力，政府最优政策选择支持技术合作，而不是直接支持企业合作创新本身。

鼓励高校和科研机构积极参与到东西部研发合作过程中，还因为高校和科研机构作为主要的创新行为者，在与其他创新行为者的互动和技术知识使用者的互动合作中，有利于取得实用新型专利，从而对更广泛的企业的创新能力的提升施加影响。因此，东西部技术合作中，应该对高校、科研机构的积极参与给予特别的激励，促使高校、科研机构主动改善区域创新环境，更加活跃地提供创新资源。

高校、科研机构与企业合作应受到政策的鼓励。比如资助高校与企业的技术合作中心，提倡共同研发，对技术合作中心的各种项目予以一定比例资金的配套，对项目取得成果积极评定奖励和推广。特别支持高校、科研机构跨区域的和跨组织的与企业之间进行技术合作，对于跨区域技术合作，政府可以采取增加专项交流会议和开辟专门合作交流场所，在人力、土地等资源给予优先配置，等等。例如在中国兰州投资贸易洽谈会、中国西部国际投资贸易洽谈会增加东西部高校、研究机构之间的合作与技术服务洽谈。

在一个地区产生的知识，可能会导致正向外部性，地理相邻地区吸收知识更加容易，相似的创新文化环境和较低的运输成本使得高校与企业合作也呈现某种区域集聚。东西部地区非地理邻近性可能会增加对西部的技术转移和技术正外部性的难度，不利于西部地区的技术进步，长期来看对东部地区发挥比较优势也不利。这时政府可以将跨区域的"距离成本"进行转移"支付"，鼓励差异化技术知识合作，通过承担运输成本和发展运输交通，建立跨区域"虚拟邻近"空间，激励企业和高校之间的技术合作，强化知识跨区域溢出，提升创新能力。在以企业为中心的东西部技术合作中，对高校和科研机构的作用应予以重新定位。对于企业来讲，加强高校与科研机构的技术合作，可以看作将不同知识背景和教育背景的跨界高校人才引进到企业。不同知识背景的跨专业人才"进入"企业之后，不但有利于显性技术知识转移和传播，而且更关键的是有利于隐性知识在企业之间转移和传播，这对于企业通过技术合作增加社会资本，加快知识整合效率，提升创新能力具有特别重要的意义。

11 总结和展望

11.1 总结

东西部技术合作是在政策安排和政府引导下推进的，其目的是帮助西部地区技术改造和升级，帮助西部地区的创新能力获得提升，因此主流是非竞争性的合作，本研究对于技术合作中可能存在的竞争不做考虑。和精准扶贫、扩大内需、发挥内循环作用经验与共识一致，东部西部创新能力不断升级是区域均衡发展的内在动力基础，也是目标之一。在新时代背景下，解构约束分析东西部技术体系合作引致的非竞争博弈强化，已经是各方合作参与主体的博弈条件，不当竞争与冲突等负外部性可以在具体合作项目中开展项目性规范性安排，约束解构与逆向约束建构，既可避免千人一面"一刀切"行为，也可实施"自上而下""自下而上"的工作分解。

东西部非竞争性技术合作从本质上看，大多数合作联盟是基于技术、能力、管理和金融等东强西弱的情境下，东部对西部输出先进的技术、设备、人才和资金，西部则依托低成本的生产资源、人力资源和一些政策优惠与倾斜，积极拓展与东部合作领域，提升创新能力。尽管西部也存在优秀的高科技企业和某些行业领域的优势企业参与东西部技术合作，但是从总体上和数量上看，西部技术合作参与主体与东部地区合作之间属于技术、能力、人才、资金等方面的"非对称联盟"。技术合作中技术转移与研发合作是主要的能够持续影响区域创新能力的合作内容。研发合作是直接针对创新技术和创新产品的合作，东西部研发合作对于区域创新能力提高的作用关系清晰明了，虽然可对国内外研究成果直接借鉴，但是考虑技术的嵌入性，仍需审慎解构背后的机理，才能确保稳定持续地提升创新能力。技术转移是技术输出方系统和技术接受方系统之间的相互作用，各种影响因素交互作用关系复杂，同样在东西部技术合作中，技术转移问题远比研发合作复杂。本课题主要偏重于技术转移影响区域创新能力提高的重要因素。研发合作与技术转移同时存在，共同促进创新能力提升，发挥的作用明显，因而本课题对于研发合作的影响不做过多分析。

共同富裕是今后一段时间区域协调发展的目标，"对口帮扶"被赋予新的内涵，其中区域合作及区域创新能力问题更加受到学术界和政府部门重视。鉴于此，本书在分析我国东西部区域技术合作以及区域创新能力现状的基础上，分析探讨东西部区域技术合作的哪些内容主要影响了区域创新能力的提高，并建立了包括动态作用方程和动态评估，实现了技术合作中技术转移的动态调控，同时也实现了对促进区域创新能力的提升的动态影响分析。接下来我们以动态方程中包含的重点变量作为研究对象，从资源配置、专业化与技术能力、关系稳定性及知识整合速度四个方面深入分析研究对创新能力的影响。受到关系稳定性及资源整合研究结论启发，借鉴项目管理、激励理论，考虑到东西部技术合作中的各种因素中既有激励因素（如属于积极因素的直接投资和政府引导等，属于消极因素的利益分配不公平等），也有保健因素。保健因素使得东西部技术合作和东西部技术合作促进创新能力提升顺利推进，其本身可能具有优势。我们研究了东西部技术合作中实际存在的技术的标准化和组织创新两大保障措施及其作用。总之，以上研究得出以下具体结论。

（1）东西部区域合作中影响区域创新能力提高的主要合作内容为研发合作和技术转移。其中研发合作是区域合作中影响区域创新能力的最直接因素，直接影响知识获取和知识创新。技术转移则主要影响资源整合能力和创新绩效达成能力。东西部技术合作中技术转移对区域创新能力的提升影响作用大于研发合作。研究揭示了技术合作促进区域创新能力提高的影响作用机理。

本书从分析技术合作及区域创新能力现有研究入手，发现对技术合作影响创新能力许多研究有一致的认识，然而大量区域合作研究与区域创新能力研究各自独立，缺乏关联。我们认为有必要首先建立一个研究框架，将区域技术合作与区域创新能力纳入到区域合作—经济持续增长—区域创新能力提高的发展逻辑上。文献研读和文献计量显示技术合作中显著影响创新能力的内容包括两个方面：技术转移与研发合作。说明本课题选择研发合作及技术转移两个方面作为研究影响区域创新能力提高的对象是有说服力的，而且通过文献计量将研发合作的主要内涵进行了科学归纳，为下一步研究做好准备。进一步通过构造计量模型，采用《中国区域创新能力报告》（2002—2020）的有关数据进行实证，验证这个影响是否可靠。通过面向西部地区回归分析，结果表明研发合作与技术转移是东西部技术合作提升区域创新能力的重要内容，对区域创新能力提升影响显著。技术转移对于创新能力的提升贡献大于研发合作，这一结果说明我们没有深入分析研发合作是有道理的。考虑到以往研究区域创新能力是作为一个整体概念来考量，本课题将区域创新能力分解为五大要素，将这五大要素分别对应研发合作及技术转移来研究，将是对以往相关研究的补充。因此，通过计量模型实证研究表明，研发合作及技术转移都对区域创新能力的五大因素影响显著，而且，计量模型回归说明研发合作对知识获取能力、知识创新能力、企业技术创新能力影响显著，技术转移对于创新环境、创新绩效影响显著，因此技术转移和研发合作促进创新能力提升的影响机理被揭示出来，技术转移与研发合作对创新能力五个维度影响方面显示出明显的偏好。上述结论将为东西部合作提升区域创新能力提供有益的指导。

（2）实现东西部技术合作中技术转移促进区域创新能力提升的动态评估与调控。东西部技术合作中来自各个方面的影响错综复杂，揭示关键合作因素影响了创新能力及其交互作用需要动态的系统的方法。借助技术扩散理论，我们构建了动态转移模型，将关键影响因素如技术差距、潜在技术距离和资源配置等引入，对模型进行修正推导，得出技术转移动态方程，实现了对技术转移的动态阶段性管理。完整的动态管理还需要即时评价效果，实现管理及反馈的闭合循环。因此，我们还设想能对技术转移进行评估，最好也是实时的，与转移动态返程对应起来。为此，构建了面向西部技术接受方技术转移系统，借鉴全要素生产率研究，利用曼氏指数测度技术转移绩效。对面向西部地区的技术转移绩效的测度，进一步加深了技术转移促进创新能力提升机理的理解：技术进步和技术效率分析及纯技术效率和规模效率分析，使得我们可以判读东西部某个具体技术合作中技术转移在哪个方向上促进了技术进步，抑或是怎样提高了技术效率。至此，我们实现了对东西部技术合作中技术转移促进区域创新能力的动态全面调控。

（3）东西部技术合作促进创新能力的影响中，无形资源的作用比有形资源的作用显著。东西部技术合作中应该充分重视围绕组织资产、声誉资产等无形资源的资源配置和组合，优先考虑以上建设的资金投入，而且相对来看，围绕声誉资产的资源组合更有效。

联系技术成功转移动态方程，资源整合是方程中重要的变量，由此我们认为应该将资源整合独立出来予以足够充分的研究，一方面是对动态方程变量的补充研究，为实现技术转移动态全面调控做出努力，另一方面是对技术转移与资源整合这种"交互影响"的探究，我们可能会发现更有价值的结论。

在资源组合配置的研究中，我们参考有关文献提出无形资源比有形资源更重要的假设，按照技术合作中经常发生的行为，我们假设围绕知识产权、组织资产、声誉资产的资源组合对于创新能力的提升影响显著，其影响作用大于有形资源。实证分析表明，围绕声誉资产的资源组合对创新能力的提升影响作用最为显著，其次是包括文化、人力资源管理政策、流程等具体内容的组织资产。研究提示我们，在东西部技术合作中应兼顾有形资源和无形资源，选择声誉较好的企业组建合作关系，同时优先投资于组织资产建设上，完善业务流程和组织结构，这样的资源组合才能显著影响创新能力，资源组合的研究回答了东西部技术合作中哪种资源（包括什么样的、什么类型、什么方式）对于区域创新能力的提升最有效的问题。研究并没有支持围绕知识产权进行资源组合配置有显著效果的假设，这说明东西部技术合作中知识产权合作对于提升创新能力的影响不积极。在东西部技术合作中应高度重视无形资源的作用：企业文化、人力资源管理政策、工作流程等方面的合作与建设将对促进创新能力的提升有积极效果；西部地区应关注并建立和保护企业良好的创新声誉、市场声誉；西部地区应将有形资源与无形资源相结合，使得有形资源围绕无形资源形成定向"集聚"。

（4）我们发现坚持产品开发创新战略能够有效阻止东西部技术合作关系的"波动性"，而采取成本优先的创新战略对关系稳定性的保障很弱。东西部技术合作应积极发挥之前长期合作关系和跨区域对口帮扶关系，将以上关系进行组合，有利于提升创新能力。此外，在资源组合中强调的"声誉资产"对于关系稳定性的贡献也很大。

关系稳定性研究提示我们，东西部技术合作应当非常重视与企业良好的创新声誉，这不但能够构建理想的稳定的合作伙伴关系，也可以有效地整合资源，促进创新能力的提升。多样化的伙伴关系获得的经验对技术合作有积极帮助，多领域多层次的合作关系组合也有利于东西部技术合作顺利推进，这也提示我们，东西部技术合作应和非东西部的技术合作建立某种连接，比如与中部地区和东北地区的合作关系也是有益的。然而多合作关系也增加了管理难度，需要对此持谨慎态度。

（5）东西部技术合作中企业积极参与或者组建纵向与横向合作联盟促进

提升创新能力，有可能事与愿违。

在新产品开发合作中，专业化和泛技术能力显示出对纵向上游合作、纵向下游合作和横向合作这三种合作类型不同的影响。比如专业性强的企业与下游企业进行合作，有可能受到额外的控制压力。我们的研究结果强调，企业应首先评估自身的专业技能、合作企业的专业化和技术能力。只有企业足够专业化，才能有效利用技术合作伙伴的知识创造。对于横向同领域同行业的合作，只有较高专业化和较强专业技术基础才能够有效保护知识基础，即使对方企业的规模很大，也可以实现促进新产品开发并提升创新能力。我们的研究表明，针对欠发达的西部地区企业，只要专业化程度较高，即使技术能力不强或是企业"弱小"，参与合作对提升创新能力和产品开发也是有益的，而仅仅在横向技术合作情境下可能作用有限。因此，我们的研究结果也提示，专业化强的西部中小企业最好参与纵向上游合作联盟，减少参与横向和纵向下游合作联盟。研究还揭示了拥有较强技术能力和多样化产品的企业参与纵向下游企业组建技术合作有利于新产品开发，纵向下游合作对新产品开发和创新能力的贡献取决于企业的泛技术能力，而越是专业化强的企业，在参与纵向下游合作时所面对的负面影响越大。研究结果为企业组建或者参与合作获取互补能力提供了很好的解释，当企业内部没有足够的专业技术能力时，无论是参与纵向上游合作还是横向合作可能均无法实现获益的合作预期。相反，假如拥有很强的专业技术，参与纵向下游合作可能抑制新产品开发和创新能力的提升。

（6）东西部技术合作中跨专业跨区域复合型人才引进能够提升知识整合速度，而且大于组建合作联盟这方面的表现。过去的一般性（非跨专业领域）引进人才的经验有可能阻碍东西部技术合作知识整合速度。如果缺乏联盟经验和跨界知识人才，那么加入东西部技术合作联盟对于提升创新能力可能没有预期的效果。

对于我们选择技术合作联盟中最广泛最普遍的引进人才和组建联盟两个不同的过程，对东西部非竞争性技术联盟的实际发展历程分析，提取影响外部知识获取与整合的因素与变量。这两个过程知识获取的速率不同，从跨界知识人才那里获取知识的速度要快于熟悉的合作伙伴。本研究得出的结论对于东西部企业或者机构在技术合作之前应该准备什么，技术合作的伙伴选择和技术合作的知识距离以及专业人才聘任均有显著的指导与帮助。与熟悉的伙伴组建技术合作联盟，引进跨界知识人才则可以提高知识整合的速率。知识整合的速度不仅取决于获取知识的类型和知识来源，而且取决于过去的经验（或者知识存量）。成功的技术合作联盟经验增加了知识整合的速率，但是一般的引进人才经验与引进跨界知识人才并不能提高整合效率。这是因为之前的引进人才，多数企业往往聚焦引进知名的专家，使得企业之间的知识具有相似性，过去的经验事实上阻碍了跨界知识的吸收。实际上这意味着企业更广泛的知识基础和快速响应外部环境可以更快更好地获取外部资源。我们的研究结论也说明了提高企业的创新能力和知识整合速率是相辅相成的对应关系，企业引进跨界知识人才实际上增强了突破式创新探索。以上研究结论说明，高效率地获取外部知识和资源，不仅取决于知识类型本身，还与企业之前的经验、经历或者知识存量有关，这也部分反映出创新能力的提升具有一定的路径依赖性。另外，研究结论也指明了技术合作下怎样提升创新能力。知识存量和流动主要影响因素的交互作用，我们提供一个知识获取、整合和创新之间的关系"图谱"。之前关于知识流动的影响研究，过去的经验以及外部资源整合的独立研究很可能不完整和有缺失。知识流动的影响取决于知识本身的类型和既有的知识存量。研究证实一般的引进人才的经验不能提高跨界知识的整合速度。也就是说过去一般人才的引进经历对于提升新知识整合速度和创新能力没有明显的作用，而且可能是某种障碍。只有特定的跨界知识同化经验才具有积极的影响。因此，我们的研究也说明了企业广泛的社会行为有利于知识溢出，而且企业也将受益于知识溢出效应。

　　我们的研究对东西部一些年轻的公司、没有足够的时间和机会开发联盟关系或者整合外部知识的企业有特别重要的实际意义。如果缺乏联盟经验和跨界知识人才，那么加入技术合作联盟对于提升创新能力可能没有预期的效果。这些企业应该尽快引进异质性人才，而不是急于组建或者加入技术合作联盟。聘请经验丰富的专业人才可以提供比加入联盟更快的知识整合和创新的速度。东西部"年轻"的企业，尤其是西部地区的企业应尽早建立并扩大自己的人力资本。较强的人力资本将使这些企业更快地访问外部开发的知识，缓解其外部关系和内部能力缺乏的问题。另外，东西部"年轻"企业也可以尽快发展对外技术合作联系，以弥补其有限的人力资本。本研究还表明，知识流的效果不仅与访问知识类型有关，也会伴随知识源的类型而变化。因此，可以设想探讨其他的知识源，可能有助于更快知识整合。例如，由各自具有丰富知识存量和合作经验的企业发起组建东西部非竞争性技术合作联盟可能会帮助"弱势"

企业加快知识整合速度；非对称性伙伴技术合作知识整合速度加快。研究还揭示了在一定条件下人才聘任和联盟可以相辅相成，为下一步有关研究提供了有益的视角。

（7）东西部技术合作的两大重要保障措施是技术标准化和组织创新。技术的不连续性和新的主导设计、技术标准之间的循环过程已经是企业面临的重要问题。大部分技术都被组织嵌入多层次生产系统及其子系统，组织系统的创新直接关系到技术如何被垂直和横向整合。不同类型的组织创新决定了不同的技术系统层次结构中的位置，区分企业内外系统的组织特性对了解和控制不同技术之间的融合是重要的。成功的创新在本质上是一个组织系统技术系统的耦合，优秀的技术能力经组织安排集中在产品和工艺上，以满足用户的特定需求。因而截断组织现有生产系统和企业之间的联系，以市场和客户需求为方向研究技术创新和产业成果之间的关系，能够更清晰地显示创新的企业之间技术合作系统如何被现有组织影响。在组织安排下，技术系统之间必然存在新旧技术知识的融合，同时也是技术标准化的实施和更新过程。现代产业和技术发展研究证实技术标准化极大地影响产业动态。例如，从 VCD 到 DVD 再到蓝光标准对中国生产企业的影响是深刻的。技术标准化和技术模块化打开了新的市场，技术标准化也可能变革较低水平的技术子系统，同时迫使企业参与技术合作，进行技术升级。东西部非竞争性技术合作是多维度多层次的多主体参与的具有选择性、转移性、扩散性、干扰性的复杂过程，但是技术合作过程始终具有技术和组织两条主线或者两大关键元素。东西部非竞争性技术合作既有高科技方面的技术合作，也有技术升级和技术标准化的合作。从西部企业实际情况出发，东西部非竞争性技术合作中西部企业技术升级和创新能力的提升占比较大，因而技术标准化和组织创新也是保证东西部技术合作深入推进、有效提升创新能力的两大保障。

11.2 展望

将区域合作与创新能力提升经济发展纳入到同一个逻辑框架下，本身就是一个新的探索和尝试。本研究只是在这个方面做了初步的工作，为区域合作与创新能力提升的内在机理研究奠定了微薄的基础，未来的研究中还有很多值得进一步探讨和研究的问题。

（1）东西部技术合作促进创新能力的提升演进过程，是各经济要素在创新能力维度上的交互作用动态过程，涉及技术进步、资源配置、资本积累、经济发展等重要内容。从经济增长质量出发，研究东西部技术合作与技术进步、技术效率、物质资本、非物质资本之间的内在作用，是具有重大理论和实践意义的研究课题与方向。

（2）技术转移和研发合作不同，但都关系到知识获取和知识创造，二者经常并存并可能存在于同一个合作主体中，而且还可能与合作主体其他类型的合作关系并存。从技术合作关系能力增长出发，重点运用有关的知识流理论，研究技术转移和研发合作与东西部技术合作主体多合作关系组合的知识积累与增长，也是需要深入研究的问题。

（3）东西部技术合作本身是一个多主体参与的交流与合作，多主体的异质性是不可回避的现实问题，将主体异质性作为考察重点，研究不同类型的文化、关系、惯习、知识、行为等方面异质性对于区域合作与提升创新能力的影响，也是深入开展有关研究的必然。另外，将合作网络考虑到研究中，运用有关技术创新网络理论及其方法，也有待进一步研究。

参考文献

[1] MOLINA-MORALES F X, MARTÍNEZ-FERNÁNDEZ M T. Social networks:effects of social capital on firm innovation[J].Journal of small business management,2010,48(2):258-279.

[2] ANDERSON A,PARK J,JACK S.Entrepreneurial social capital:conceptualizing social capital in new high-tech firms[J].International small business journal,2007,25(3):245-272.

[3] DAVIES H,WALTERS P.Emergent patterns of strategy,environment and performance in a transition economy[J].Strategic management journal,2004,25(4):347-364.

[4] 斯诺.制度、制度变迁与经济绩效[M].上海:格致出版社,2008.

[5] HELBING D.Quantitative sociodynamics:stochastic methods and models of social interaction processes[M].Springer,2010.

[6] 马浩.竞争优势:解剖与集合[M].北京:中信出版社,2004.

[7] DE WIT B,MEYER R.Strategy:process,content,context:an international perspective[M].Cengage learning business press,2010.

[8] GULATI R,WOHLGEZOGEN F,ZHELYAZKOV P.The two facets of collaboration:cooperation and coordination in strategic alliances[J].The academy of management annals,2012,6(1):531-583.

[9] MAHONEY J T,PANDIAN J R.The resource-based view within the conversation of strategic management[J].Strategic management journal,2006,13(5):363-380.

[10] HOWELLS J,BESSANT J.Introduction:innovation and economic geography:a review and analysis[J].Journal of economic geography,2012,12(5):929-942.

[11] BARNEY J B,KETCHEN JR D J,WRIGHT M.The future of resource-based theory revitalization or decline?[J].Journal of management,2011,

37(5):1299-1315.

[12] HEIMERIKS K H, SCHREINER M. Relational quality, alliance capability, and alliance performance: an integrated framework[J]. Advances in applied business strategy, 2010, 12:145-171.

[13] BENGTSSON M, ERIKSSON J, WINCENT J. Co-opetition dynamics-an outline for further inquiry[J]. Competitiveness review, 2010, 20(2):194-214.

[14] PORTER A L, CUNNINGHAM S W, BANKS J, et al. Forecasting and management of technology[M]. New York: Wiley, 2011.

[15] AGARWAL R, CROSON R, MAHONEY J T. The role of incentives and communication in strategic alliances: an experimental investigation[J]. Strategic management journal, 2010, 31(4):413-437.

[16] SAZ-CARRANZA A, VERNIS A. The dynamics of public networks: a critique of linear process models[J]. International journal of public sector management, 2006, 19(5):416-427.

[17] LADO A A, BOYD N G, WRIGHT P, et al. Paradox and theorizing within the resource-based view[J]. Academy of management review, 2006, 31(1):115-131.

[18] HALL R, ANDRIANI P. Managing knowledge for innovation[J]. Long range planning, 2002, 35(1):29-48.

[19] HAGEDOORN J, DUYSTERS G. External sources of innovative capabilities: the preference for strategic alliances or mergers and acquisitions[J]. Journal of management studies, 2002, 39(2):167-188.

[20] HOWELLS J, JAMES A, MALIK K. The sourcing of technological knowledge: distributed innovation processes and dynamic change[J]. R&D management, 2003, 33(4):395-409.

[21] BECKER W, DIETZ J. R&D cooperation and innovation activities of firms-evidence for the german manufacturing industry[J]. Research policy, 2004, 33(2):209-223.

[22] BELDERBOS R, CARREE M, DIEDEREN B, et al. Heterogeneity in R&D cooperation strategies[J]. International journal of industrial organization, 2004, 22(8-9):1237-1263.

[23] TÖDTLING F, LEHNER P, KAUFMANN A. Do different types of innovation rely on specific kinds of knowledge interactions?[J]. Technovation, 2009, 29(1):59-71.

[24] MIOTTI L, SACHWALD F. Cooperative R&D:why and with whom? An integrated framework of analysis[J]. Research policy, 2003, 32:1481-1499.

[25] NEGASSI S. R&D cooperation and innovation:a microeconometric study on French firms[J]. Research policy, 2004, 33:365-384.

[26] ZENG S X, XIE X M, TAM C M, et al. Identifying cultural difference in R&D project for performance improvement:a field study[J]. Journal of business economics and management, 2009, 10(1):61-70.

[27] BELDERBOS R, CARREE M, LOKSHIN B. Cooperative R&D and firm performance[J]. Research policy, 2004, 33(10):1477-1492.

[28] ASCHHOFF B, SCHMIDT T. Empirical evidence on the success of R&D cooperation-happy together?[J]. Review of industrial organization, 2008, 33(1):41-62.

[29] FARIA P D, LIMA F. SANTOS R. Cooperation in innovation activities:the importance of partners[J]. Research policy, 2010, 39:1082-1092.

[30] GOMES-CASSERES B, HAGEDOORN J, JAFFE A B. Do alliances promote knowledge flows?[J]. Journal of financial economics, 2006, 80(1):5-33.

[31] KOSTOPOULOS K, PAPALEXANDRIS A, PAPACHRONI M, et al. Absorptive capacity, innovation, and financial performance[J]. Journal of business research, 2011, 64(12):1335-1343.

[32] ELFRING T, HULSINK W. Networking by entrepreneurs:patterns of tie-formation in emerging organizations[J]. Organization studies, 2007, 28(12):1849-1872.

[33] 徐礼伯,施建军.联盟动态稳定:基于互依平衡的理论研究[J].中国工业经济,2010(3):97-107.

[34] 周玉泉,李垣.合作学习、组织柔性与创新方式选择的关系研究[J].科研管理,2006,27(2):9-14.

[35] COOKE P. Localities:the changing face of urban britai[M]. London:Un-

win hyman,1989.

[36] MASKELL P.Competitiveness, localised learning and regional development: specialisation and prosperity in small open economies[M].Psychology press,1998.

[37] MORGAN K.The learning region: institutions, innovation and regional renewal[J].Regional studies,1997,31(5):491-503.

[38] STOUGH R R,JIND J.Learning and learning capability in the fordist and post-fordist age: an integrative framework[J].Environment & planning A,1998,30(7):1255-1278.

[39] HEEG S,KLAGGE B,OSSENBRUÜGGE J.Metropolitan cooperation in Europe: theoretical issues and perspectives for urban networking[J].European planning studies,2003,11(2):139-153.

[40] SASUGA K.Microregionalism and governance in East Asia[M].Routledge,2005.

[41] HETTNE B.The new regionalism revisited[J].Theories of new regionalism,2003:22-42.

[42] WARD K,JONAS A E G.Competitive city-regionalism as a politics of space: a critical reinterpretation of the new regionalism[J].Environment & planning A,2004,36(12):2119-2139.

[43] 杨煜,张宗庆,胡汉辉.区域研发联盟与经济增长方式转变[J].科研管理,2010,31(5):1-10.

[44] 王小增,龙朝双.基于武汉城市圈的政府合作协调机制研究[J].湖北社会科学,2007(1):59-62.

[45] 汪伟全.论地方政府间合作的最新进展[J].探索与争鸣,2010(10):51-53.

[46] 叶永玲.虚拟经营的竞合博弈及合作动力分析[J].管理科学,2003,16(5):2-5.

[47] 豆建民.我国区域经济合作障碍及其对策分析[J].经济问题探索,2004(11):30-33.

[48] 高伟生,许培源.区域内地方政府合作与竞争的博弈分析[J].企业经济,2007(5):132-134.

[49] 卓凯,殷存毅.区域合作的制度基础:跨界治理理论与欧盟经验[J].财

经研究,2007,33(1):55-65.

[50] 罗小龙,沈建法.基于共同利益关系的长江三角洲城市合作:以长江三角洲城市经济协调会为例[J].经济地理,2008,28(4):543-547.

[51] YAM R C M,LO W,TANG E P Y,et al.Analysis of sources of innovation, technological Innovation capabilities, and performance: an empirical study of Hong Kong manufacturing industries[J].Research policy,2011,40(3):391-402.

[52] WAKELIN K.Innovation and export behaviour at the firm level[J].Research policy,1998,26:829-841.

[53] TEECE D J,PISANO G,SHUEN A.Dynamic capabilities and strategic management[J].Strategic management journal,1997,18(7):509-533.

[54] HULT G T,HURLEY R F,KNIGHT G A.Innovativeness: its antecedents and impact on business performance[J].Industrial marketing management,2004,33:429-438.

[55] AKMAN G,YILMAZ C.Innovative capability, innovation strategy and market orientation: an empirical analysis in Turkish software industry[J].International journal of innovation management,2008,12(1):69-111.

[56] ASSINK M.Inhibitors of disruptive innovation capability: a conceptual model[J].European journal of innovation management,2006,9(2):215-233.

[57] BERTRAND O.Effects of foreign acquisitions on R&D activity: evidence from firm-level data for france[J].Research policy,2009,38(6):1021-1031.

[58] CALANTONE R J,CAVUSGIL S T,ZHAO Y.Learning orientation, firm innovation capability, and firm performance[J].Industrial marketing management,2002,31(6):515-524.

[59] CHEN M H,YANG Y J.Typology and performance of new ventures in Taiwan: a model based on opportunity recognition and entrepreneurial creativity[J].International journal of entrepreneurial behaviour and research,2009,15(5):398-414.

[60] ELMQUIST M,LE MASSON P.The value of a'failed'R&D project: an emerging evaluation framework for building innovative capabilities[J].R

&D management,2009,39(2):136-152.

[61] FORSMAN H.Innovation capacity and innovation development in small enterprises:a comparison between the manufacturing and service sectors[J].Research policy,2011,40(5):739-750.

[62] GIRMA S,GÖRG H,HANLEY A.R&D and exporting:a comparison of British and Irish firms[J].Review of world economics,2008,144(4):750-773.

[63] GUAN J,MA N.Innovative capability and export performance of chinese firms[J].Technovation,2003,23(9):737-747.

[64] HULL C E,COVIN J G.Learning capability,technological parity and innovation mode use[J].Journal of product innovation management,2010,27(1):97-114.

[65] KROLL H,SCHILLER D.Establishing an interface between public sector applied research and the chinese enterprise sector:preparing for 2020[J].Technovation,2010,30(2):117-129.

[66] LI J,KOZHIKODE R K.Developing new innovation models:shifts in the innovation landscapes in emerging economies and implications for global R&D management[J].Journal of international management,2009,15(3):328-339.

[67] NASSIMBENI G.Technology,innovation capacity,and the export attitude of small manufacturing firms:a logit/tobit model[J].Research policy,2001,30(2):245-262.

[68] PURANAM P,SINGH H,CHAUDHURI S.Integrating acquired capabilities:when structural integration is (un) necessary[J].Organization science,2009,20(2):313-328.

[69] QUINTANA-GARCÍA C,BENAVIDES-VELASCO C A.Innovative competence,exploration and exploitation:the influence of technological diversification[J].Research policy,2008,37(3):492-507.

[70] SHER P J,YANG P Y.The effects of innovative capabilities and R&D clustering on firm performance:the evidence of Taiwan's semiconductor industry[J].Technovation,2005,25(1):33-43.

[71] SUBRAMANIAM M,YOUNDT M A.The influence of intellectual capital

on the types of innovative capabilities[J].Academy of management journal,2005,48(3):450-463.

[72] WONGLIMPIYARAT J.Innovation index and the innovative capacity of nations[J].Futures,2010,42(3):247-253.

[73] XU Z,LIN J,LIN D.Networking and innovation in smes:evidence from Guangdong Province,China[J].Journal of small business and enterprise development,2008,15(4):788-801.

[74] ZHAO H,TONG X,WONG P K,ZHU J.Types of technology sourcing and innovative capability:an exploratory study of Singapore manufacturing firms[J].Journal of high technology management research,2005,16(2):209-224.

[75] SPITHOVEN A,CLARYSSE B,KNOCKAERT M.Building absorptive capacity to organise inbound open innovation in traditional industries[J].Technovation,2010,30(2):130-141.

[76] RAHMOUNI M,AYADI M,YILDIZOGLU M.Characteristics of innovating manufacturing rms in Tunisia:the essential role of external knowledge sources[J].Structural change & economic dynamics,2010.

[77] MUROVEC N,PRODAN I.Absorptive capacity,its determinants,and influence on innovation output:cross-cultural validation of the structural model[J].Technovation,2009,29(12):859-872.

[78] KOC T.Organizational determinants of innovation capacity in software companies[J].Computers & Iindustrial engineering,2007,53(3):373-385.

[79] DOLATA U.Technological innovations and sectoral change:transformative capacity,adaptability,patterns of change:an analytical framework[J].Research policy,2009,38(6):1066-1076.

[80] LIN G T R,SHEN Y-C,CHOU J.National innovation policy and performance:comparing the small Island countries of Taiwan and Ireland[J].Technology in society,2010,32(2):161-172.

[81] LI X.China's regional innovation capacity in transition:an empirical approach[J].Research policy,2009,38(2):338-357.

[82] LAI H-C,SHYU J Z.A Comparison of innovation capacity at science

parks across the Taiwan Strait:the case of zhangjiang high-tech park and Hsinchu science-based industrial park[J].Technovation,2005,25(7):805-813.

[83] FOSFURI A,JOSEP TRIB A.Exploring the antecedents of potential absorptive capacity and its impact on innovation performance[J].Omega,2008,36(2):173-187.

[84] FERNANDO E P-B GARCÍA-MUIÑA E,JOSÉNAVAS-LÓPEZ E.Making the development of technological innovations more efficient:an exploratory analysis in the biotechnology sector[J].The journal of high technology management research,2009,20(2):131-144.

[85] FABRIZIO K R.Absorptive Capacity and the Search for Innovation[J].Research Policy,2009,38(2):255-267.

[86] CHEN C J,HUANG J W.Strategic human resource rractices and innovation performance the mediating role of knowledge management capacity[J].Journal of business research,2009,62(1):104-114.

[87] 朱海就.区域创新能力评估的指标体系研究[J].科研管理,2004,25(3):30-35.

[88] 孙丽文,李国卿.区域创新能力与区域经济发展[J].经济研究参考,2005,(52):31-34.

[89] 周立,吴玉鸣.中国区域创新能力:因素分析与聚类研究:兼论区域创新能力综合评价的因素分析替代方法[J].中国软科学,2006(8):96-103.

[90] 邵云飞,范群林,唐小我.基于内生增长模型的区域创新能力影响因素研究[J].科研管理,2011,32(9):28-34.

[91] COHEN W,LEVINTHAL D A.Absorptive capacity:a new perspective on learning and innovation[J].Administrative science quarterly,1990,35:128-152.

[92] FELDMAN D C.Managing part-time and temporary employment relationships:individual needs and organizational demands[J].Employees,careers,and job creation,1995:121-141.

[93] BROCKMAN B K,MORGAN R M.The role of existing knowledge in new product innovativeness and performance[J].Decision sciences,2003,34(2):385-419.

[94] BULENT M, SEIGYOUNG A. Development and return on execution of product innovation capabilities: the role of organizational structure[J]. Industrial marketing management, 2010, 39(5):820-831.

[95] YINGNAN D, YUDUO L, XIONGFEI Q. Spatial knowledge spillovers: "New 3-Zone Interaction Engineering"[J]. Systems engineering procedia, 2012, 3:307-311.

[96] 张钢,王宇峰.知识集聚与区域创新:一个对我国30个地区的实证研究[J].科学学研究,2010,28(3):449-458.

[97] SPITHOVEN A, CLARYSSE B, KNOCKAERT M. Building absorptive capacity to organise inbound open innovation in traditional industries[J]. Technovation, 2011, 31(1):10-21.

[98] 韩丽,吕拉昌,韦乐章,等.广东城市创新空间体系研究[J].经济地理,2010,30(12):1978-1984.

[99] ABRAMOVSKY L, KREMP E, LÓPEZ A, et al. Understanding co-operative R&D activity: evidence from four European countries[J]. Economics of innovation and new technology, 2009.

[100] COHEN W, LEVINTHAL D. Innovation and learning: the two faces of R&D[J]. The economic journal, 1989, 99:569-596.

[101] BECKER W, DIETZ J. R&D cooperation and innovation activities of firms-evidence for the German manufacturing industry[J]. Research policy, 2004, 33:209-223.

[102] 江小涓.理解科技全球化:资源重组、优势集成和自主创新能力的提升[J].管理世界,2004,6:4-13.

[103] 丁云龙,远德玉.试析演化观中的技术创新问题[J].中国软科学,2001(9):79-82.

[104] KAUFMANN A, TÖDTLING F. Science-industry interaction in the process of innovation: the importance of boundary-crossing between systems[J]. Research policy, 2001, 30(5):791-804.

[105] COOKE P. Regional innovation systems, clusters, and the knowledge economy[J]. Industrial and corporate change, 2001, 10(4):945-974.

[106] JOHNSON B, LUNDVALL B A. Promoting innovation systems as a response to the globalising learning economy[J]. Uspekhi mat nauk, 2003:

141-184.

[107] LANDRY R, AMARA N, LAMARI M. Does social capital determines innovation to what extent ? [J]. Technological forecasting and social change, 2002, 69: 681-701.

[108] BERCOVITZ J, FELDMAN M. Entreprenerial universities and technology transfer: a conceptual framework for understanding knowledge-based economic development[J]. The journal of technology transfer, 2006, 31(1): 175-188.

[109] TYLECOTE A. Twin innovation systems, intermediate technology and economic development: history and prospect for China[J]. Innovation: management, policy & practice, 2006, 8(1-2): 62-83.

[110] LUNDVALL B Å, JOHNSON B, ANDERSEN E S, et al. National systems of production, innovation and competence building[J]. Research policy, 2002, 31(2): 213-231.

[111] LIU X, WHITE S. Comparing innovation systems: a framework and application to China's transitional context[J]. Research policy, 2001, 30(7): 1091-1114.

[112] FAHEY L, PRUSAK L. The eleven deadliest sins of knowledge management[J]. California management review, 1998, 40(3): 265.

[113] ALBERS A, BURKARDT N, HAUSER S, MARZ J. Knowledge-based design environment for primary shaped micro parts[J]. Microsystem technologies, 2005, 11(4): 254-260.

[114] AMSDEN A. Asia's next giant: South Korea and late industrialization[M]. New York: Oxford University Press, 1989.

[115] COOKE PH, HEIDENREICH M, BRACZYK H J. Regional innovation systems-the role of governance in a globalized world[M]. London & New York: Routledge, 2004.

[116] FURMAN J L, PORTER M E, STERN S. The determinants of national Innovative Capacity[J]. Research policy, 2002(31): 899-933.

[117] EDQVIST C. Systems of innovation-a critical review of the state of the art[J]. Oxford University Press, 2004: 27-30.

[118] ALBINO V, CARBONARA N, PETRUZZELLI A M, et al. Technology

districts:proximity and knowledge access[J].Journal of knowledge management,2007(11):98-114.

[119] COOKE P, HEIDENREICH M, BRACZYK H J. Regional innovation systems:the role of governance in a globalized world[M].New York:Routledge,2004.

[120] MALERBA F.Sectoral systems:how and why innovation differs across Sectors[J].The Oxford handbook of innovation,2005:380-406.

[121] FELDMAN M,FLORIDA R.The geographic sources of innovation:technological infrastructure and product innovation in the united States[J].Annals of the association of American geographers 1994,84:210-229.

[122] ANSELIN L,VARGA A,ACS Z.Local geographic spillovers between university research and high technology innovations[J].Journal of urban economics,1997,42(3):422-448.

[123] 苏屹,李柏洲.区域创新能力的波动性研究[J].中国科技论坛,2009(8):33-37.

[124] 赵健,尤建新,张同建,等.基于技术创新能力成长视角的东西部企业隐性知识转化效应比较分析[J].管理评论,2010,22(12):104-111.

[125] 陈劲,陈钰芬,余芳珍.FDI对促进我国区域创新能力的影响[J].科研管理,2007,28(1):7-13.

[126] 李习保.中国区域创新能力变迁的实证分析:基于创新系统的观点[J].管理世界,2007(12):18-30.

[127] 岳鹄,康继军.区域创新能力及其制约因素解析:基于1997—2007省际面板数据检验[J].管理学报,2009,6(9):1182-1187.

[128] 党文娟,张宗益,康继军.创新环境对促进我国区域创新能力的影响[J].中国软科学,2008(3):52-57.

[129] 高寒峰.东北制造业区域创新能力提升与创新模式选择研究[D].长春:吉林大学,2008:88-90.

[130] OECD.Competitive regional clusters[M].Paris:OECD publishing,2007.

[131] PIETROBELLI C, RABELLOTTI R. Upgrading in clusters and value chains in latin America:the role of policies[J].Inter-American development bank,2004:97.

[132] PIETROBELLI C, RABELLOTTI R. Global value chains meet innova-

tion systems: are there learning opportunities for developing countries? [J].World development,2011,39(7):1261-1269.

[133] XU Y.Entrepreneurial social capital and cognitive model of innovation [J].Management research review,2011,34(8):910-926.

[134] LEE L L,GUTHRIE J.Corporate social capital in business innovation networks[J].International journal of learning and intellectual capital,2011,8(3):272-284.

[135] EXPÓSITO-LANGA M,MOLINA-MORALES F X,CAPÓ-VICEDO J.New product development and absorptive capacity in industrial districts:a multidimensional approach[J].Regional studies,2011,45(3):319-331.

[136] RØNNING L.Social capital and new business start-ups:the moderating effect of human capital[J].International journal of entrepreneurship and small business,2011,12(2):207-226.

[137] BARRUTIA J M,CHEBARRIAC E.Social capital,research and development,and innovation:an empirical analysis of spanish and italian regions [J].European urban and regional studies,2010,17(4):371-385.

[138] ZHENG W.A social capital perspective of innovation from individuals to nations:where is empirical literature directing us? [J].International journal of management reviews,2010,12(2):151-183.

[139] PORTER M.The economic performance of regions[J].Regional studies 2003,37:549-578.

[140] FREEL M,HARRISON R.Innovation and cooperation in the small firm sector:evidence from"Northern Britain"[J].Regional studies,2006,40(4):289-305.

[141] LUNDVALL B-Å,JOSEPH K J.Building domestic capabilities in a global setting[M].Cheltenham:elgar,2009.

[142] LAVIE D,LECHNER C,SINGH H.The performance implications of timing of entry and involvement in multipartner alliances[J].Academy of management journal,2007,50:578-604.

[143] DAS T K,TENG B S.A social exchange theory of strategic alliances [M].Amsterdam:pergamon,2002:439-460.

[144] WINCENT J,ÖRTQVIST D,ERIKSSON J,et al.The more the merrier?

The effect of group size on effectiveness in sme funding campaigns[J]. Strategic organization,2010,8(1):43-68.

[145] TSAI K H.Collaborative networks and product innovation performance: toward a aontingency perspective[J]. Research policy,2009,38(5): 765-778.

[146] SAMMARRA A, BIGGIERO L.Heterogeneity and specificity of inter-firm knowledge flows in innovation networks[J].Journal of management studies,2008,45:800-829.

[147] THORGREN S, WINCENT J.Interorganizational trust:origins,dysfunctions and regulation of rigidities[J]. British journal of management, 2011,22:21-41.

[148] THORGREN S, WINCENT J, ERIKSSON J.Too small or too large to trust your partners in multipartner alliances? The role of effort in initiating generalized exchanges[J]. Scandinavian journal of management, 2011,27:99-112.

[149] HAGEDOORN J, DUYSTERS G.Learnsg in dynamic inter-firm networks:the efficacy of multiple contacts[J].Organization studies,2002, 23:525-548.

[150] BOUGRAIN F, HAUDEVILLE B.Innovation,collaboration and smes internai research capacities[J].Research policy,2002,31(5):735-747.

[151] MILLER N J, BESSER T, MALSHE A.Strategic networking among small businesses in small us communities[J].International small business journal,2007,25:631-665.

[152] PROVAN K G, FISH A, SYDOW J.Interorganizational networks at the network level:A review of the empirical literature on whole networks [J].Journal of management,2007,33:479-516.

[153] CUMMINGS J L, TENG B S.Transferring R&D knowledge:the key factors affecting knowledge transfer success[J].Journal of engineering and technology management,2003,20(1-2):39-68.

[154] PHELPS C C.A longitudinal study of the influence of alliance network structure and composition of firm exploratory innovation[J].Academy of management journal,2010,53:890-913.

[155] SCHILLING M A, PHELPS C C. Interfirm collaboration networks: the impact of large-scale network structure on firm innovation[J]. Management science, 2007, 53: 1113-1127.

[156] PHILLIPS W, LAMMING R, BESSANT J, et al. Discontinuous innovation and supply relationships: strategic dalliances[J]. R&D management, 2006, 36(4): 451-461.

[157] LI D, EDEN L, HITT M A, et al. Friends, acquaintances, or strangers? Partner selection in R&D alliances[J]. Academy of management journal, 2008, 51(2): 315-334.

[158] GREVE H R. Exploration and exploitation in product innovation[J]. Industrial and corporate change, 2007, 16(5): 945-975.

[159] GASSMANN O, ZESCHKY M, WOLFF T, et al. Crossing the industry-line: breakthrough innovation through cross-industry alliances with "non-suppliers"[J]. Long range planning, 2010, 43(5-6): 639-654.

[160] GILSING V, BEKKERS R, BODAS FREITAS I M, et al. Differences in technology transfer between science-based and development-based industries: transfer mechanisms and barriers[J]. Technovation, 2011, 31(12): 638-647.

[161] 冯邦彦, 周孟亮. 区域合作与资源优化配置:"泛珠三角"战略的经济学分析[J]. 暨南学报(哲学社会科学版), 2005(4): 11-15.

[162] 高丽娜, 蒋伏心. 南京跨区域创新合作形成机制及优化路径研究[J]. 科技与经济, 2012(1): 32-36.

[163] 吴瑜燕, 张可云. 跨行政区流域区域合作机制研究:以北京和周边的河北为例[J]. 兰州学刊, 2009(5): 69-73.

[164] 张华, 刘波. 基于大规模调查的长三角科技合作现状分析与建议[J]. 科技进步与对策, 2010, 27(12): 45-48.

[165] KELLER W. Trade and the transmission of technology[J]. Journal of Economic Growth, 2002, 7(1): 5-24..

[166] ACHARYA R C, KELLER W. Technology transfer through imports[J]. Canadian journal of economics, 2009, 42(4): 1411-1448.

[167] CHEN M H, WANG M C. Social networks and a new venture's innovative capability: the role of trust within entrepreneurial teams[J]. R&D

management,2008,38(3):253-264.

[168] RITALA P,HURMELINNA-LAUKKANEN P.What's in it for me? Creating and appropriating value in innovation-related coopetition[J]. Technovation,2009,29(12):819-828.

[169] RAHMOUNI M,AYADI M,YILDIZOGLU M.Characteristics of innovating firms in tunisia:the essential role of external knowledge sources [J].Structural change and economic dynamics,2010.

[170] ATKINSON A B,STIGLITZ J E.A new view of technological change [J].The economic journal,1969,79(315):573-578.

[171] BASU S,WEIL D N.Appropriate technology and growth[J].Quarterly journal of economics,1998,113(4):1025-1054.

[172] CICCONE A,PAPAIOANNOU E.Human capital,the structure of production,and growth[J].The review of economics and statistics,2009,91 (1):66-82.

[173] CASELLI F,WILSON D J.Importing technology[J].Journal of monetary economics,2004,51(1):1-32.

[174] 彭新敏,吴晓波,卫冬苇.基于技术能力增长的企业技术获取模式研究[J].科研管理,2008,29(3):28-34.

[175] TSAI K H,WANG J C.External technology sourcing and innovation performance in lmt sectors:an analysis based on the taiwanese technological innovation survey[J].Research policy,2009,38(3):518-526.

[176] LEIBLEIN M J,MADSEN T L.Unbundling competitive heterogeneity: incentive structures and capability influences on technological innovation [J].Strategic management journal,2009,30(7):711-735.

[177] HAWKING S,PENROSE R.The Nature of space and time[M].Princeton university press,2010.

[178] WERNERFELT B.The resource-based view of the firm:ten years after [J].Strategic management journal,2007,16(3):171-174.

[179] PARK S H,RUSSO M V.When competition eclipses cooperation:an event history analysis of joint venture failure[J].Management science, 1996,42(6):875-890.

[180] CASSIMAN B,VEUGELERS R.R&D cooperation and spillovers:some

empirical evidence from Belgium[J].American economic review,2002, 92(4):1169-1184.

[181] TETHER B S.Who co-operates for innovation,and why an empirical analysis[J].Research policy,2002,31(6):947-967.

[182] 柳卸林,贾蓉.北京地区科学技术成果在中国的扩散模式:从技术市场的角度看[J].科学学与科学技术管理,2007,28(12):32-38.

[183] 申长江,王玲,雷家骕.用技术整合理论与方法解决我国科技成果产业化问题的探讨[J].中国软科学,2008(9):54-64.

[184] 冯锋,柳玉滨,司尚奇.长三角区域技术转移合作网络治理机制研究[J].科学学与科学技术管理,2011(2):104-109.

[185] 和金生,司云波.促进我国技术转移中介机构发展的途径研究:美日法技术转移实践的启示[J].中国科技论坛,2010(1):157-160.

[186] 司尚奇,冯锋.基于共生网络的我国跨区域技术转移联盟研究[J].科学学与科学技术管理,2009,30(10):48-52.

[187] YANG L,MASKUS K E.Intellectual property rights,technology transfer and exports in developing countries[J].Journal of development economics,2009,90(2):231-236.

[188] LARANJA M.The development of technology infrastructure in portugal and the need to pull innovation using proactive intermediation policies [J].Technovation,2009,29(1):23-34.

[189] GARCÍA-MELÓN M,CORTÉS-ALDANA F A,FERNÁNDEZ-DE-LUCIO I,et al.University objectives and socioeconomic results:a multicriteria measuring of alignment[J].European journal of operational research, 2009,199(3):811-822.

[190] LEE A H I,WANG W-M,LIN T-Y.An evaluation framework for technology transfer of new equipment in high technology industry[J].Technological forecasting and social change,2010,77(1):135-150.

[191] SPULBER D F.The quality of innovation and the extent of the market [J].Journal of international economics,2010,80(2):260-270.

[192] HERRERA L,MUÑOZ-DOYAGUE M F,NIETO M.Mobility of public researchers,scientific knowledge transfer,and the firm's innovation process[J].Journal of business research,2010,63(5):510-518.

[193] RASMUSSEN E,BORCH O J.University capabilities in facilitating entrepreneurship: a longitudinal study of spin-off ventures at mid-range universities[J].Research policy,2010,39(5):602-612.

[194] KIM K,CHOI Y,CHOI C Y,et al.The role of intermediaries on technological risk management and business development performance in Korea[J].Technological forecasting and social change,2010.

[195] 张江雪.技术转移与我国区域经济增长[J].中国科技论坛,2009(10):72-76.

[196] 柳卸林,李艳华.知识获取与后发企业技术能力提升:以汽车零部件产业为例[J].科学学与科学技术管理,2009,30(7):94-100.

[197] 叶宝忠,叶子荣.我国技术转移服务模式的比较及选择标准研究[J].贵州社会科学,2010,242(2):98-103.

[198] 廖述梅,徐升华.我国校企技术转移效率及影响因素分析[J].科学学与科学技术管理,2009,30(11):52-56.

[199] CHESBROUGH H W.Why companies should have open business models[J].MIT sloan management review,2007,48(2):22-28.

[200] HUIZINGH E K R E.Open innovation:state of the art and future perspectives[J].Technovation,2011,31(1):2-9.

[201] BESSANT J,KAPLINSKY R,LAMMING R.Putting supply chain learning into practice[J].International journal of operations and production management,2003,23(2):167-184.

[202] KOTABE M,MARTIN X,DOMOTO H.Gaining from vertical partnerships:knowledge transfer,relationship duration,and supplier performance improvement in the U.S.and Japanese automotive industries[J].Strategic management journal,2003,24(4):293-316.

[203] ROGERS M.Networks,firm size and innovation[J].Small business economics,2004,22(2):141-153.

[204] ZENG S X,XIE X M,TAM C M.Relationship between cooperation networks and innovation performance of smes[J].Technovation,2010,30(3):181-194.

[205] AHUJA G,LAMPERT C M,TANDON V.Moving beyond schumpeter: management research on the determinants of technological innovation

[J].The academy of management annals,2008,2(1):1-98.

[206] DE PROPRIS L.Types of innovation and inter-firm co-operation[J].Entrepreneurship and regional development,2002,14(4):337-353.

[207] FREEL M,HARRISON R.Innovation and cooperation in the small firm sector:evidence from"Northern Britain"[J].Regional studies,2006,40:289-305.

[208] NIETO M J,SANTAMARÍA L.Technological collaboration:bridging the innovation gap between small and large firms[J].Journal of small business management,2010,48(1):44-69.

[209] LASAGNI A.How can external relationships enhance innovation in smes? New evidence for Europe[J].Journal of small business management,2012,50(2):310-339.

[210] RENNINGS K,ZIEGLER A,ANKELE K,et al.The influence of different characteristics of the eu environmental management and auditing scheme on technical environmental innovations and economic performance[J].Ecological economics,2006,57(1):45-59.

[211] KOGUT B.The stability of joint ventures:reciprocity and competitive rivalry[J].Journal of industrial economics,1989,38(89):183-98.

[212] KALE P,DYER J H,SINGH H.Alliance capability, stock market response,and long-term alliance success:the role of the alliance function [J].Strategic management journal,2002,23(8):747-767.

[213] MULDUR U,CORVERS F,DELANGHE H,et al.A new deal for an effective european research policy:the design and impacts of the 7th framework programme[M].Springer,2007.

[214] CAPALDO A,MESSENI PETRUZZELLI A.In search of alliance-level relational capabilities:balancing innovation value creation and appropriability in R&D alliances[J].Scandinavian journal of management,2011,27(3):273-286.

[215] ARRANZ N,ARROYABE J.The choice of partners in R&D cooperation:an empirical analysis of Spanish firms[J].Technovation,2008,28(1-2):88-100.

[216] LÓPEZ A.Determinants of R&D cooperation:evidence from Spanish

manufacturing firms[J].International journal of industrial organization, 2008,26:113-136.

[217] DACHS B,EBERSBERGER B,PYKA A.Why do firms cooperate for innovation? A comparison of Austrian and Finnish cis 3 results[J].International journal of foresight and innovation Policy,2008,4:200-229.

[218] 刘伟,蔡志洲.我国地区发展差异与经济高速增长持续能力:地区发展差异是提高反周期能力和保持持续增长的重要资源[J].经济学动态,2009(4):4-10.

[219] 姜安印,谢先树.空间价值二元化:区域发展的空间演进特征[J].西北师范大学学报(社会科学版),2010,47(1):95-100.

[220] LI L.Effects of enterprise technology on supply chain collaboration:analysis of China-linked supply chain[J].Enterprise information systems, 2012,6(1):55-77.

[221] 曹泽,李东.R&D投入对全要素生产率的溢出效应[J].科研管理, 2010,31(2):18-25.

[222] RAHMAN M,HAQUE T L,FUKUI T.Research articles published in clinical radiology journals:trend of contribution from different countries [J].Academic radiology,2005,12(7):825-829.

[223] RAJENDRAM R,LEWISON G,PREEDY V.Worldwide alcohol-related research and the disease burden[J].Alcohol and alcoholism,2006,41 (1):99-106.

[224] DANNENBERG A L.Use of epidemiology in medical specialties:an examination by citation analysis[J].American journal of epidemiology, 1985,121(1):140-151.

[225] DAVIS J C,GONZALEZ J G.Scholarly journal articles about the asian tiger economies:authors,journals and research fields,1986—2001[J]. Asian-Pacific economic literature,2003,17(2):51-61.

[226] CHIU W T,HO Y S.Bibliometric analysis of homeopathy research during the period of 1991 to 2003[J].Scientometrics,2005,63(1):3-23.

[227] VAN RAAN A F J.Measuring science[M].Handbook of quantitative science and technology research,2004:19-50.

[228] MALLIG N.A relational database for bibliometric analysis[J].Journal of

informetrics,2010,4(4):564-580.

[229] BRAUN T,SCHUBERT A.A quantitative view on the coming of age of interdisciplinarity in the sciences 1980—1999[J].Scientometrics,2003,58(1):183-189.

[230] 蔺丰奇,刘益.影响中外企业间技术转移效果的因素及对策[J].科学学与科学技术管理,2007(3):31-35,45.

[231] 陈怡安,占孙福,李中斌.吸收能力、知识整合对组织知识与技术转移绩效的影响:以珠三角地区为实证[J].经济管理,2009,31(3):126-132.

[232] 何建坤,吴玉鸣,周立.大学技术转移对首都区域经济增长的贡献分析[J].科学学研究,2007(5):871-876.

[233] UYARRA E.What is evolutionary about regional systems of innovation? Implications for regional Policy[J].Journal of evolutionary economics,2010,20(1):115-137.

[234] CROOK T R,KETCHEN JR D J,COMBS J G,et al.Strategic resources and performance:a meta-analysis[J].Strategic management journal,2008,29(11):1141-1154.

[235] BAUM J A C,COWAN R,JONARD N.Network-independent partner selection and the evolution of innovation networks[J].Management Science,2010(11):2094-2110.

[236] KRAMER J P,MARINELLI E,IAMMARINO S,et al.Intangible assets as drivers of innovation:empirical evidence on multinational enterprises in German and UK regional systems of innovation[J].Technovation,2011,31(9):447-458.

[237] DOW D,LARIMO J.Challenging the conceptualization and measurement of distance and international experience in entry mode choice research[J].Journal of international marketing,2009,17(2):74-98.

[238] HEIMERIKS G,VAN DEN BESSELAAR P,FRENKEN K.Digital disciplinary differences:an analysis of computer-mediated science and "Mode 2" knowledge production[J].Research policy,2008,37(9):1602-1615.

[239] LEIPONEN A,HELFAT C E.Innovation objectives,knowledge sources,

and the benefits of breadth[J]. Strategic management journal, 2010, 31(2):224-236.

[240] FAEMS D, VAN LOOY B, DEBACKERE K. Interorganizational collaboration and innovation: toward a portfolio approach[J]. Journal of product innovation management, 2005, 22(3):238-250.

[241] BELDERBOS R, CARREE M, LOKSHIN B. Complementarity in R&D cooperation strategies[J]. Review of industrial organization, 2006, 28(4):401-426.

[242] DUYSTERS G, LOKSHIN B. Determinants of alliance portfolio complexity and its effect on innovative performance of companies[J]. UNU-MERIT working papers 7-33, 2007.

[243] UN C A, CUERVO-CAZURRA A, ASAKAWA K. R&D collaboration and product innovation[J]. Journal of product innovation management, 2010, 27:673-689.

[244] TZABBAR D, AHARONSON B S, AMBURGEY T, et al. When is the whole bigger than the sum of its parts? The effects of bundled knowledge stocks on innovative success[J]. Strategic organization, 2008, 6(4):375-406.

[245] AL-LAHAM A, TZABBAR D, AMBURGEY L T. The dynamics of knowledge stocks and knowledge flows: examining the consequences of knowledge exploration and exploitation in biotechnology[J]. Industrial & corporate change, 2011, 20(2):555-583.

[246] TZABBAR D. When does scientist recruitment affect technological repositioning[J]. Academy of Management Journal, 2009, 52:873-896.

[247] GULATI R, LAVIE D, SINGH H. The nature of partnering experience and the gains from alliances[J]. Strategic management journal, 2009, 30:1213-1233.

[248] ZOLLOW M, REUER J J. Experience spillovers across corporate development activities[J]. Organization science, 2010, 21:1195-1212.

[249] ROSENKOPF L, ALMEIDA P. Overcoming local search through alliances and mobility[J]. Management science, 2003, 49(6):751-766.

[250] DOUGHERTY E R, SHMULEVICH L, CHEN J, et al. Genomics signal

processing and statistics[M].New York:Hindawi publishing,2005.

[251] BLOSSFELD H P,ROHWER G.Techniques of event history modeling: new approaches to causal analysis,2nd ed[J].Lawrence erlbaum,2002.

[252] FRIEDRICH J.Making innovation happen: the role of standards and openness in an innovation-friendly ecosystem[J].International conference on standardization and innovation in information technology,2011: 1-8.

[253] LICHTENTHALER U.Licensing technology to shape standards: examining the influence of the industry context[J].Technological forecasting and social change,2012,79(5):851-861.

[254] KERSTAN S,KRETSCHMER T,MUEHLFELD K.The dynamics of pre-market standardization[J].Information economics and policy,2012, 24(2):105-119.

[255] TECHATASSANASOONTORN A A,SUO S.Influences on standards adoption in de facto standardization[J].Information technology and management,2011,12(4):357-385.

[256] BHATTACHARYA J.Technology standards: a route to digital colonization[J].IETE J Edu,2010,51(1):9-21.

[257] AUBERT B,LÉGER P M,LAROCQUE D.Differentiating weak ties and strong ties among external sources of influences for enterprise resource planning(Erp) adoption [J]. Enterprise information systems, 2012, 6 (2):215-235.

[258] HE S,SUN Y.The independent innovation,technological standardization and industrial technical progress: literature review and implications for further research[J].Sci technol prog policy,2008,1:196-200.

[259] WANG C H,LU I Y,CHEN C B.Evaluating firm technological innovation capability under uncertainty[J].Technovation,2008,28(6):349-363.

[260] CHOUNG J Y,HAMEED T,JI I.Role of formal standards in transition to the technology frontier: Korean ict systems[J].Telecommunications policy,2011,35(3):269-287.

[261] BAYUS B L,AGARWAL R.The role of pre-entry experience,entry tim-

ing, and product technology strategies in explaining firm survival[J]. Management science,2007,53(12):1887-1902.

[262] OSHRI I,WEEBER C.Cooperation and competition standards-setting activities in the digitization era: the case of wireless information devices [J].Technology analysis and strategic management,2006,18(2):265-283.

[263] CHOI B,RAGHU T S,VINZE A,et al.Process model for e-business standards development: a case of ebxml standards[J].IEEE transactions on engineering management,2009,56(3):448-467.

[264] OSTROM A L,BITNER M J,BROWN S W,et al.Moving forward and making a difference: research priorities for the science of service[J]. Journal of service research,2010,13(1):4-36.

[265] LIAO J,KICKUL J R,MA H.Organizational dynamic capability and innovation: an empirical examination of internet firms[J].Journal of small business management,2009,47(3):263-286.

[266] JIMÉNEZ-JIMÉNEZ D, SANZ-VALLE R. Innovation, organizational learning, and performance[J].Journal of business research,2011,64(4):408-417.

[267] OECD.Oecd reviews of regional innovation: North of England,UK.Policy brief[R].Paris:OECD,2008.

[268] MOL M J,BIRKINSHAW J.The sources of management innovation: when firms introduce new management practices[J].Journal of business research,2009,62:1269-1280.

[269] DAMANPOUR F, ARAVIND D. Managerial innovation: conceptions, processes, and antecedents[J]. Management and organization review, 2012,8(2):423-454.

[270] ENNEN E,RICHTER A.The whole is more than the sum of its parts—or is it? A review of the empirical literature on complementarities in organizations[J].Journal of management,2010,36(1):207-233.